JN331730

関西学院大学総合政策学部
リサーチプロジェクト講座

日米関係史研究の最前線

関西学院大学総合政策学部［発行］
柴山　太［編］

関西学院大学出版会

関西学院大学総合政策学部リサーチプロジェクト講座

日米関係史研究の最前線

はしがき

本書は日米関係史に関連する研究成果を報告・検討することを目的としている。本書が重視しているのは、なによりも研究の高度さと先見性そして包括性であるが、わざわざコメント・質問そしてそれらへの回答を掲載しているように、各人が主体的に議論・検討し将来の研究可能性を探ろうとすることである。おのおのの報告・発言がどの程度まで日米関係史研究のレベル向上に貢献しているかについては、読者のご判断にお委ねするしかない。厳しいご批判やご助言は、研究の進歩をもたらすものであれば、常に歓迎したいし、本当に有難い。日米関係史に関する優れた研究が存在することが、日本の正しき方向性と東アジアの平和に貢献すると確信しているからである。他方で、本書は、日米関係史の観点からも、中国研究に貢献できる領域は存在しているとの観点を採っている。また中国研究が日米関係史研究のレベル向上に貢献できる領域も存在していると信じている。日本には内藤湖南をはじめとする中国研究の素晴らしい蓄積が存在する。本書のいくつかの発表とコメントは、この発展的な観点からの日米関係史研究と見ていただければ有難い。

本書の姿勢とは異なり、現在の東アジアでは、ロシアを含めほとんどの国家が特定の歴史観を教え込もうとする時代を迎えている。そもそも国家が特定の歴史認識を国民教育の基礎とすることなど、知的に成熟し独立した市民（citizen）が構成する民主主義国には、およそ似つかわしくない。「国家神話」の強制こそが、民主主義国でないことの証明であり、また民主主義国にあっては、この強制・推奨を行うことが民主主義への挑戦と言い得る。民主主義国での歴史認識は、国家を構成する個々の市民に帰属するものであり、市民の健全な歴史的真理追求の営みを行う「場」の安全、自由そして非強制を保障することこそが、民主主義国家の基盤である。教え込む歴史教育ではなく、主体的に考えお互いに議論し、ひとりひとりが自分の意見を持つことこそが、民主主義国の歴史教育でなければならない。

かつて私の友人がアメリカ歴史学会の重鎮エド・モーガンに「なぜ歴史を学ぶのか」と尋ねたことがあった。モーガンは、「正しい歴史を書かねば、将来のアメリカ人が間違うから」と答えたという。彼が言わんとした「正しい歴史」とは、国家が信じさせたい「国家神話」ではなく、これから何世紀もの検証に耐えうる歴史的真理のことである。政権ごとや体制ごとに代わる「国家神話」を操って短期的な利益を得ようとも、長期的に健全な市民社会の育成を阻むのであれば、「国家神話」は将来の世代を惑わせる「毒杯」と化すであろう。東アジア諸国に問われているのはこのことである。歴史を自分で考え、追求できる個人をつくらない、そんな歴史教育は時代遅れである。

神ならぬ人間が、歴史的真理を追求する時、多くの場合、かなりの時間をかけての作業となり、また事実発見や理解方法の進展・進化によって、すこしづつ歴史的真理が明らかになるというのが常である。エール大学のジェームズ・クラウリー教授は、かつて教室で「人は神ではないので、絶対の真理としての歴史を提示することはできない。しかし、宗教改革時、どの時点で、どういう理由で、プロテスタントとカソリックがたもとを分かったかに関しては、数百年の歴史家たちの努力で共通理解がある。歴史家がめざすべきはそれである」と語った。

国家が強制・推奨しようとする歴史認識をひょうひょうと受け入れる歴史家・知識人の見識を疑うのは私だけであろうか。本書が示唆するとおり、第1級の歴史研究者のあいだで、「研究上のへりくだり」を持たない者などほとんどいない。それは、歴史的真理追求の難しさを熟知しているからである。また歴史追求のなかでは、間違いや思い違い、そして未熟な議論を許容する余裕を持ちたいものである。時として、自らの意見と異なる事実が出ても、それを真摯に受け止め検討する勇気も必要である。

現在日本では、一部のマスコミをのぞけば、広い紙面や長い放送時間をとって、正面から歴史認識問題に取り組もうとする努力は、それほど見られない。まして第1級の歴史家を総動員して、最前線の歴史的事実発見や学問的議論を進め、より正確かつ厳密な歴史理解を行おうとする努力は、さらに見られない。1冊の本で、現在日本の「貧しき歴史認識論議」が変わるという幻想はないが、本書はすくなくとも「内容豊かな歴史議論」にはなっているという自負はある。

編者・**柴山 太**（関西学院大学教授）

関西学院大学総合政策学部リサーチプロジェクト講座

日米関係史研究の最前線

目次

関西学院大学総合政策学部リサーチプロジェクト講座
「日米関係史研究の最前線」第1回

グローバルな観点からみた戦間期の日米関係
——ウッドロー・ウィルソンからモダン・ガールへ

◆フレドリック・R・ディキンソン

参加者自己紹介

柴山　皆さんの自己紹介をやっていただきましょう。私は柴山太（関学総合政策部教授）でございます。よろしくお願いいたします。それから、発表は録音されまして、質問も録音されますけれども、質問のほうは後ほど、良い質問だけ私のほうで勝手に選ばさせていただいて、くれぐれも「俺が質問したのに」というのは残念ながら、不採用であったと思っておいてください。

簑原　神戸大学法学部の簑原（俊洋教授）といいます。五百旗頭真《いおきべまこと》先生を知っている学生さんはどれぐらいいますか。（参加関学生全員が手を挙げる）これは驚きですね。私の神戸大学のゼミ生は「五百旗頭先生」といっても、みんな「知らない」と、それなら「高坂（正堯）先生も知らないのか」「いや知らない」みたいな感じです。その五百旗頭先生のもとで、私は勉強しました。ですから、弟子です。柴山先生とは、もうほんとうに関係が深くて、私が神戸大学での大学院時代からお世話になっている大先輩でございます。その柴山先生がこういったかたちで「協力してくれないか」と言われたら、それはもう、ハイと返事はするしかありません。こういうようなかたちで関学もそうですし、皆さんとも交流がもてることを非常にうれしく思います。ふだんやってることは、戦前の日米関係であります。宣伝になるのですが、最近、

■関連年表

1914年 7月～1918年11月	第一次世界大戦
1918年12月	吉野作造ら黎明会《れいめいかい》を結成
1919年 1月	パリ講和会議
1919年 6月	ヴェルサイユ条約
1920年 1月	国際連盟成立
1921年11月～1922年2月	ワシントン会議。海軍軍備制限条約。四カ国条約。九カ国条約
1923年 9月	関東大震災
1925年 3月	普通選挙法・治安維持法公布
1927年 6月	ジュネーヴ軍縮会議
1930年 1月	ロンドン海軍軍縮条約
1930年11月	浜口雄幸首相狙撃事件、1931年3月病躯をおして議会登院しかし病状悪化同年8月死去

朝日選書から『「戦争」で読む日米関係１００年―日露戦争から対テロ戦争まで』というものを出しました。関学ですと、楠綾子先生ですね。柴山先生の奥様であります栗栖薫子先生もいっしょに名を連ねておりますので、ぜひ、ゼミの教材として使っていただけたらと思います。ということで、本日はディキンソン先生の討論者を務めさせていただきます。

服部　私も神戸大学の五百旗頭先生の弟子の筋かと思います。服部聡（大阪大学講師）と申します。いろいろな大学で教えてまして、日本外交史を軸に、ヨーロッパ外交史やら、現代日本政治やら、またアメリカ政治やら、いろいろなことをやらされておりまして、なんでも屋的なことなのですけれども、専門は、戦前期の日本外交を研究しております。ようやく最近、松岡外交についての本が出ました。それで今、何をしているかといいますと、一つは日本の軍事史を手がけています。もう一つは大恐慌期を中心とした日本の通商政策、これは国際連盟をからめた通商政策なのですけれども、これについてまとめていて、日本の国家戦略というものを経済と軍事の両面から考えていこうというようなことをやってます。

田中　関西学院大学出版会の田中直哉と申します。このシリーズでご登壇される先生方の発表をまとめて出版したいということで、今日は参加させていただいております。よろしくお願いします。

ディキンソン　ペンシルバニア大学のフレッド・ディキンソンです。私がなぜ最初の報告者になったかというと、柴山先生の昔のルームメイトだからです。誠に光栄に思います。エール大学派閥のようなものです。こちらに来て、関西学院大学の学生がこんなに大勢いるというのもすばらしいことですね。

ペンシルバニア大学では、日本近代史、外交史を研究する大学院生は多少いますけれども、2、3人程度のものです。去年6月から京都に滞在していますが、日本における日本史関係の活発な研究に圧倒されています。今日のこの場でも、そういう刺激を受けたいと思います。

1　はじめに

それではさっそく始めたいと思いますが、今日、ここにいるのは柴山先生との縁、もう一つの理由は、日米関係のゼミということです。だいぶ昔の話ですが、柴山先生と知り合う前に、京都大学の高坂正堯先生のもとで勉強しましたが、その時、学者の道を歩むきっかけとなった最初の研究テーマは日米関係――より詳しくいえば、戦後直後の日米安保体制――でした。なぜ１９８５年に日米安保体制を研究テーマにしたかといいますと、80年代は日米関係の最盛期であったからです。日本の経済が上昇して、日米摩擦もけっこうあった時期ですが、レーガン大統領と中曽根首相の「ロン・ヤス」関係が非常に親密になってきた時代でもありました。ちょうどそのとき、五百旗頭先生の『米国の日本占領政策』みたいにりっぱな本が出版され、日米関係から始めるのは当然のようなことでした。[*1]

しかしここで、告白しなければならないことがあります。それは、最初の研究テーマは日米関係でしたが、それ以来はほとんど日米関係についての研究はしていないということです。日米関係の専門家から、日本近代史の専門家になったのです。ちょうど柴山さんと会ったエール大学では、もう既に日米関係でなく、日本近代史研究の道を歩み始めていました。

そして、ペンシルバニア大学に雇われたのが20年前ですが、日米関係ではなくて、近代日本史の担当で採用されました。正式的な肩書きとか研究テーマにもかかわらず、ペン大の講義において日米関係に触れることはいくらでもありますが、日本近代史の専門家になった以上は、日本を日米関係の観点からではなくて、より広い文脈から考えざるをえなくなりました。そして、ペン大に勤めた20年前と比べて、世の中はだいぶ変わってきたような気がします。80年代は日米関係の最盛期だったのに対し、最近は特に「グローバル」という言葉をよく耳にします。また日米安保体制ができた頃と比べて、今はけっこう多元的な世界になったと思います。その多元的な世界においては、日米関係の研究はどうあるべきかを、この機会を使って考えたいと思います。今日の発表は20年代を扱いますが、将来の日米関係研究のあり方についても、考えるチャンスとして、お話を進めたいと思います。

2　グローバルな日米関係の研究

結論からいえば、グローバルな時代においては、日米関係をよりグローバルな観点からみるべきである、ということです。いかにもあたりまえの話に聞こえるでしょうが、グローバルな観点とはどういうことでしょうか。その定義を先送りにしておいて、ここではグローバルな観点がどれほど必要であるかをまず話したいと思います。

グローバルな時代だから、グローバルな観点になるのはあたりまえですが、より重要なのは、グローバルな時代においてグローバルな観点をとるのが学者にとって死活的問題だということです。日本近代史の専門家として、世界における日本の地位低下を前に、どのように日本史の重要性をうったえるかはペン大にいて常に考えなくてはなりません。日米関係史も同じように考えなくてはいけないと思います。つまり、世界におけるアメリカや日米関係の地位がますます低下していくなか、日米関係史の重要性を、これからどのようにうったえるべきでしょうか。それはわれら日本近代史や日米関係史の専門家にとって、ほんとうに死活的問題だと思います。

さて、そもそも日米関係史のグローバルな観点とは何か。20世紀初期の歴史をみれば最適かと思います。占領時代とならんで20世紀初期ほど、世界における日米関係の重要性が高い時代はないからです。この日米関係史の観点があたりまえのような時期においてでさえ、再考・再検討が必要であるということを理解していただければ幸いです。

さて、20世紀初期の日米関係を考えた場合、最初に頭に浮かぶのはもちろん太平洋戦争です。あれほど莫大で悲惨な戦争の原因と終わり方を探るのは、あたりまえのように思われます。私もそう思いますけれども、時はたちます。1941年、1945年、戦争勃発の50周年記念の1991年、太平洋戦争の重要性が明確であったにしても、これからは必ずしもそうではないと思います。時がたつにつれ、太平洋戦争のような、一見、無視できなさそうな莫大な戦争でさえも、人の関心からだんだん遠ざかっていくのです。遠ざかっていくにつれ、専門家がより巧みにその歴史の重要性をうったえる方法を考えなければいけません。私が言う、グローバルな観点とは、まさにこういうことです。グローバルな観点からみた日米関係史とは、つまり日米関係中心の物語ではなく、より多くの人が理解できるような歴史です。

より多くの人とは誰かというと、ペン大で例えば、フランス史をやっている同僚で、「あっ、日本、どこですか。あっあっ、日米関係、何それ」と常に尋ねそうな人です。このような専門家でない人に囲まれて、私が真珠湾どうのこうのと言ってもしかたがありません。誰も相手にしてくれません。もちろん日本にいるとぜんぜん違いますが、世の中は日本だけではありません。それゆえ、より広い範囲の世界の歴史からみた日米関係史を、私は目指しています。

3　従来の戦間期における日米関係史

古典となっている細谷千博《ほそやちひろ》先生が編集した優れた専門書を皆さんはご存じかと思いますが、『ワシントン体制と日米関係』というすばらしいものです。この1978年の研究では、1920年代はベルサイユ条約とワシントン会議の条約のもとに、日米親善、中国における協調外交を進めた時期として描かれています。もちろん、この日米協調外交は重要であり、事実であったと思います。

しかし、この研究の一番根本的な問題設定のところに、視野の狭さがみられるような気がします。ワシントン体制という観点から20年代を取りあげるというのは、結局、太平洋戦争の由来をたどるということであります。転換期の日米関係の短所と長所を議論することによって、ワシントン体制が強かったか、弱かったかを探り、真珠湾の真相を論ずることです。それはそれで良いですが、前にも言いましたように、太平洋戦争に興味がなければ関係のない話です。

近代ヨーロッパの外交史においても、昔は同じように転換期というのは第二次世界大戦とのつながりの話ばかりでした。つまり、20年代で研究すべきものは、ただ単に30年代がどのようにあんな悲惨なことになったかということに関連することばかりでした。しかし、ちょうど細谷先生の本が出た頃に、ヨーロッパ外交史の専門家たちのあいだでは、徐々に転換期ヨーロッパを第二次世界大戦の歴史と分離して分析するようになりました。

例えば、ザーラ・シュタイナー（Zara Steiner）という元ケンブリッジ大学の先生が5年前ぐらいに出した本の中に「1920年代は1930年代やヨーロッパの新しい対立の序文ではなく、第一次世界大戦後の文脈からみるべきである」[*2]とあります。つまり、20年代そのものの、戦争とちょっと別な、20年代の本質を探ろうと主張しています。この分析の仕方はヨーロッパ外交史の専門家たちがもう昔からやっているわけです。

4　新しい世界文明と大正維新

日本近代史においても、転換期の20年代を、第二次世界大戦の歴史と分離して分析するとどうなるでしょうか。

シュタイナー先生が示唆しているように、第一次世界大戦が目立つようになります。つまり、第二次世界大戦ではなく、第一次世界大戦。なぜかというと、20年代は第一次世界大戦のすぐ後ですから。第一次世界大戦に光をあてるのは当然と思われるかもしれませんが、最近まで日本の学会では、あまり強調する人はいませんでした。

さて、第二次大戦より第一次大戦の方に注目すれば、どうなるでしょうか。当時の人の目からみれば、第一次世界大戦は非常に大きいです。例えば、総理大臣になる1年前の原敬は「世界の形勢一変する」[*3]とまで言っています。もう一人、某陸軍中将が、『太陽』という人気の雑誌において、「今度の戦争は欧州に於ける関ヶ原とも云うべき天下分け目の戦争である」[*4]と主張しています。このように同時代の日本人が、第一次世界大戦の重要性を十分に認識していますが、それだけではありません。「関ヶ原」と大げさに言っているようですが、「分け目」という言葉も使っていますね。つまり、戦争が世の中を変える力をもっているという大変な意味です。

どこにその力があるのでしょうか。それは例えば、当時の東京市長の坂谷芳郎の言葉を引用しますと「今度の戦争は世界文明の中心、世界金融の中心、世界交通の中心点は交戦状態にある」[*5]と。もう一人、浅田江村という『太陽』の編集者の一人は「過去40年の長き間彼等（欧州列強）は正しくその平和の楽しむことを得たり。是実に近代史上の偉観にして彼等の誇称する欧州文明の光彩真に陸離たるを認めざる能わざらしむ。……而して彼等は多年誇称したるその高度の文明生活を戦慄すべき兵火の猛威を以て容赦なく迅速に破壊しつつあり」[*6]と。つまり大戦が、どのような新しい世界をもたらすかは同時代人にとって、まだ不明ですが、少なくともヨーロッパ文明中心の世界が終わるということは大勢の人が認識していました。

転換期の20年代を第二次世界大戦から分離して分析する場合には、その時代の一つの特徴は、ヨーロッパ文明中心の世界の終焉であったことが明確になってきます。

第一次世界大戦中にヨーロッパ文明中心の世界が終わろうとしたならば、その代わりにどのような世界が生まれようとしていたのでしょうか。大戦勃発当時から元老山縣有朋は、ある程度、端緒をつかんでいたようにみえます。1914年8月の「対支政策意見書」の中に、山縣は次のように書いています。

対支政策を確定しこれを実行するに当たり最も意を用ひさる可からさるは即ち対米政策なり、米は富裕にして支那における商工業と貿易とは近頃其の最も注目する所なり、而して欧州の大乱は毫も米国の手足を牽制せさるのみならす寧ろ之をして漁夫の利を独占せしむるに足るものあり[*7]

要するに、中国政策を考えた場合には、アメリカを一番気にしなくてはなりません。なぜかというと、アメリカは「富裕」で日本と同じように中国に興味をもっています。ヨーロッパの国々は皆戦争に集中しているけれども、アメリカはそうではなく、アジアの方に注目しだすかもしれないと、山縣が心配しています。山縣だけでなく当時は同じような発想をもっている人はいっぱいいました。

日米関係史と外交史の専門家は、アメリカの大戦後の世界的意義を、だいたいパリ平和会議における大活躍とか、ウィルソン大統領の14箇条の平和原則において見出しています。そしてその時期の日本とアメリカ、両国の世界的上昇を強調し、太平洋戦争への予測みたいに、どうも扱いがちであります。例えば、ワシントン州立大学の川村典子先生の2000年に出た本はこの時期をアメリカのウィルソン主義対日本の地域主義のイデオロギー的対立、というふうに定義しています。[*8]つまり、アメリカが力をつけただけではなく、イデオロギー的にも上昇して、日本との対立が湧き出したと、昔から学者は言っています。

第一次世界大戦当時の議論をみても、将来の日米関係が危ないよ、という人はもちろんいます。日本においては海軍大佐の水野廣徳とか、アメリカにおいては、カリフォルニア州の州都サクラメントの新聞、サクラメントビーの編集者のバレンタイン・マックラッチとかです。この時期に、将来の戦争を予告する人がいるわけですが、しかし1919年の段階では、より大きな関心事があったように思います。それは、ヨーロッパ文明中心の世界にとって代わるものの推測です。

東京帝国大学の先生吉野作造に言わせると「今度の戦後処理は『戦後の文明の進歩』を誘導するものである」[*9]と。つまり、一つの文明は終わった、これからの文明は何だ。1919年からみた場合、この新しい世界文明は必ずしも戦争とつながるものではありません。いや、かえって戦争を意識的に否定するものが、この時期は一番主流となりました。それを理解できなければ、戦間期の世界や日本が十分理解できないと思います。

にもかかわらず、外交史専門家はだいぶ前から、第一次世界大戦後のこの新しい世界、新しい構造はアメリカから生まれた「ウィルソン主義」というふうに主張してきました。つまり自由主義社会、協調外交など、まさに川村さんが主張しているアメリカ自由主義とかの理想主義に対する日本の地域主義という対立図式です。この時期から主流となる国際主義、民主主義、軍縮、民族自決など。もちろんそれらはみんな、ウィルソン大統領の口から出たりして、世の中にけっこう普及しました。しかし私は、これらの政治的、外交的要素だけに集中して、この新しい世界のすべてを把握できるものではないと思います。より根本的な背景をみないと、転換期の本質を十分理解できません。

日本から見た場合は、その本質は何かというと大正維新だと思います。つまり、明治維新と等しい大改革の時期であった。原敬に言わせると、「維新以来50年国家の刷振を要する時期と馴れる」[*10]と。これはただアメリカが上昇するからではなく、ヨーロッパ文明の世界が崩壊しつつあるから、誰もが世界のあり方を考えなおさなければいけません。アメリカとは別の話です。

もう一人、実業家の鈴木梅四郎が1919年に、「明治維新が土地人民の支配権を皇室に還し奉るの仕事であったとすれば大正維新は国民の大多数に占むる庶民階級の貧困を防止して、社会の積弊を匡正するの仕事であらねばならぬ」[*11]と述べています。大正維新という言葉を使っている人は当時、数多くいますが、その言葉の意味は人によります。ただ一つだけはっきりいえるのは、大戦後は変化の大きな時期であるということが広く認められています。

明治維新並みの変化の時期ですから、明治並みの言葉、言葉遣い、発想が見られます。例えば、1868年になった段階では「昔は暗かった、これからは明るい」とよく言われました。福沢諭吉は明治初期に江戸時代を「暗く閉じられた世界」[*12]と呼んでいますが、大正8年になると吉野作造は「従来の侵略的軍国主義から先づ大体に於て民心が覚めたと云ふことに帰着して、さうして今度の平和と云ふことになった」[*13]と主張しています。政治家の中野正剛によると「上下に漲《みなぎ》る老廃的気分を排して、世界の若い思潮を提携する用意をせねばならぬ」[*14]と。

第一次世界大戦以前は暗かったとすれば、将来は明るい開国の時期であるという鎖国、開国という言葉遣いもしています。例えば、東京大学教授の姉崎正治によると戦争中は「自給や、経済の自立という如き鎖国的傾向の気風」に覆われていましたが、これからは「雄大な開国進取の精神」[*15]を持たなければならないと。元外務大臣の憲政会総裁加藤高明は大正8年に次のように言っています。

明治維新以来既に52年、此間幾多の困難に打勝ちて、今日の如く国威を振興するを得たるものなれば、将来に於ても政治に、産業に、智徳に芸術に、又は思想に慣習に世界最良の文明を採り用ひ、今後に處する計画をなさんか、優勝劣敗の中に於て最良の適者として、益此国を大ならしめ得べき望は十分に存し……[*16]

つまり、明治の時と同じように、また開国的な時期に立っていて、いろいろな国からいろいろなことを学び、それで日本という国を良くしようということです。そして、将来は明るい。姉崎は「世界的大舞台の夜明けは近づきつつある」[17]と強調しています。黎明会という、吉野作造とか、いろいろな思想家が集まっている新しい団体は、昔は「専制主義、保守主義、軍国主義」で、将来は「自由主義、進歩主義、民本主義」、今は「初めて真正なる文明的生活に入る」[18]時期であると確信しています。「文明」という言葉がよく使われていますが、古い文明が終わって、新しい文明に入る。だからこそ、エキサイティングな時代である。

明治時代の画期的な変化の背景に明治天皇の名のもとに出された五箇条の御誓文というものを皆様ご存知かと思いますが、今度は大正天皇の言葉として１９２０年に出された重要な勅語があります。「平和克復の大詔」といわれますが、読んでみるとけっこう明治時代を思い出させます。例えば、「宜しく奮励自彊、随時順応の道を講すへきの秋《とき》なり」というふうに書かれて、「世界の大經に仗り、連盟平和の實を擧けむ」[19]と。つまり、世の中はだいぶ変わりました。その変わったことに対応しなければダメだ、というような強い言葉も１９２０年、陛下から出ているわけですね。ですから第一次世界大戦後の日本には同時代人は大正維新を見出しています。

この大正維新というものを明治維新に喩えると、なかなか大したものにみえますが、これはぜんぜんグローバルな観点ではないのでないか、と疑われそうです。まさにそのとおりですが、大正維新の究極的な意味を考えると、そのグローバルな意義が明確になると思います。

大正維新を追求する転換期の日本人は、要するに国家再建設を目指していた。これは総理大臣になった加藤高明の言葉を借りますと「新日本の基礎を築く」[20]ことです。この「新日本」という概念は明治時代にもありましたけれども、この時期の「新日本」はまた別のもので、第一次世界大戦以降の重要な変化を表している言葉であります。その変化が国家建設の事業であるとまさに表しているのです。加藤みたいな日本の指導者が、国家再建設を目指していたとしたら、ヨーロッパ諸国の指導者たちと同一の目的で平和時を迎えているわけですね。ヨーロッパの方では、戦災からの再建は物理的なものでもありますが、日本もヨーロッパも同じ古い世界の文明の終焉に直面して、これから新しい文明の建設を考えなければなりません。これはただ単に明治維新を思い出すことだけではなく、グローバルな事業であります。つまり第一次世界大戦が、どれほど新しい世界を促し、その新しい世界への対応がどれほどグローバルな事業であったかは、この時期の日本人の、維新への意欲をみれば明確になるかと思います。

5 平和文明の戦間期

この第二維新みたいなものは、要するに、第一次世界大戦のグローバル的影響を表しているものです。そのグローバルさを、転換期の日本の変容、国家再建設という観点からみれば、その変容の耐久性と広い範囲の普及がわかります。後の太平洋戦争の歴史に誘導されて、転換期の日本における国際主義、民主主義、軍縮などの基盤を過小評価する傾向がありますけれども、これらは第一次世界大戦と結びつく戦後の新しい世界の産物であるというふうに認識すれば、ぜんぜん別なイメージがわいてきます。

国際主義、軍縮、民主主義など、どれもが第一次世界大戦の教訓と密接に結びついていて、人びとがどれほど真剣にこれらを追求していたかには驚かされます。例えば、吉野作造が大正8年に「戦争の以前から一方には非常に殺伐なる外交関係で進んで参りますけれども、他の一方には非常な煩悶《はんもん》がありますからして、どうしても一旦戦争となった以上は、戦後の世界は戦前の儘或《ままあるい》は戦前と同様の状態に放任して置くことはどうしてもできない」*21と強調していますが、当時としては一般的な発想です。

国際主義に関しては、具体的に日本は日英同盟の世界からぐっと変わって多元的な世界、多元的な協約、多元的な条約をいくつか結んで、積極的に追求してるわけです。ベルサイユ条約とか国際連盟、ワシントン軍縮会議、四カ国条約、九カ国条約、不戦条約、ロンドン条約等々。外交史の専門家は第二次世界大戦の歴史から顧みて、以前からこれらの条約の弱点を強調しがちですが、第一次世界大戦以前の世界と比較すれば、けっこう大したものにみえます。皆さんもご存じかと思いますが、日本は国際連盟が始まった時からの加盟国ですが、アメリカは加盟国になっていないです。フランスは加盟国になりますが、軍縮会議においては、異議を出し――ジュネーブにおいても、ロンドンにおいても、ぜんぜん日本みたいに常に一生懸命、列強と共に道を歩んでいたわけではありません。イタリアもそうです。つまり、他の列強と比べて、日本がやってたことはほんとうに大したものです。国際連盟の加盟国だけではなく、国際連盟の理事国にもなっています。今は日本は、国際連合の安全保障理事会に入ろうとしていますが残念ながら無理です。国際連盟の理事国の歴史からみれば、ほんとうに惜しいことです。これをみれば、今よりも、日本の第一次世界大戦後の世界的影響力は非常に大きかったように思います。

民主主義に関しても同じようなことです。日本において、民主主義や民本主義がなぜ、そんなに大きく取りあげられていたかといいますと、憲政会の言葉がヒントになります。

独逸の屈服に依り軍国主義官僚主義は根底より覆さるるに至った。当然の帰結として国民を基礎とする政治、国民の意志の上に政治する。即ち民本主義は沖天の勢を以て全世界の思想界を風靡し国家という国家の政治組織を支配せんとする傾向がある。[*22]

つまり、民主主義は単なる流行だけだったのではありません。軍国主義がダメだという背景には、軍国主義国家が皆戦争に負けたから、軍国主義は強くないという結論があったのです。ドイツとかオーストリア帝国が戦争に負けたということは、軍国主義がダメ、専制主義がダメ、官僚主義がダメであり、これから生き残ろうとすれば、ぜんぜん違うモデルを追わなければいけないと、皆真剣に思っていたのです。戦争の結果、ヨーロッパの主な専制政治の帝国――ドイツ帝国、ロシア帝国、オーストリア＝ハンガリー帝国、そしてオスマン帝国――がすべて崩壊するわけです。崩壊するからこそダメなのです。そして、民主主義国家が勝利を収めたから、民主主義をもっと強くしましょうということに当然なるわけです。

帝国日本は崩壊しなかったけれども、20年代の日本においては、こういう背景があるからこそ、明確な権力移行が起こります。明治時代には徳川から薩長へ、権力が大きく移動しましたが、20年代においてもリーダーシップがすっかり代わりました。元老の世界、官僚政治から政党内閣制に入ったわけです。短いあいだでしたけれども、第一次世界大戦があったからこそ起こったわけで、同時代人から言わせると大したものでした。例えば、普通選挙法が可決された1925年の時事新報は、「議会はじまって以来」の「万歳々々」[*23]が起こったと記録しています。当時は民主主義に対する大きなエネルギーと熱があったのは確かです。

軍縮も同じです。大戦の原因は軍国主義だから、尾崎行雄が言うように、武装的平和はもうダメだ。[*24]想像できないほどの惨状をもたらしたから、軍国主義的発想を変えなければいけない。だから、ワシントン会議、ジュネーブ会議、ロンドン会議にも日本が参加して、一生懸命やっています。具体的にいえば、主力艦17隻や四個師団を削るわけです。そして1922年から32年のあいだに、国家予算で国防費が占める比率を半分以下に低下させるわけです。[*25]吉野作造は1922年に、このような現象が起こるのをまったく「夢想せざる所」[*26]と述べ、想像もできなかった心の変革だといっています。

要するに、20年代、日本における軍縮、民主主義、国際主義の事業は皆「維新」の文脈から出たもので、強い基盤の上に立っているものです。そして、一つ一つの変化だけではありません。より大きくいうと新しい文明の産物です。その新しい文明とは平和文明です。今の日本においては「平和文化」という言葉をよく聞きますが、それは広島の原爆から出てきた現象だと思われがちです。しかし広島よりズッと前に、日本におけるすばらしい平和文明がありました。それは第一次世界大戦後に入ってきたもので、日本だけではなく、世界全体に影響をおよぼしたものです。当時の元老の一人、西園寺公望がこれを「平和的事業」というふうに呼び、日本がいかに「平和的事業の貢献者」であるかをアピールしようとしています。

我国が武備を怠らざると同時に学術、文芸、及、農工商業の方面に向かって、大に奮励すべきは、誠に大勢の然らしむ所にして、また我国を以て好戦的国民と誤解せるものが、遠からずして平和的事業の貢献者として、我国を謳歌し、また平和的発展の成功者として、我が国民認識をするに到ることは期して待つべきであります。[*27]

ですから、さっきの「平和克復の大詔」も1920年に出され、「世界の大經に伎り、連盟平和の實」を呼びかけています。「連盟平和の實」という言葉は昔のヨーロッパ文明中心の世界から、平和文明中心の世界に切り替わろうとする大きな努力を表しているように聞こえます。日本においては、軍縮も国際主義も民主主義も進められますが、それだけではない。西園寺がいう「学術、文芸、及、農工商業」、生活そのものに大きな影響をおよぼすことです。要するに平和のために、明治維新みたいにすべてを変えなければいけません。

例えば、戦後には日本国際連盟協会ができて、毎年11月11日に第一次世界大戦の休戦記念日を祝っています。1920年には上野公園で平和記念東京博覧会が4カ月間も続いています。昭和初期は日本人にとってあまり思い出したくない時代のようですが、最初の頃は平和文明と密接に関わっています。昭和という年号自体は、平和の「和」と共鳴して、西園寺は大喜びでした。[*28] 昭和天皇が践祚《せんそ》した時の新聞のお祝いもまた非常におもしろいです。『東京日日新聞』によると、裕仁殿下が生まれた次の日、青山御所の芝生に2羽の白鳥が舞い降りて、四日後、同じ白鳥が賢所《かしこどころ》の擬宝珠《ぎぼうしゅ》の上に現れました。「皇子御生誕の喜びに溢れるる御苑の芝生に平和のシンボル……われらの陛下はかくもうるはしき平和の瑞兆の下に御誕生遊ばされたのである」[*29]と主張して、いかにも平和的皇太子であるようにアピールしていますね。

20年代の文化というと、どうしてもモダンガールやモダンボーイが頭に浮かびます。小さく考えれば、モガとモボはアメリカ文明の抽出で、戦後世界の主流がヨーロッパ文明からアメリカ文明にとって変わったという良い印と思われます。しかし、より大きく考えれば、モガとモボも第一次世界大戦後の平和文明普及の印です。同時代人がモダンガールに憧れる理由はアメリカに憧れていたからではなく、より根本的に新しい平和文明に憧れていたからです。新しいファッション、ジャズ、野球等は皆アメリカから来ていますが、なぜ好きかというと、これらが戦後世界の最高のモデルになっているからです。もう戦争とは関係なく、より楽しいジャズ、映画、喫茶店などと関係あるということで、モガは平和文明の最先端の印となりました。実際、同時代人は女性と平和との間に特別な繋がりがあるように考えています。例えば、キリスト者の女性有力者守屋東《あずま》が、1923年に「女性の本能は平和を保つこと」[*30]と主張しています。だからこそ、女性の力がこの平和の時代に大きくなりました。

6　結論

今日は、20年代の日本における国際主義、民主主義、軍縮、平和文明の強い基盤を強調しましたが、30年代に入るとどうなるでしょうか。30年代の日本は、たしかに違う方向に走っていますが、その後もまた方向転換に入ります。つまり、1945年以降は国際主義、民主主義、軍縮とか平和文明が再登場するわけです。太平洋戦争は大変残念な5年でしたが、より大きく考えれば、この戦争状態ではなく、第一次世界大戦直後に出てきた要素の方が長続きをしているように思います。大正8年以来、日本は一貫して産業国家、大衆文化、そして世界大国という位置を保っています。だから、30年代よりは、第一次世界大戦が真の転換期、現在日本の基礎であるように思います。

さて、転換期の日米関係史をグローバルな観点からみれば、何がみえるでしょうか。今日の話はほとんど日米関係史ではなく、日本近代史に集中しましたが、まず太平洋戦争の偶発的側面、つまり、コンティンジェンシー（contingency）の重要性を訴えたい。歴史家の最大の弱点は、説明をするにあたって、歴史の必然性を強調するところにあると思います。例えば、太平洋戦争の要素を30年代に、20年代に、いや、日露戦争にまでも遡って見出すこともあります。しかし、日露戦争時の人も、第一次大戦時の人も、20年代のほとんどの人も太平洋戦争を想像しながら行動しているわけではありません。20年代を研究するにあたって、太平洋戦争と切って分析しなければなりません。

グローバルな観点からみて、2番目に現れるのが世界における第一次世界大戦の重要性です。西部戦線に参加していないのに、遠い日本にとっても戦争の結果、第二維新まで促されるということは、いかに第一次世界大戦の世界的意義が大きいかということを象徴しています。

その意義とはどういうものかというと、世界の転換期ということです。つまり、ヨーロッパ文明中心の世界の終焉と新しい世界建設の分け目です。それはフランスも直面しているし、アメリカも日本も同じです。そして、平和文明の時代に入ります。この新しい世界は今まで続いているわけですから、第一次世界大戦は20世紀の出発点だと言えます。これは別に私が初めて言っているわけではなく、昔から専門家が言っていますが、だからこそ第一次世界大戦と20年代は、日米関係史からちょっと離れてみると、もっと大きな意義と可能性がみえるのではないかと思います。

■■ コメント ■■

柴山　ありがとうございました。非常に刺激的な内容ですばらしかった。それでは、本日のコメンテーターである神戸大学の簑原先生からコメントをいただきたいと思います。

簑原　本日は非常に勉強になるお話をありがとうございました。それで私は、ディキンソン先生をあえてフレッドと呼ばせていただきたいと思いますが、フレッドのお話を聞いてすごくうれしかったのは、われわれまったく今まで特に研究等で組んだこともなく、それぞれ、別のアカデミック・グループの中でやってきたのですが、お話を聞いて、私が思っていること、あるいは私の着眼点もまったく同じであるということです。自分の思考は根拠のないものではないと確信できました。ペンシルバニア大学の有名な先生が、そういうことを言っておられるのであれば、間違いではないと自信をもったしだいです。

まず、日米関係をグローバルにしなくてはいけないというのは、私もまったく同感です。ここは学部生が多いので、私は学部生対象に話をします。やはり考えなくてはいけないのは、日米関係の非対称性ですよね。私のような日米関係の専門家は、日本で威張れるわけではありませんが、少なくとも存在意義はある。なぜかといいますと、日本にとってのアメリカの価値と、アメリカにとっての日本の価値はぜんぜん違う。それが日本にいるとわからなくなってしまう。だからこそ、よりグローバルな視点でみれば、相対化されていくのではないのかなと思っていて、その点、ほんとうにまったくそのように思いました。他方で、こちらにいる日本の学部生はアメリカにおける日本研究の現状を知らない。例えば日本だと、政治学者と歴史学者が組むのはあたりまえです。アメリカではまずないことですよね。そういった違いを、とりわけ本日出席している学生さんに対して後で補完していただけたらと思います。というのは、われわれは学者として住んでいるアカデミックな環境がまったく違うと思うのです。例えば、外交史のあり方一つをとってもですね。これは、自分の学生に話すのですけれども、なかなか理解してもらえない。もしかしてフレッドは実際アメリカにおられますから、その違いについて、もう少し説得力をもってお話できるのではないかと思ったしだいです。

あと、考え方の類似点なのですが、1920年代と30年代は対立するものではないと。私の研究も20年代を広く扱ってますので、20年代から30年代へと流れていったと考えてます。これは当然、そうですよね。そのように理解するのが自然じゃないかと思います。

あと、第一次世界大戦が非常に重要な転換期になったとの指摘。それは日本のみならず世界にとっても重要な転換期になった。実は日本にいますと、このグレート・ウォーと呼ばれる第一次世界大戦は、非常に存在の薄い戦争であります。私はヨーロッパに2年間、イギリスとオランダに留学したことがあるのですが、ヨーロッパ各地をまわると、どんな小さな町にでも、必ず第一次世界大戦の記念碑がある。ものすごく多くのヨーロッパ人が死んだとわかる。他方、そういう町に行って、第二次世界大戦の記念碑はというと、ほとんどない。ぜんぜん違う。このようなものすごい大きなインパクトをもった戦争が、日本に対して影響を及ばさなかったはずはないと私は思って、2007年に、第一次世界大戦が日本をいかに変容させたのか、という研究会を発足させました。23人の学者によって、2014年8月に、第一次世界大戦勃発100周年記念と同じタイミングでオランダのブリル社より本を出します。ですからやはり、今までの日本の研究者は、あまりにも太平洋戦争にフォーカスしすぎて、第一次世界大戦をみてこなかった。そこの着眼点も同じだと思います。

私も、こういったかたちで第一次世界大戦を考察して、日本は戦争の酷さを学習せずして20年代というものがあったと思います。フレッドが示す言説は、私は非常に説得力があると思うのですけれども、他方で、ここはたぶん違いになってくると思うのですが、私の研究関心はアメリカニストの要素を多分にもってます。それは何かといいますと、特に日米関係をみているのですが、アメリカ外交、あるいはアメリカの国内政治も深くみます。ですから、ある意味でフレッドと対極をなす。フレッドは日本の政治、外交を深くみている。アメリカニストからみると、20年代はきわめて複雑な時であって、要は国際協調主義うんぬんという一方で、アメリカがとった行動というのは、まず移民に対して自らの扉を閉める。さらには、日本人に対して排日運動を行い、あるいは排日移民法を確立させる。これは日本にとっては、国際協調主義、アメリカとともにデモクラシーでやっていくんだと思っていたところ、大きなリジェクションですね。ですから、人種という要素が、20年代にどのような悪影響をおよぼしたのか、これをやはりみることが30年代につながっていくのではないか。しいては、太平洋戦争への流れの一つになるのではないかと思っています。

そうしたなかでみていくと、フレッドは、ウィルソン米国大統領の出現、ウィルソン外交、この新外交を日米関係におけるターニングポイントとして、どのように理解されているのでしょうか。それが今回の話には出てこなかった。私の考え方では、セオドア・ローズベルト大統領以前のアメリカ外交とウィルソンの外交は本質的に違っていて、リアリズムのをもとにした現実主義外交ですと、日本はアメリカと組める。つまり、日本の勢力圏を認め、朝鮮半島併合も、どうぞどうぞみたいな感じで進むと。ウィルソンみたいな理想主義者、彼の提示する新たな国際的なルールでは、自らの国益を見出すことができない。そういった日本にとっては何か非常に不都合なトランジションがあったのかなと、そこのところをどのようにお感じになられるのかなとうかがいたいと思います。

さらに、ちょっと前後して、話を聞いていて、こうなのではと思ったのが、江戸と明治のコントラストの話です。これは非常におもしろくて、大正維新、あるいは江戸時代末期、幕末というのは暗い時代だったとよく言われますが、私は日米関係をやっているかたわら、やはりどうしてもペリーから始まるのですね。幕末期の江戸幕府をみますと、外交も非常に積極的だし、遣欧使節団の派遣にみられるように、明治の人たちよりは、はるかに外交はリアリズムに満ちている。むしろ当初、明治政府を担ってきた人たちは反動的であり、保守であった。

明治指導者が言っている「幕末が暗かった」というのは、むしろ彼らが後からつくったものではないのでしょうか。フレッド自身が幕末期と明治期の比較、もしかしたら、ここはそんなにはっきりとした対称でなくて、やはり共通の流れがあるのかなと。そうしていくと、先ほど言ったどんどん、ルーツを辿ってみることになる。もしかしたら縄文時代までズーッと同じように遡らないといけなくなるのかもしれない。もちろん冗談ですが、でもやはり幕末から、江戸から明治のトランジションは、もう少し深く掘り下げて良い地層であるのかなと思ったしだいです。

あと1920年代、アメリカによる日本に対するリジェクションのインパクトはかなり大きいと思います。「世界における第一次世界大戦の重大な意義」と述べられてますが、欧州中心の時代の終焉というよりも、アメリカの時代の始まりという側面があるのではないか。そのアメリカの時代の始まりと、日本はそれに対して、どう呼応するのか、あるいはしないのかというストーリーが第一次世界大戦以降始まるのかな、と思ったしだいです。

その過程で、やはりキーなのは、日本は五大国の地位を手に入れるが、国家としてはまだ成熟していないということです。サイレント・パートナーといわれますよね。私は結局、日本外交、日本の失敗は、今もそうなのだけれども、何かといいますと、とりあえず目標を決定する、明治の場合は富国強兵で大国になるのだと。列強のように扱われるのだと。いっしょに肩をならべるのだと。同列に迎えられるのだと。しかし、それを達成したあと、新たな目標を設定できない。

これは80年代、日本が戦後、安定、平和、経済的豊さ等を全部達成したにもかかわらず、次の目標を設定できないのと同じです。戦後との類似性で、私は気になるのですが、要は、日本は能動的に動く、新しく手に入れた力で、世界とどう向きあうのか、世界に対してどう貢献するのか、というのをまったく考えない国だったのかなと思いま国中心として考えているのかなと思います。パリ講和会議の日本の行動がもっとも顕著なのですが、自国の利益のみを追求している。世界をどのようにして超えていこうかという、そういう発想もあまりなかったのかなと思ったしだいです。

最後の質問なのですが、まさに太平洋戦争の偶発的側面について、私の理解では、いろいろな偶然が重なって戦争にいたったと考えるのですけれども、何が決定的な要因になったのかなと疑問に思っています。なぜいくつもある戦争にいたらない道すじがあるなかで、なぜ、この道をとってしまったのか。これを答えたら、歴史学の分野において、たぶんノーベル賞クラスの人になると思うのですけれども。難しい質問ですが、たぶん、その解答によってフレッドの日本史に対する立ち位置、スタンスもみえてくるのかなと思ったしだいであります。

最後に、ちょっとごめんなさい。このあいだ、関学のキャンパスでフレッドとランチをしまして、そのときフレッドの言った言葉がすごくインパクトがあって、それが「Where is Japan?（ジャパンがみえてこない）」という言葉、これこそキーワードで、アメリカでの日本研究の現状が下火になっているという発言でしたが、すごく刺激的でした。

ディキンソン　たしかにそうですね。ペンシルバニア大学における日本研究も、最近大きな挑戦に直面しています。ふたりの大物の日本研究者のうち、一人が亡くなり、もう一人が退職しましたので、私がペン大にいるかぎりは日本の宣伝を一生懸命しなければなりません。先日の大震災の時は日本がまた大きな話題となりましたが、それではちょっと困りました。今、ペン大には日本関係の先生が6人残り、日本近代史の担当は私一人だけです。前近代史の先生はまた一人います。他には日本近代文学の専門家一人、中世文学の先生一人、もう一人は徳川時代の美術史を教えています、残りの一人は法学専攻の先生です。私は歴史学科にいまして、歴史学科には中国史の先生二人、韓国史の専門家一人いますが、日本をやる人は私一人だけです。

このような環境なので、いきなり太平洋戦争の話をもちだしてもしようがありません。日本研究はけっこう衰えていることもあり、政治外交史も20年前から、私がエール大学にいたときから「何をやっているのだ、お前は」という感じです。最初の日米安保についての研究を一生懸命、外務省の資料とか、こちらの国会図書館の資料を使いましたが、それだけだとぜんぜん話が通じません。それにメディアから見られる当時の大きな話題と討論をくわえ、できれば小説家の声もたまに入れ、外交と政治の世界は文化の世界とどう絡んでいるかというのを、一生懸命アピールしなければいけません。だから、今度出る本には永井荷風も出たりします。

そして、このように日本専門家が大勢集まる場はアメリカにはあまりありませんから、最初から例えば、維新とは何かと説明しなければならないし、話がなかなか進まなくて、おおざっぱな話しかできません。

これから私が一番しなければいけない仕事というのは、近代日本史をいかにアピールするか、その背景にある日本の存在そのものをどれほど宣伝できるかというものです、それがけっこう大きいです。今度ペン大に帰って、その事業にとりかかりますが、ぜひ助けてください。お金がありましたら、使いたいです。日本は80年代まではアメリカの大学にけっこう寄付していますが、もうその時代は過ぎ去ってしまいました。

簑原　文系は少ないお金でたくさんできる。

ディキンソン　そういう感じであります。続きですが、20年代は、アメリカからみて、ぜんぜん違うようにみえたという話でしたか。

簑原　そのアメリカの行動がけっこう、その後の日本の行動に影響を与えたのではないか。

ディキンソン　私に言わせると、1924年の移民問題、ベルサイユ会議における山東問題や人種差別問題などをめぐる研究はたくさんありますが、どうしても太平洋戦争から顧みた分析のように感じます。例えば移民の話も、当時はもちろん日本にとって大きなインパクトがありましたけれども、例えば評論家の清沢洌は移民法の2年後には、1924年の憤慨が忘れられかけているというふうに書いています[*31]。もちろんそれは、満州事変以降、軍国主義をアピールする人たちが増えると1924年の事件が大きく取り上げられますが、20年代の段階では何が一番重要だったかというと、平和文明の世界です。アメリカに関しては、第一次世界大戦後、日本にとって何が一番重要だったかというと、大きく拡大した日米貿易です。アメリカは、1939年まで日本に対して、武器、部品、メタル、石油などをいっぱい売っています。なぜ中国を意識しながら日本にそんなに武器を売っているかというと、第一次世界大戦以降は日本とアメリカの経済が密接に結びついているからです。それが移民問題よりも大きいと思います。

この日米の経済的つながりはもちろん、第二次世界大戦を妨害するほど強くなかったですが、アメリカに関する20年代における主な話題はアメリカの圧迫ではなく、アメリカとの貿易の重要性であります。そして、国際主義的なベルサイユ会議でも国際連盟でも、9カ国要求とか軍縮とか、これに参加することによって日本が世界の大国になった証拠だとみんな思い、自信をもって、それらの会議に出ています。結果としてすべてうまくいくわけではありませんが、同時代人の声を聞けば、今までになかった有利な立場だというふうに言っています。

戦間期の日本の外交はもちろん、素人みたいな外交です。大国になったとしても、最初からうまくいくわけではありません。しかしそれは、グローバル・パワーになったばかりの問題であり、うまくなるまでは時間がかかります。それを一生懸命やっている人もいれば、それを批判している人もいますが、ほんとうに新しい時代で一生懸命やっている人は大勢いて、その力とエネルギーに圧倒されます。

簑原　ウィルソンは、どこまで重要なインパクトとなったか。

ディキンソン　ウィルソンもやはり検討・評価をしないといけません。例えば、ワシントン会議をやったのはウィルソンではなくて、ウィルソンの政治的ライバル、ハーディング大統領でした。しかし、一般的に国際主義、軍縮、民主主義をウィルソン主義と定義するとしたら、これらは皆日本においても、少なくてもロンドン会議までは主流となっています。日本はワシントンの各条約に調印し、それらにそって軍縮を行い、ロンドン協定にも調印し、それを枢密院において通しました。そして軍縮の旗を大きく掲げた浜口内閣は昭和5年1月の衆院議員総選挙で圧勝しています。それをみるかぎりは、軍縮が日本においても主流となり、指導者たちは軍縮が日本にとって有利であると十分認めています。もちろん移民法みたいな、あまり好ましくない出来事もありますけれども、同時代人にとって、それよりも大きな関心事があり、それは日米の経済関係とか、日本の世界大国としての新しい地位とかです。その新しい地位のシンボルとして、教育者の新渡戸稲造が国際連盟の事務次長を6年間も勤め、日本の代表としてではなく、まさに国際連盟のスポークスマンみたいな役をはたしています。それだけみれば、20年代の日本の、世界における地位はほんとうに大したものにみえます。そして、幕末のことですが、私はぜんぜん……。

簑原　彼らがそう言ってるのであって、実際はどう思いますかという話。

ディキンソン　私は、幕末はぜんぜん暗い時代だったとは思いません。ただ人間は、新しいことをしようと思えば、大げさに維新といい、前にあったものをすべてダメだと言わなければなりません。事実は別として、その「維新」という言葉にこもった熱は20年代においても19世紀においても同じです。世界は一日でコロッと変わるとは誰も思っていませんが、期待をもって一生懸命やっている人は大勢います。吉野作造だけではなく、浜口雄幸、加藤高明、大正天皇、皇后様等々。それが主流になるのです。主流であったとしたら、どうして30年代になったということですね。

簑原　どうやって太平洋戦争になったのか。

ディキンソン　一番決定的な要素は浜口雄幸が撃たれたことです。しかし彼一人だけではありません。浜口が撃たれてから、日本では政治的暗殺がしばらく続きます。なんで日本の政策決定者が皆この時期に撃たれたのか。そうでなければ、この新日本というものを破壊できなかったからです。1928年に張作霖が暗殺されましたが、新日本の歩みがそのまま続きました。これをみて、新日本の道に憤慨している者は大陸だけでなく日本国内においても同時に暴力を振らなければならないと結論しました。だから、私にとって移民問題はほとんど関係ない、経済問題もほとんど関係ない。後に政治的道具として使いやすかったのは確かですが、1920年代当時はあまり問題ではない。一番問題なのは、この新日本の平和文明の強さだったのです。

簑原　ただ、やはり相対化しないといけないと思うのです。何かといいますと、近代日本の世界との、先進世界との原体験というのが不平等条約から始まっていることを忘れてはいけない。日本人の近代化のプロセスにおいて、平等に扱われるということが、いかに大事であったのかということです。

ディキンソン　それは別に不平等条約どうのこうのということではなくて……。

簑原　そのことへのセンシティビティがすごくあって、われわれが外交史的アプローチだけで判断すると、そこをどこか軽視してしまうきらいがあるのではないのかなということが一点。もう一つは相対価値の話なのですが、五大国の地位になったとしても、そこにある日本の姿は、非常に貧しい農業中心の社会であって、1941年の時点で日本のGDPはアメリカの30分の1か、それ以下ですよね。今はアメリカの30分の1のGDPの国とは大した国ではないわけですよ。やはりそこに、日本人は何かルサンチマンがあったのではないのかなと。

一つすごく象徴的なのが、1942年の工場で働いている労働者の手記をみて、彼がボスの工場長から「その機械を大事に使え、丁寧に扱え」としつこく言われた。なんでそんなことを言うのかなと、きれいに磨いたら「1933年、メイドインUSA」。彼は、その瞬間「僕たちはこの戦争に勝てるはずがない」と思った。1930年代にアメリカから持ってきた機械を使って、40年代の戦争を戦おうとしている日本自体に無理があって、われわれは今、豊かな日本を見すぎてしまっている。豊かさから、またちょっとダメになってしまったけれども、見ているから、そこのところをやはり忘れてしまう。当時の経済データや日本の映像を見ますと、やはりそこには貧しい日本があるわけですよね。

ディキンソン　それは、いかにもアメリカを対象にして、日本を語っているという感じがしますね。

簑原　それはそうかもしれない。

ディキンソン　アメリカが例えば、1925年には人口は世界の6番目、大阪は世界都市の6番目、いろいろな統計をもちだすことはできます。もちろんアメリカをみれば、第一次世界大戦から抜群に力をつけていますが、アメリカとの比較だけではなく、世界すべての、もっと大きな目でみれば、第一次世界大戦の段階の日本もなかなかのものであります。アメリカの力には及びませんが、他の列強、フランスなどのレベルまで十分達しています……。

簑原　視点の違いなんでしょうね。日本はフランスと戦争したとしても国家が滅びるわけではない。そうした力をもつのが、やはりアメリカだったというところに、どうしても私はアメリカを引き合いにだしたくなるのです。

ディキンソン　20年代はほんとうにアメリカの時代ですが、アメリカがいかにみんなより大きくなったかという証拠です。ジャズが嫌いでも入ってくるし、野球も入ってくる。どうしようもないですね。アメリカが政治的にも文化的にも強いです。皆アメリカが好きだからまねをするのではなく、アメリカが第一次世界大戦後の世界的規準を決定しているから、日本はそれに一生懸命フォローし、英仏も同じです。なぜかというと、アメリカが勝利を収めたからです。

柴山　アメリカはやはり平和文明のリーダーとしての責務を十分には果たしてなかったということはありますね。それと国際連盟にも入らなかったし、それで何といっても、移民も切ろうとしているわけだから、ある意味で、ヨーロッパと東洋に思いっきりノーを突きつけてしまった。

ディキンソン　しかし、ワシントン会議があるのではないか。ワシントン会議を日本からみれば、国際連盟にアメリカが入らなくても、これでアメリカがまともに世界のリーダーに加わって、やるのではないかと。だから、絶望的な話でもなんでもないです。

柴山　アメリカが自制した結果、リーズナブルな（それなりのレベルの）平和文明のチャンピオンにおさまろうとしたというところが大きいと思うね。だから、グローバル・パワーとしての平和文明で、本来アメリカがやるべき責務でなくて、小さくやったおかげで、結局、世界がリーズナブルな平和文明のリーダーばっかりのかたまりになって、構造的に弱くなって、一つが倒れはじめると、それをカバーできない構造になってしまったのかな。

ただし、そこの皮肉なのですけれども、パワーとしてはアメリカが自制してしまった一方で、文化とか、経済というのは、圧倒的にアメリカからドーッと流れ出てしまうというこのインバランス。そのなかで、政治的、軍事的な問題をなんとか解決しても、文化のところでギクシャクしたときには、それを調節する機能が起こらなかったと考えられないかなというふうに思います。学生諸君にも発言のチャンスをあげていただきたい。ただし、質問は1、ないし2で、必ずお名前を入れてお話ください。それでないと本に載りませんから。

高田　お話をありがとうございました。関学総合政策学部4年の高田太郎と申します。フレッドさんに質問なのですが。たしかに最初に言われていたとおりで、日本の戦前史の研究テーマというと、なんでワシントン体制が崩壊して、なんで政党政治が崩壊したんだという点を出発点とした研究が多い中で、非常に新鮮な視点からお話を聞けて非常に良かったと思っております。先ほど、なぜ30年代の政党政治が崩壊した時代に入ったのかという点で、浜口が暗殺されて、ほかの首脳も暗殺されていったという点をあげられていたのですが。そこで私が疑問に思うのは、なぜ要人が暗殺されただけで、フレッドさんのおっしゃってた平和文明がもろくも崩れてしまったのか？　平和文明というのは政治的エリートの部分にとどまっていて、たしかにいろいろな論壇の方をあげていらっしゃいますけれども、彼らは要は、東大を出た政治的エリートであって、市井の貧しい農民たちには、それは伝わっていなかったのではないのか？　その流布レベルで、文明と呼べるのかどうかという点を教えていただけないでしょうか？

ディキンソン　するどい質問、ありがとうございます。まず最初に、政党内閣制の崩壊。私に言わせると何も崩壊してはいません。もちろん政党内閣そのものは中断されますが、新日本というものは消えるわけでもなんでもない。いろいろな要素がズーッと続いています。政党や産業発達、大衆社会、アメリカとの経済関係と自由主義的貿易というのもある程度、続いています。そういうところは今度の研究テーマになります。今回日文研（日本文化研究所）にいる間は、つまり、生まれて初めて30年代に挑戦してみようと決めました。なぜかというと、今の質問みたいなのがよく出てきます。新日本がそんなに強かったとしたら、どうなったんだと。国家が歩む道が30年代にたしかに変わりますが、新日本の様相がズーッと続いています。経済的なところでも政治的な面でも、私の好きな民政党も続いています。浜口は亡くなりますけれども、新日本の側面がいっぱい残っています。

１９３０年代の日本に何が起こるかというと、「新体制」という言葉が近衛内閣の時に出ます。なぜこんな言葉を出すか。新日本を意識しているから出します。新日本はまだ消えていません。浜口が暗殺されたけれども、満州事変を起こしたけれども、まだ浜口を好きな人びとがいます。自由主義的貿易が好きな人がいます。アメリカとズッと貿易をしたい人がいます。だからこそ「新体制」の名のもと、別なシステムをつくりだそうとします。これは、柴山先生がエール大学におられたときに行われた研究とけっこう関連をします。こういう30年代において、「新日本」そして新しいアメリカ文明、平和文明という言葉は柴山先生の書かれた論文には出なかったと思いますが、新体制の創立者たちはたぶんこれらを意識して、新しい国家や大東亜共栄圏を一生懸命創りあげようとしていると思います。だから私に言わせると、太平洋戦争というのは新日本を殺そうという戦争であって、アメリカとはほとんど関係ない話ですね。日本の中の、その平和文明を一生懸命殺そうとして、結局、帝国日本が滅びました。そして、皮肉なことに、１９４５年にその破壊から出てきたものが、なんと平和日本でした。

柴山　こういうふうに言う人もいるのです。例えば、うちの親父なんかの世代より、ちょっと前の人たちは、平和文明があったのだけれども、たまたま軍国主義がきて、それから戦争が終わったら、また平和文明に戻るのだとかいうふうな。

ディキンソン　ああ、戻るという。

柴山　戻るという認識をもっている世代の人もいるのです。それは東京大学の遠藤泰生先生もそう指摘してました。だから、内戦としての太平洋戦争、国内政治思想戦としての内戦というものがあって、最終的にはまた戻ったんだということで、太平洋戦争というものはアメリカにとっては迷惑なのだけれども、はっきり言って、やけっぱちみたいなもので、国内的なものを解決するための戦争であったのではないか。

ディキンソン　僕はペンシルバニア大学の講義で戦争を扱う時は、太平洋戦争は、モダンガールに対する戦争だったといいます、（一堂大うけ）アメリカ人にけっこうウケるのですよ。

簑原　モガ・ウォー。

ディキンソン　政治外交史にばかり集中するのをやめて、モガを滅ぼそうとするところにも光を当てないと。

久保田　ちょっとよろしいですか、久保田哲夫（関学総合政策学部教授）と申します。今の柴山先生が言われたことに関係するのだけれども、先生のご両親世代（いわゆる戦中派）が、一番建前を盲信した世代なのです。それより上は、実は、建前と本音というのがあって、表に出さないけれども、裏で考えていることは違う。ですから、あの太平洋戦争の時でも、表に出てくる文章と、その裏でほんとうに庶民が何を考えていたのかというのの違いというのは、私たちは戦前派の先生から聞いている。戦中派のは、それはごく純真な、それこそ上から教わったことをそのとおりに信じてる本音と建前の区別のつかない世代の人たちのことで、あそこにあまりひっぱられると間違えると思います。

柴山　最後、これを聞かないと、私は家に帰れないという方。

元橋　元橋俊之（関学総合政策学部3年）と申します。平和文明の話にまたなってしまうのですけれども、1920年代というか、第一次世界大戦が終わってから、日本国内にこういった平和とか、アメリカ文化とまた違うとおっしゃられたのだけれど、そういった近代的な平和、戦争を好まないような風潮が生まれたというのですけれども、同時期に一方では、日本はシベリアの方にも出兵してるということもあります。一方で平和を尊ぶような風潮がありながら、他方ではシベリアに兵をいまだ送り続けているという状況がありまして、そのへんのあたりのフレッドさんの見解を聞いてみたいと好奇心が動きまして……。

ディキンソン　シベリア出兵は第一次世界大戦の後の話であって、それは連合軍みたいなかたちで入って、結局、22年には終わってしまうのです。だから、それも新しい世界に入る印であると思います。つまり、第一次世界大戦の時に始まりましたが、大戦が終わったらほんとうに不都合になります。『日本及び日本人』という保守的な雑誌までも、このシベリア出兵を「今の時代にやっているのはどういうつもりだ」[*32]と批判しています。さんざんに批判されて、陸軍の評判が大変悪くなって、結局、22年に撤退します。この歴史からも、20年代において、国際主義、民主主義が主流になっていることがみえます。

張作霖の問題が後で出てきますが、やはり世の中は複雑です。主流は国際主義的民主主義なのに、そうでない様相はいくらでもあります。当時は、特に田中義一のもとでの政友会は悪者ですね（大笑）、原敬の時は良かったですが。これは京都大学の伊藤之雄氏も同じようなことを言っています。原内閣はワシントン会議に参加しましたが、田中内閣の時は張作霖の暗殺です。1927年に民政党ができますが、以降、民政党が新日本の最大スポークスマンとなり、それには政友会が対応できません。民政党が新日本のスポークスマンになったからこそ、選挙で圧勝し、政友会が追いつきません。だから政友会は違う政策を持ち出そうとしますが、その政策は同時代人に「策謀的な帝国主義」「専制主義」「官僚主義」と呼ばれ、出ていけということになります。張作霖の問題は、田中義一の時に起こりますが、その後、1929年に浜口が入ってきます。だから新日本の最盛期は1929年から、浜口が撃たれる1930年までです。ごく短いあいだですが、国際主義や自由主義が非常に強くなった時期で、撃たないと永遠に続くようにみえたほどです。

柴山　あと、そういう説明もあるのだけれども、もう一つの問題として、共産主義もあるのでは。

ディキンソン　何が共産主義。

柴山　シベリア出兵の相手。だから、ウィルソン主義にもとづく平和文明へのタブーでしょ。だから、タブーを潰すための戦争だから、平和文明にとってはかまわないわけよ。

ディキンソン　それはそうですが、でも結局、シベリアに日本は残っているのですね。皆が撤退した後、それは非常に都合がわるくて。

柴山　問題は、日本陸軍というのは撤退するときのラインをどういうように引くかというのでも不器用で。撤退経験とか、カッコよく撤退するというのは、もともと経験ないので。私が指摘したいのは、あなたのいう平和文明への隠れたタブーというのがないと、ほんものの文明ではないということです。そこで初めて、平和文明の性格が、実は出てくるのかもしれない。ボルシェビキだけは別だとかいうことによって、初めて平和文明が成立するみたいな。

ディキンソン　ああ、そうか。なるほど。

柴山　まずは第1回目はこれで終わりましょう。フレッド・ディキンソン先生、どうもありがとうございました。

（拍手）

註

＊1 五百旗頭真『米国の日本占領政策』中央公論社　1985

＊2 Zara Steiner, *The Lights that Failed: European International History, 1919–1933* (Oxford: Oxford University Press, 2005), p.602

＊3 原圭一郎編『原敬日記』4巻　福村出版（1917年6月2日付）1981：p.291

＊4 某陸軍中将「欧州戦争と仏国の位置」『太陽』20巻11号（1914年9月1日）p.129

＊5 坂谷芳郎「欧州戦争とその経済関係」『太陽』20巻11号（1914年9月1日）p.135

＊6 浅田江村「欧州列強の好戦熱」『太陽』20巻11呉（1914年9月1日）、p.18,20

＊7 山縣有朋「対支政策意見書」1914年8月、大山梓編、『山県有朋意見書』原書房　1966：p.344

＊8 Noriko Kawamura, *Turbulence in the Pacific: Japanese-U.S. Relations During World War I* (Westport, CT: Praeger, 2000), p.7

＊9 古川学人「米国参戦の文明的意義」『中央公論』32巻5号、1917年5月　p.95

＊10『原敬日記』4巻（1917年6月2日付）p.291

＊11 鈴木梅四郎『日本改造の意義及其綱領』1919年9月、伊藤隆『大正「期革」新派の成立』塙書房、1978年、181頁引用

＊12 福沢諭吉『西洋事情』慶應義塾出版局　1872

＊13 吉野作造「帝国主義より国際民衆主義へ」『六合雑誌』1919年6／7月、太田雅夫『資料大正デモクラシー論争史』1巻、新泉社　1971：pp.199-200

＊14 中野正剛「講和会議の真相」『憲政』2巻5号（1919年7月10日）p.55

＊15 姉崎正治「大戦の結着と戦後の新局面」1917年3月、関静雄『大正外交：人物に見る外交戦略論』ミネルヴァ書房　2001：p.97

＊16 加藤高明「現下の内地外交」『憲政』2巻4号（1919年6月10日）p.13（1919年4月12日の憲政会の福島市東北大会における講演より）

＊17 姉崎正治「大戦の結着と戦後の新局面」１９１７年3月、関静雄『大正外交』p.97

＊18 伊藤隆『大正期「革新」派の成立』p.67

＊19 「平和克服の大詔発布」『大阪朝日新聞』１９２０年1月14日、加藤秀俊他編『新聞集録大正史』8巻 大正出版 1978：p.24

＊20 加藤高明「名家の叫び」『キング』1巻5号（１９２５年5月）p.1

＊21 吉野作造「帝国主義より国際民衆主義へ」『六合雑誌』１９１９年6／7月、太田雅夫『資料大正デモクラシー論争史』1巻 pp.199-200

＊22 富田幸次郎「思想及言論問題」『憲政』2巻1号（１９１９年1月1日）p.51

＊23 「加藤首相胴上げされる」『時事新報』１９２５年3月3日、加藤秀俊他編『新聞集録大正史』13巻 p.95

＊24 尾崎は戦前の「武装的平和」の結果、「想像できないほどの惨状」が持たされたと書いている。尾崎行雄「国家の存亡と国際連盟」『国際連盟』1巻2号（１９２０年11月）p.11

＊25 Nakamura Takafusa, Robert A. Feldman, trans., *Economic Growth in Prewar Japan* (New Haven: Yale University Press, 1983), p.38, table 1.22.

＊26 今井清一『大正デモクラシー』中央公論社 1978：p.351

＊27 立命館大学西園寺公望伝編集委員会『西園寺公望伝』岩波書店 1990年、第3巻、p.323（１９１９年9月8日の講演より）

＊28 若槻礼次郎『明治、大正、昭和政界秘史：古風庵回顧録』講談社、1983：pp.284-5

＊29 「新たに仰ぐ聖上陛下」『東京日日新聞』１９２６年12月25日、加藤秀俊他編『新聞集録大正史』14巻 p.455

＊30 守屋東「国際平和と婦人」『国際知識』3巻4号（１９２３年4月）p.80

＊31 「米国に対するビッタネスが、少なくとも日本人の心の表面から消えつつある」清沢洌「田中外交の文明史的批判」『中央公論』42巻7号（１９２７年7月）p.80

＊32 篇視壁聴『日本及び日本人』８４６巻（１９２２年10月1日）p.140

参考文献

〈公判資料など〉
太田雅夫『資料大正デモクラシー論争史』全2巻、新泉社　1971
大山梓編『山県有朋意見書』原書房　1966
加藤秀俊他編『新聞集録大正史』全15巻、大正出版　1978
原圭一郎編『原敬日記』全6巻、福村出版　1981

〈新聞、雑誌〉
『キング』
『憲政』
『国際知識』
『国際連盟』
『太陽』
『中央公論』
『日本及び日本人』

〈伝記・自伝・回想録〉
福沢諭吉『西洋事情』慶應義塾出版局　1872
立命館大学西園寺公望伝編集委員会『西園寺公望伝』岩波書店　1990
若槻礼次郎『明治、大正、昭和政界秘史：古風庵回顧録』講談社　1983

〈研究書・論文など〉
五百旗頭真『米国の日本占領政策』中央公論社　1985
伊藤隆『大正「期革」新派の成立』塙書房　1978
今井清一『大正デモクラシー』中央公論社　1978
Kawamura, Noriko, *Turbulence in the Pacific: Japanese-U.S. Relations During World War I* (Westport, CT: Praeger, 2000
関静雄『大正外交：人物に見る外交戦略論』ミネルヴァ書房、2001
Steiner, Zara, *The Lights that Failed: European International History*, 1919–1933 (Oxford: Oxford University Press, 2005)
Nakamura Takafusa, Robert A. Feldman, trans., *Economic Growth in Prewar Japan* (New Haven: Yale University Press, 1983)

関西学院大学総合政策学部リサーチプロジェクト講座
「日米関係史研究の最前線」第2回

アジア主義の再検討

◆クリストファー・W・A・スピルマン

1　はじめに

数カ月前に柴山先生に講演の依頼をいただき、軽い気持ちで引き受けましたが、まさか、こんなりっぱな会場で、こんなにたくさんの方が集まるとは想像もしていませんでした。ご期待に応じられないかもしれませんが、非常にお粗末な話を、しかも自己宣伝的な話をしたいと思います。私は、このあいだ、上智大学のスヴェン・サーラー（Sven Saaler）教授とともに、アジア主義についての史料集を出版しました。したがって、ここでは、アジア主義を中心にお話したいと思います。ただ、時間の制約があるため、アジア主義という複雑で膨大なテーマの一部からいくつかの論点をひろって紹介したいと思います。

まず、第二次世界大戦後のアジア主義の研究の趨勢《すうせい》について述べた後に、アジア主義の起源、概念と用語の起源について少し触れ、その後に、戦前と戦後の継続性について考察したいと思います。

2　戦後のアジア主義研究の動向

第二次世界大戦後におけるアジア主義の研究の一つの流れとして、いわ

■ 関連年表

1895 年	3 月	大日本帝国が日清戦争に勝利する。この頃、黄禍論が始まる。
1901 年	2 月	黒龍会成立
1904 年	2 月～1905 年 9 月	日露戦争
1914 年	7 月～1918 年 11 月	第一次世界大戦
1918 年～1922 年		シュペングラー『西洋の没落』出版
1919 年	8 月	猶存社結成
1920 年		ストダード『有色人種の勃興』出版
1924 年	5 月	排日移民法
1931 年	9 月	満州事変
1941 年	12 月	太平洋戦争勃発
1943 年	11 月	大東亜会議開催
1945 年	12 月	太平洋戦争終結
1955 年	4 月	バンドン会議

ゆる右翼陣営から出てきた研究があります。このような研究の例としては、田中正明[*1]（1911－2006）や葦津珍彦《あしづうずひこ》[*2]（1909－1992）の著書が挙げられますが、主流の歴史学者からは無視されてきた研究であるとみていいと思います。

　アジア主義が長い間、主流の学者から敬遠されてきた理由としては、丸山真男（1914－1996）の影響があると思われます。１９４７年に丸山は、日本のいわゆる超国家主義を論じながら次のように述べています。「日本ファシズム・イデオロギーの第三の特質〔第一、第二として、丸山は家族主義、農本主義を挙げている〕としては、いわゆる大亜細亜主義に基くアジア諸民族の解放という問題がありますが、これについては詳しく立ち入らぬことにします。」[*3] 結局、丸山は「大亜細亜主義」については、日本の「ファシズム乃至超国家主義の一つの特質である」と位置づけ、その特質として、家族主義と農本主義を挙げています。しかし、丸山は、細かく日本の農本主義や、家族主義、家族制度について論じた後に、アジア主義に触れているにすぎません。丸山に言わせれば、アジア主義というやっかいなテーマに深入りすると、誤解をまねく恐れがあるので、それを超国家主義の一つの特質であると断定して、それ以上、分析をしなかったのです。丸山の影響のためか、その後、長い間、主流の歴史学者や政治学者は、アジア主義は誤解されやすいやっかいなテーマであり、日本の超国家主義・ファシズムの構成要因として避けていたようです。

　その後は、研究者がアジア主義を取り上げるとしても、丸山と同様、アジア主義を日本の超国家主義の特質としてのみ取り上げています。このような例としては、松沢哲成（1939－）の研究が挙げられます。[*4] 松沢も、要するに、アジア主義＝ファシズムであると主張しています。丸山真男の立場とか考え方をそのまま受け継いだものであるといって差し支えないでしょう。

　唯一の例外としては、竹内好《よしみ》の研究を挙げることができます。これは先駆的な研究です。50年代から竹内好は学術的テーマとしてアジア主義を取り上げています。しかし、竹内もアジア主義を軽く見る傾向があったと指摘しなければなりません。つまり、彼もアジア主義を独立したイデオロギーとして認めていなかったのです。彼は「アジア主義は（略）それぞれ個性をもった『思想』に傾向性として付着するものであるから、独立して存在するものではない」[*5]と主張しています。その理由はおそらく、竹内自身が戦時中、アジア主義者であったことにあると思われます。ところが、日本の敗北とともに、アジア主義という夢も崩れ、結局、これを独立した一人前のイデオロギーとして、認めにくくなったのかもしれません。それはともかくとして、当時、竹内好を除いて主流の学者はアジア主義を研究の対象として取り上げようとしなかったことは否めない事実です。

しかし、1990年代に入ると状況は変わりました。アジア主義を避けたり、無視したりする傾向がなくなって、アジア主義が主流の学者によって取り上げられるようになりました。いくつかの例を挙げると、米谷匡史《よねたにまさふみ》氏[*6]、井上《いのうえ》寿一《としかず》氏、坪内隆彦氏[*7]の著書があります。これらの著書は一般読者層を対象にしていますが、専門書としては、松浦正孝氏の大著があります。この1000ページにおよぶ本は、アジア主義のいろいろな側面を詳しく紹介しています。[*8]

松浦氏の分析によれば、三種類のアジア主義があります。①リベラリズムにもとづいた理想主義的なアジア主義。これは石橋湛山、尾崎秀美《ほつみ》、橘樸《たちばなしらき》や石原莞爾《いしわらかんじ》が代表的な論者です。②蒋介石《しょうかいせき》による中国統一という国民国家の枠組みを前提としたアジア主義の連携。このような流れを代表するのは藤山愛一郎です。それに対して、③大亜細亜協会に代表される汎アジア主義があります。松浦氏によれば、「この運動（大亜細亜協会）は亜細亜連盟やアジア諸民族の独立といった理念を掲げることで『大東亜戦争』という結果を招き、植民地に犠牲を強い（略）多くのアジア人を含む人々の命や人生、財産を奪った」と指摘しています。[*9] これらの例が示すように、冷戦が終わると、日本の歴史学者がアジア主義を研究の対象にし始めたということがわかります。

それでは、欧米の研究の場合はどうだったのでしょうか。冷戦期における欧米人のアジア主義研究は、日本の状況に類似しています。マリウス・ジャンセン（Marius Jansen）による孫文と日本のアジア浪人の関係を扱った優れた研究を除いて[*10]、欧米においてはおそらく90年代まで、ほとんどアジア主義についての研究はなされていないと言ってもいいと思います。ジャンセンはアジア主義者であった公爵近衛篤麿《このえあつまろ》についても論文を書いています。そのほかの学者による論文もあったかもしれませんが、全体的な傾向としては、丸山の影響により、アジア主義は超国家主義であり、ファシズムであるので、まともに研究する価値がないと長年みなされていたようです。しかし、冷戦が終わると、日本と同様に状況が変わりました。特に最近は注目すべき研究が出版されています。[*11]

それから、最後に宣伝のために言いますけれども、上下2巻のアジア主義に関する資料集を出しました。サーラーと私が編者で、二人でやったのです。[*12]この資料集をまとめた動機を話しますと、アジア主義という思想ないし理想は日本だけではなく、他のアジアの国々にも提唱者がいたので、イデオロギーとしてのアジア主義を研究するためにはアジア各地域の資料を読む必要があります。ところがアジアの言語をすべて読める学者はいないため、アジア主義研究の大きな妨げとなっています。この問題を乗り越えるために、さまざまな言語で書かれた各国のアジア主義に関する文献を各地域の専門家に集めてもらい英語で出版するべきだと感じました。しかし、われわれは日本史の専門家ですから、結果として、この資料集がやはり日本に偏っていることは否めません。それでも韓国、中国、インド、東南アジアや中近東の人が書いた文献を紹介することができました。全世界の30人の学者の協力を得て、一般的にあまり知られていないようなアジア主義者の文章を英語に直し、解説を加えたうえで本にまとめたのです。われわれは、この資料集が出たことによって欧米におけるアジア主義研究が刺激を受け、より盛んになることを期待しています。

3 アジア主義の起源

次に、アジア主義の起源について論じたいと思います。

まず、イデオロギーとしてのアジア主義の起源を考えると、思想的な傾向として、徳川時代に遡ることができると思います。例えば、林子平《はやししへい》や会沢正志斎の思想に一種のアジア主義が含まれているように思います。しかし、アジア主義が大きな思想的な流れとして出てくるのは、明治維新以降です。ただ、明治期には、まだアジア主義という用語は存在していません。そのため、アジア主義という概念を表すには、代わりに例えば、アジアを「興」こすという意味での「興亜」、「同文同種」「大東合邦」のような用語が使われていました。ただ考え方としては、独立を護り、欧米帝国主義に対抗するために、日本はアジアと連携しなければならないとされていました。むろん、当時の日本人の認識ではアジアの全体ではなく、東アジアに限定されていたことを見落としてはいけません。

このように、アジア主義という用語がまだない時期に、アジア主義を唱えた著作としては、樽井藤吉の『大東合邦論』と岡倉天心の『東洋の理想』を挙げることができます[*13]。また、組織としては、近衛篤麿を中心に結成された東亜同文会と内田良平が指導した黒龍会があります。黒龍をそのまま英語に直すとブラック・ドラゴンとなりますが、欧米では、ドラゴンというのは恐ろしい感じがするため、なんとなく怖い団体だというイメージがあります。しかし何回も指摘されているとおり、これは川の名前からとった名称です。ただ『黒龍』という雑誌は、黒い龍が表紙に載っていたので、誤解をまねいても不思議ではありませんでした。

もう一つの重要な組織としては、亜細亜義会がありました。鈴木天真《てんしん》、河野広中《こうのひろなか》らが創った組織です。福島出身の河野は自由民権運動の活動家として有名で、彼がアジア主義に走ったのは、大変興味深いことです。黒龍会は、アジア主義の代表的な団体としてしばしば取り上げられていますが、この時代の黒龍会の機関誌に「アジア主義」という用語は使われていません。

では、この用語はいつできたのか。一つの皮肉なのですけれども、アジア主義という用語は実は、ヨーロッパから伝わりました。19世紀のヨーロッパでは汎ゲルマン主義とか、あるいは汎スラブ主義が流行っており、非常に強いイデオロギー的な流れに発展していて、一部の歴史家によると第一次世界大戦の原因の一つでもあったといわれているぐらいです。汎ゲルマン主義対汎スラブ主義の衝突はバルカン半島を中心に起こりました。それはともかくとして、このような汎スラブ主義や汎ゲルマン主義が19世紀のヨーロッパで広まったのです。

それから、20世紀に入ると、黄禍論が欧米に普及しました。これは日清戦争と日露戦争に勝利を収めた日本人が、アジア人を指導して、西洋に、欧米に挑戦するだろうという、一種の陰謀史観論でした。その陰謀史観論をまともに受け止めていた人が非常に多かったのです。それを唱えた代表的な人物は、ドイツの皇帝・ヴィルヘルム2世でした。彼は単純なロシアの皇帝・ニコライ2世を「ヨーロッパの文明を護る使命がロシアにある」とおだてました。このようなヴィルヘルムの活動は、日露戦争の一つの要因になったともいわれています。

そのほかにも欧米では黄禍論を標榜していた人がけっこう多くいました。その一人は、あの有名なアメリカのマハン提督です。当時、軍事、海軍の理論家として第一人者であり、大きな影響力をもっていた人物でした。ヴィルヘルム2世もマハンの著書を読んで、感激したと言われているぐらいです。マハンは黄禍論を唱え、イギリスの有力紙タイムスの記者(のち外交官)であるチロルのインタビューに応じて「日本は中国人などのアジア人から、何百万人の、あるいは何千万人の軍隊を組織し、日本の指導の下でヨーロッパを征服する恐れがある」というようなことを述べました。日本がアジア人を統率するというのは一種のアジア主義であり、このようなアジア主義は黄禍論につながりました。

このような黄禍論を根拠に彼はまた「だから、日本移民を排斥しなくてはならない」と主張しました。このマハン＝チロル対談は、日本の新聞でも大きく取り上げられ、大きな反響を呼びました。この反響を受けて、1913年の6月28日付けの大阪朝日新聞の記事で「アジア主義」という用語が使われました。これが、日本で「アジア主義」という言葉が使われた最初の例の一つとなっています。第一次世界大戦が勃発する1年前のことですね。これをみると、けっして朝日新聞社は、アジア主義という表現を肯定的に使ってはいません。マハンが恐れるような日本によるアジア民族の統一は空想であり「元来実際的の日本人が抱き得べき筈なきにあらずや」と言っています。さらにマハンに反論して「白人は民族的終着寧ろ薄くして人種的執着却って強きが、日本人は民族的執着強くして人種的執着は却って薄し。是れ一層全亜細亜主義的理想の存在を困難ならしむるなり。（略）全亜細亜主義に対する恐怖の為に排斥さるるは日本人にとりて最も甚だしき冤罪なり」と書いています。それ以外にも、このようなマハンの黄禍論に対する反論が、けっこうありましたが、ここでは割愛します。

さらに、1913年12月に出版された大住舜《おおすみしゅん》の『新思想論』という著書があります。大住は哲学者ですが、今では忘れ去られています。おそらく、1923年にフランスに留学中、若くして名声を得る前に突然、亡くなったからだと思います。大住の『新思想論』に「全亜細亜主義」という言葉が出てきます。ちなみに「アジア主義」の外にも「全亜細亜主義」「大亜細亜主義」「汎亜細亜主義」といった用語がありますが、根本的に同じ意味をもつものとみなしてよいと思います。*14

ここで話をもとに戻すと、『新思想論』を読むと、朝日新聞のアジア主義を排斥する論調とは違い、大住はむしろアジア主義を良いものとして評価していることがわかります。例えば、大住は次のように論じています。

如何なる心理的連鎖を以て亜細亜を繋ぎ、如何なる信仰を以て全亜細亜主義を確立し、以て全スラヴ主義と対抗すべきかを発見する責任は日本にあり。換言すれば全亜細亜主義の枢機を捉へ、其が信仰の淵源たるべきものは我なり。此信仰の確立を援うする一日なれば、一日全亜細亜主義確立の機は遅れ、世界文明の枢機に参ずると一日を遅らしめん。日本文明が世界に於ける真正の地位は此の信仰を捉ふるが然らざるかに於て定まらん。全亜細亜主義を確立するの使命は繫て日本民族の肩上に在り、任や甚だ大。*15

このあたりから、アジア主義が肯定的に使われるようになりました。大住の主張でもう一つ興味深い点は、日本の使命感です。つまり日本人は使命としてアジア主義を実践しなければならないとしています。これもアジア主義の重要な要素の一つであると指摘しなければなりません。

4 第一次世界大戦の影響

大住の本が出版されてから10カ月も経たないうちに、第一次世界大戦が勃発しています。この大戦が日本におよぼした影響は、非常に大きなものでした。フレッド・ディキンソン先生の本を読むと、おわかりになると思います。大戦中、用語として、またイデオロギーとしてのアジア主義が日本に定着しました。その結果、「アジア主義」は初めて著作のタイトルに使われるようにもなりました。おそらく初めて、著作のタイトルとしてアジア主義という言葉が現れたのは、小寺謙吉が１９１６年11月に出版した『大亜細亜主義論』です。これはかなり長編の著作であり、内容が複雑ですが、どちらかというと、アジア主義を良いものとして認めています。ちなみに小寺は大金持ちで、英米に留学し、長年、憲政会の代議士を務めた人物です。米騒動のとき、お金持ちだった小寺の神戸の屋敷が焼かれた事件がありましたが、焼かれなかった蔵書は現在、早稲田大学図書館の小寺文庫に残っています。

小寺の本が出版されたあと、アジア主義に関する雑誌記事などが急に増え、大きな流れになりました。「アジア主義」と題とする論文の筆者を挙げると杉田定一《ていいち》、北一輝の弟である北昤吉《きたれいきち》がいます。北一輝は、日本ファシストの先駆または「源流」とみなされていますが、北一輝がファシストだったかどうかは疑問です。弟の昤吉は、1936年に代議士になり、戦後もズッと代議士を続け、自民党を結成した一人です。閣僚にはなっていませんが、大物の政治家でした。彼はハーバードの大学院にも留学して、ハーバード大学が出している機関紙『ハーバード・クリムゾン』に「僕は日本のファシストである」と述べています。この自称ファシストの昤吉は、アジア主義についても書いています。昤吉は非常に冷静に分析し、日本の大陸への膨張のために、アジア主義を利用できると述べていて、こうした立場から他のアジア主義者の文章を批判しています。北一輝については、ほとんど毎年のように、本が出ていますが、北昤吉について書かれた本は出ていません。その理由は、北昤吉の思想が取り扱いにくいところにあるのかもしれません。

さらに注目すべきは、澤柳《さわやなぎ》政太郎《しょうたろう》（1865－1927）です。沢柳は東北帝国大学や京都帝国大学の総長を務めた人物であり、この時期になるとアジア主義も定着して、澤柳のような一流の教育者がアジア主義をかなり好意的に取り上げるようになっています。

このアジア主義が定着した時期はもう一つの現象とも重なります。これはすなわち、第一次世界大戦の結果、西洋文化の危機、ヨーロッパの没落に対する危機感が欧米において大きな流れとして生まれたという現象です。あれほど無意味な戦争で、あれほどの多量の殺戮が行われた結果、今まで疑問視されることがなかった欧米文明の価値観や欧米文明そのものの存在意義が問われるようになったのです。

欧米の知識人がそのようなことを書いています。こうした危機感を表している代表的な著書として、ドイツのオスヴァルト・シュペングラー（Oswald Spengler, 1880－1936）が1918年に出版した『西洋の没落』、またはハーバード大学出身のアメリカ人ロスロップ・ストダード（Lothrop Stoddard：1883–1950）が1920年に出版した『有色人種の勃興』を挙げることができます。ストダードの著書の日本語版が1921年に出ていますが、ストダードが言っていることは、第一次世界大戦の戦場では、世界でもっとも優れた人種であるアーリア民族である北欧の白人が多量に殺されたので、戦後、生き残った北欧人は、南欧や東欧からの移民であるイタリア人、ギリシャ人、ユダヤ人、ポーランド人といった下等民族に抑圧され、汚染されたため、いずれ没落するだろうと。そして、優秀な北欧人の没落を機に、有色人種が世界の舞台に登場し、世界を支配する白人を倒すだろう、とストダードは嘆いています。ストダードの著書は、1924年に成立した日本人を排斥するアメリカの移民法に強い影響を与えたといわれています。

ところで、驚くべきことですが、このかなり厚い本がアメリカで出版されてから約1年後に、日本語版が出版されています。こうした事実を見ると、この著書が、日本にいかに強い影響を与えたのかがわかります。当時のアジア主義者の文章を読むと、ロスロップ・ストダードの名前がしばしば散見できます。なぜ、この白人至上主義者の本があれほど日本で注目されたのでしょうか。おそらく、ストダードはアジア主義者が懐いてきた理想を裏づけしているかのようにみえたからだと思います。白人閥がこれから滅びるだろう、そうすれば、これからは有色人種の出番であり、われわれアジア主義者の出番でもある。今こそアジアを統一する使命を掲げる時期であるということです。

ストダードだけではありません。日本のアジア主義者に大きな影響を与えたもう一人の外国人がいます。アジア主義に影響をおよぼした欧米人でありながら、今では完全に忘れ去られているフランス人ポール・リシャール（Paul Richard：1874–1967）を見逃すことはできません。私が初めてこの名前に出会ったのは、大川周明のことを調べていたときです。大川の伝記を読むと、フランスの有名な哲学者としてリシャールが紹介されている。私がアメリカに戻って調べてみたら、まったくリシャールに関する情報がないことに驚きました。日本とは対照的に、リシャールはぜんぜんアメリカでは知られていません。日本では、例えば秋田雨雀《あきたうじゃく》日記のような文献にも、リシャールはよく登場していて、当時の日本で思想家として高く評価されていたということができますが、アメリカではまったく無名です。

リシャールは、黒龍会の機関紙の編集に関わっていたようです。彼が書いた『日本に告ぐ』が大川周明の訳で出版されていて、たしか皇室にも奏上されたようです。したがって、リシャールの影響力はかなり大きかったということができます。彼はヨーロッパの文明が偽善的であるとして、日本や日本の文化に多大な希望をよせていました。つまり日本が世界を救う可能性があると彼は信じていたのです。彼については、ほとんど研究されておらず、息子が伝記を書いた以外は、無視されてきた人物です。ほとんど無名であるにもかかわらず、当時の日本に非常に大きな影響を与え、高く評価されていたので、歴史的に重要な人物であるということができます。彼はまた、インド独立運動とのつながりもあり、そういう意味でも重要な人物です。

革新右翼の代表的な人物であった大川周明や満川亀太郎《みつかわかめたろう》、北昤吉らの文章は、リシャールにしばしば言及しています。リシャールが大川周明とどこまで仲良くなったかというと、大川がリシャール夫妻の屋敷で居候していたことがありました。リシャールの奥さんであるミラ・リシャール（Mirra Richard：1878－1973）が、大川にフランス語を教えていたようです。結局、彼は1920年に『アジアレビュー』という黒龍会の機関紙の編集を辞めてインドに行きました。けれども、奥さんのミラはインドに行くと、彼を捨てて、リシャールの友人であったオーロビンド・ゴーシュ（Aurobindo Ghose）というインド人と仲良くなりました。オーロビンドは、インド独立の志士であると同時に、新興宗教の教祖でもありました。そして、教祖のオーロビンドが亡くなると、ミラはその宗教の指導者になりました。ミラは70年代に没しましたが、その時点で1000万人以上の信者をもつ宗教の指導者でした。

その本部がインドのゴアの近くのオーロヴィル（Auroville）という所にあります。リシャールはその後、アメリカへ渡り、アメリカの女性と再婚して、語学教師をしたりして、無名のまま1967年に没しました。

すでに述べたように、リシャールは日本の革新派に多大な影響を与えました。この革新派の思想の特徴の一つはアジア主義でした。革新派の代表的な組織は1919年8月に結成された猶存社《ゆうぞんしゃ》とその後身である行地社《こうちしゃ》です。猶存社は満川亀太郎や大川によって結成された団体です。猶存社の思想的な指導者として、北一輝が招かれて、上海から東京に戻りました。北は1925年に設立された行地社には入っていません。猶存社は、一般的にもいわれているように、アジア主義の団体でした。彼らのアジア主義の前提と必要条件は、日本国内の改革でした。従来の方法で、つまりイギリスやアメリカのやり方で、改革が成功する望みはまったくないと彼らはみていました。さらにいうと、日本の使命であるアジア解放を実現するには、政党政治、自由主義経済あるいはベルサイユ条約の流れとして出てきた平和主義を排斥しなければならないとして、英米と協調している政府を批判しました。経済面では自由主義経済をやめて計画経済を導入し、政治面では政党政治や議会主義を廃止し、独裁政治を実現しなければどうにもならないと革新派は主張していました。日本の使命であるアジア解放を実現するには、国家を総動員しなければならないという主張も、例えば猶存社の同人であった鹿子木《かのこぎ》員信《かずのぶ》の思想にみられます。これは言うまでもなく第一次世界大戦の教訓でした。

5　右翼と左翼の接点としてのアジア主義

今から見ると少し奇妙ですが、革新派はアジア主義者でありながら、レーニンやボルシェビキに大きな期待をよせていました。なぜかというと、おそらくレーニンの政権が、自由主義経済、自由主義、政党政治、平和主義を否定していたからです。こうした意味において、右翼革新派や石原莞爾はボルシェビキに似ています。ここで、例として大川周明の言葉を引用しておきます。1922年に大川は、曰く「現在に於て、アジア復興の最も重大なる外面的刺激は、実に労農ロシアそのものより来る」[*16]と述べています。

竹内好は、アジア主義者のなかでは、大川周明が一番高い学問水準に達しており、彼だけは一人前の学者であったとしています。しかし鹿子木員信は、大川より学者として高い資質をもっていました。彼は九州帝国大学の哲学の教授でした。鹿子木はコロンビア大学で修士号をとった後に、ドイツに渡ってイエナで、オイケンというノーベル文学賞を受賞した哲学者の下で博士論文を作成しました。1913年に、日本に帰ってきて一時、東京帝国大学で教鞭をとりました。だが、どういうわけか、竹内好は鹿子木を取り上げていません。哲学者の古在由重によれば、1921年に鹿子木は東大の講義で次のような発言をしています。「みたまえ、レーニンのロシアにはこのプラトン的哲人政治がはじまろうとしている」と。[*17]

それから、満川亀太郎もやはり似たようなことを書いています。「今後帝国の存在を脅圧する者は民主主義の仮面を被れる英米両国の資本的侵略主義なり。如何にかして英米の羈絆《きはん》より脱するに非れば帝国は竟に釜中の魚たる運命を免かる可らず。世界は今悉く英米の前に慴伏《しょうふく》す、独り儼乎《げんこ》として英米を恐怖せしつつあるものは露国の過激派の外にあるなし。」[*18]

ここで何が言いたいのかというと、少し変な話ですが、戦前の革新派やアジア主義者、つまり明らかに右翼陣営に属していた人物は、丸山真男の枠組みで見ると「超国家主義者」ですが、そのなかには戦後になると意外と、左翼に走った者もけっこういました。しかし、それは、今引用した言葉を考えると、不思議でもなんでもありません。むしろ、ある意味で、左翼に走った元右翼の人びとに一種の一貫性がみられます。戦前・戦後の一貫性は反米・反欧米であると思います。そうした一貫性からみると、例えば、岸信介のような人物は裏切り者にみえます。彼は戦前アジア主義者でしたが、戦後になると、アジア解放の理想を裏切ってアメリカと妥協し、アメリカと協力したので、ひょっとしたらそれで東京裁判で死刑判決が出なかったのかもしれません。同じアジア主義者といわれている玄洋社出身の広田弘毅《ひろたこうき》は妥協しなかったから、処刑されたという考え方もありえます。

一貫性の話に戻りますが、大川周明は、48年か、49年に次のようなことを言っています。「一回は、昔、アジアはヨーロッパに挑戦して、そのとき、回教徒はツール・ポワチエの戦いで敗れた。負けて今度、彼が期待しているのはボルシェビキ、ソ連が欧米と戦って、今度、勝つだろうか」と期待をよせています。*19 つまり、1920年代にボルシェビキに期待をよせていた大川は、敗戦後、A級戦犯として逮捕され、脳梅と診断されて釈放されました。大川は、回復してから、再びアジアの代表としてのボルシェビキに期待をよせています。大川の仲間の一人であり、彼のスポンサーでもあった尾張藩藩主の家柄の徳川義親侯爵（1886－1976）は、社会党へ寄付をしています。そのお金がどこから出たのかというと、3月事件で使えなかった資金を元猶存社の同人清水行之助《しみずこうのすけ》（1895－1980）と組んで、1945年に日本社会党に渡しています。

また、アメリカの公文書館で発見されたアメリカ情報部の資料によると、戦前・戦後にわたり右翼活動家として名をあげた津久井龍雄（1901－1989）という人物は1950年代に中国に渡り、中共からお金を渡され、帰国後このお金を、辻政信大佐に渡したとされています。辻政信は、軍人として非常に有名で、戦後、自由党・自民党の代議士を務めた経歴のある人物で、中国の共産党について「彼らはやはりアジア人であるから、僕と話が通じるだろう」と主張しています。辻の場合も右と左が妙にわかりにくくなっています。

次に、宇都宮徳馬（1906－2000）という有名な政治家の例を挙げることができます。彼の父の宇都宮太郎陸軍大将はアジア主義者でした。徳馬は進歩的な政治家でしたが、彼の発言をみると、かなりアジア主義的なところがあります。

最後にちょっとグロテスクな領域に入りますが、90年代に活躍した思想家で、かなり影響力があった人たちの発言を紹介します。その中のひとりは、広瀬隆（1941－）です。広瀬は、反原発運動家や評論家として非常に有名ですが、このあいだの震災の後に、マスコミでかなり広く取り上げられて、テレビなどにも出ていました。広瀬は次のように述べています。「もうそろそろ日本人は、自発的にアジアをリードすべきときである。それほどの機会はない。ゆきづまったアメリカなど、置いてきぼりにするぐらいの気概がなければならない。われわれが見るのは、新天地としてのアジアである。ロシアからヨーロッパに広がるユーラシア大陸である」と。[*20]

あるいは、中島誠（1930－2012）の例があります。中島によれば「朝鮮戦争で、ソ連は中国を援け、中国は朝鮮を援けた。ひとり、日本はアメリカに占領されながら朝鮮を援けられなかった。明治以来のアジア主義は、このとき、その意味と意義をまったく失ったといえる」と言っています。[*21]

最後に石川好《よしみ》（1947－）の例を挙げたいと思います。彼は根本的に「アジアでも欧米でもない国であることが、我々日本の独自性である」と言って、アジア主義を否定しています。でも同時に「日本のアジアにおける役割は第二段階に入っているのである。（略）それゆえに、今度は日本が後方に回り、裏方に徹したとき、アジアは一つの勢力をもち、西欧世界に挑戦できる『アジア』に生まれ変わるであろう。脱亜でも入亜でもなく、興亜だ」というようなことを書いています。興亜とは、言うまでもなく明治維新時代に使われたアジア主義の代名詞です。この事実を石川好が知っているかどうかはわかりません。

6　おわりに

この発表のレジュメのまとめのところは空白になっています。なぜならば、アジア主義を調べれば調べるほど、一つのまとまった結論を出しにくくなるからです。強いて言うならば、欧米が存在しなければ、アジア主義は不可能であったと思います。最後に例としてあげた発言をみると、アジア主義とは、常にアメリカなどを意識して、どちらかというと反米、反欧米の表れの一つであると言っても過言ではないでしょう。それが、はたしてヨーロッパの共同体に相当するようなアジア共同体をつくるためのイデオロギーとして使えるかどうかは、非常に疑わしいと思います。実をいうと、最近は中国の外交官でも、アジア主義の価値を認めるような発言をしていますが、これはおそらく中国の覇権、つまり東アジアにおいて中国が一番強い国家であるため、都合の良いイデオロギーとして用いられています。戦前の日本はこの地域で一番強かったため、当時の日本にとって、アジア主義が都合が良かったように。そこで帝国主義の手先という誹《そし》りを免れなかったのですが、現在、中国も似たようなことをやろうとしていいます。むしろ中国に対抗して、そのほかのアジア諸国とともにこの地域で共同体をつくる意味があると思われますが、このような動きにアジア主義的な様相が見出せるかどうかはわかりません。

これから小林先生が、コメントで何か意味を見出すかもしれません。よろしくお願いします。（拍手）

■■ コメント ■■

小林（小林道彦：北九州市立大学教授）　ご紹介にあずかりました小林と申します。大学時代に家永三郎先生の授業を1年間拝聴して以来、思想史にはまったく無縁でありまして、もちろん政治史や外交史をやっていれば、思想は当然そこに関わってくるのですが、思想そのものを検討をすることはやってきておりません。ましてやアジア主義というと、どう捉えたらいいのか、僕自身よくわからない。はたして有意義なコメントができるかどうか、ちょっと荷が重いなという感じがするのですが。思いついたことを言わせていただきます。

まず、余談めいた話ですが、辻政信のエピソードです。先ほど、中国共産党から津久井龍雄にカネが渡されて、津久井から辻にそれが回ってきたというお話をうかがったのですが、辻は60年安保闘争では全学連にある種のシンパシーを感じていたようで、児島襄《こじまのぼる》さんに『国会突入せよ』という本があるのですが、これに非常におもしろいエピソードが載っております。樺美智子《かんばみちこ》が亡くなった6月15日、国会南通用門あたりだと思うのですが、辻がそこに現れたそうです。国会の周りは混乱した状態で、一部には投石なども行われていたのですが、警官が「先生、あぶない」と叫んだら、辻は平気な顔をして歩いてきて「なにをいうか。オレは弾丸が飛んでくるのも見える。石などで驚かん」と言って、けっこう張り切っていたという、そういう話を読んだことがあります。

実際、アジア主義の正体はいったい何なのか。特に福沢諭吉の「脱亜論」と関連させて考えると、ほんとうにわけがわからなくなってしまいます。例えば、「『脱亜論』によって、日本はアジアを裏切った、裏切ったその先が日中戦争なのだ、あるいは太平洋戦争なのだ」という言われ方をします。ところが他方では「アジア主義こそが、アジア侵略の思想的な原点だったのだ」という意見もある。どっちに転んでも「アジア侵略」だという訳のわからない話になってしまう。

ただ、一連のアジア主義的な思想家の系譜をみると、政党でいうならばこれは明らかに反政友系の流れではないかと思います。先ほど、お話の中に出ました小寺謙吉ですけれども、彼は大正政変の時に神戸の邸宅を破壊されています。桂が桂新党を起ち上げたときに、小寺は桂のほうに寝返ったのです。それで彼の神戸の邸宅が焼き打ちにあうという、そういう目にあっているのです。

新聞の論説を見ますと、『東京朝日』は、アジア主義には批判的な論説を掲げています。1911年に第3回日英同盟が締結された、そのときの論説で「これを機会に日英同盟を発展させ、日英米三国協商の成立をめざす」ということを言っております。これは明らかに反アジア主義です。

一方、『大国民』という反政友系の新聞があるのですが、これはアジア主義的な新聞でありまして、日独で同盟を結んで中国とも提携し、それで英米に対抗するという現状打破的な論説が非常に多かったように記憶しております。アジア主義を現実の政治の中にあてはめて考えると、系統としてはどちらかというと反政友会系に多いのです。ただこれが実に混沌としておりまして、先ほど、話の出たマハンですが、日本海軍には彼の戦略論の信奉者もずいぶん多かったといわれています。親英米的な海軍が黄禍論のマハンの議論を信奉しているわけです。ですから、そう考えると、スピルマンさんではありませんが、ますます混沌としてくる。

特に難しいのが脱亜論の政治的位置づけ問題でありまして、坂《ばん》野潤治《のじゅんじ》さんが30年ぐらい前に論文をお書きになっております。福沢の『時事新報』の論説を時系列的に読んで分析しています。それによりますと、福沢は初めはアジア連帯論を唱えているわけです。甲申事変の起こる前までは、彼は、例の朝鮮独立党の金玉均《キムオッキュン（きんぎょくきん）》に対して資金援助などをやっておりました。したがって、そういった行為をいわば正当化するために、『時事新報』では「アジア連帯」を唱えていたのです。これを現実政治に翻訳すると朝鮮の独立党を支援せよということになります。

ところが、84年に甲申事変が起こりまして、金玉均のクーデターが失敗に終わります。そうして、伊藤博文が、これではまずいということで、天津に赴いて天津条約を締結し、そうして日清両国の朝鮮半島への介入を抑制するということになりました。そうすると、福沢は脱亜論という論説を書くわけです。福沢は「脱亜」という修辞法を使って、日本は朝鮮半島から当分、手を引くべきである、天津条約体制は維持されるべきであるということを思想的に正統化しようとしたにすぎないのであって、「脱亜」とか、あるいは「アジア主義」というのは、福沢の場合にはかなり便宜的に使われていたのではないか、とおっしゃっております。

現実政治の場に、個々の思想家のアジア主義的な言説をあてはめていった場合に、それが実際にどういうふうに機能しているのかというのが、これは非常に難しい問題だと思うのですが、アジア主義の分析には特にそういう作業が必要なのではないだろうかという気がいたします。

それから、もちろんスピルマン先生もお気づきになっているのですが、松浦さんのアジア主義観は、尾崎秀実と石原莞爾をリベラリズムに入れていますけれども、尾崎はどう考えてもコミンテルンのエージェントだったわけでありまして、しかも戦後のアジア主義と左翼陣営との親近性ということを考えれば、コミュニズムあるいはコミンテルンとの関わりということでアジア主義をみていくという視角が、特に1920～30年代のそれを分析する場合に、非常に重要なものになってくるのではないかと考えます。

これもまた非常に難しい問題で、自分でもどう取り扱ったら良いのかまだ模索中ですが、気になるのは孫文の問題です。孫文や中国の蔣介石のアジア主義をどう考えたらよいだろうか。近代の日中関係は、結果的には日本軍が日中戦争で南京はもとより武漢三鎮まで行って、さらには重慶を空襲するわけで、たしかにそれは侵略そのものなのですが、ただ21ヶ条要求の形成過程などをみると、孫文ら革命派も日本の陸軍と接触して、袁世凱政権に打撃が与えられればそれでよいんだとの観点から、日本の力を逆に引き入れようとした形跡があるように思います。「侵略」と「革命」のシンクロですね。

また満州事変のときに、国民政府が結果的になぜ関東軍の軍事行動を「容認」したのかというと、関東軍の力を利用して張学良の満州支配を打破できれば当面はＯＫだと、そういう打算があったことは間違いないわけです。そして犬養毅、彼もアジア主義者でありますが、犬養はそういった国民党の意向を知っていればこそ、わが内閣は満州国を当面は承認しない、張学良の打倒だけで手を打とうというところで対中和平の可能性を探るわけです。

いろいろな歴史の細かい襞みたいなものを考えて、日中関係は捉えないとまずいだろうし、また単純に、「アジア連帯＝日中提携」とか、そういう問題でもないし、「脱亜＝アジアを裏切った」という、そうした枠組みで捉えるというのも、これもまた実際の国際政治のうえからみると、そう簡単にはいかない。ですから、それがどういうような状況で、どういうような文脈の中で言われた話なのかということをケース・バイ・ケースで判断していかないと、現実の政治的なアジア主義の機能というのはわからないと思います。

ちなみに、大杉栄の『日本脱出』の中で、非常に印象的な記事があります。彼は亡くなる直前にはボルシェビキに非常に批判的で、ボルシェビキはロシア国内で大量の農民の殺戮をやっていると大変怒ってるのですね。ですから、大杉がもう少し長生きしていたら、ひょっとしたら「革新右翼」になってたのじゃないかという気もするわけです。実際、初期のナチ党関係者には確信的ボルシェビキも紛れ込んでいたわけです。形式的な論理ではかたづけられないような、きわめて興味深い問題をスピルマン先生の今日の報告から提示していただけたのではないかと思います。すみません、本人もよく理解していないものですから不十分なコメントでどうも大変失礼しました。(拍手)

柴山　まだ、少し時間がありますので、皆さんから質問をいただいて、後でまとめてスピルマン先生から、お答をいただけたら幸いかと思います。

五百旗頭　(五百旗頭《いおきべ》真《まこと》：元防衛大学校校長)　このアジア主義についてのスピルマン先生の2巻がすばらしいと思いますね。なかなかこういうふうにまとまったもの、日本人の中でもやった人がないので、大変な業績で、まだ読んでないですけれども、非常に大事な土台になると思って感謝いたします。それと評価いたします。

それから、石原莞爾が私の最初の研究テーマだったので、ちょっとお話をします。京都大学の修士論文で石原莞爾をやったことがあります。その後、占領政策のほうに早くから変わったために、ちゃんと仕上げてなくて申し訳ないのですが、石原莞爾も若い頃、非常に多感で、いろいろな要素があるのですね。それで、20代の終わりの頃かな、キリスト教の中でカルヴァンやツヴィングリのものを読んで、すごく感動したんです。共感をもってね。キリスト教徒になろうかしらと思いかねないぐらいに共感したんです。で、その共感の内容が何かというと、カルヴァンやツヴィングリがある種の自己犠牲の精神をもって、大義に報じようとしたことなのです。そのためには、自分は迫害されても、命を失っても良いのだというふうな生き方をしたことへの大変な感動だったのですね。これは石原莞爾の中で非常に根強いもので、自己犠牲への衝動が強い男だと私は石原を捉えています。庄内の非常に貧しい警察官の子として、誇りは高いが非常に恵まれないなかで育っていくなかで、石原は、民衆とか農民とか、民への貢献をしなくてはいけないと考えるようになっていきます。だいたいあの頃はまだ、近代化途上ですから、社会は荒っぽいですよね。本流は強いけれども、みんな踏み倒していきますよね。そういうのに対して、民を大事にしなくてはいけないと彼は考えます。彼は軍内でだんだん偉くなるなかで、中隊長、大隊長、連隊長になって、陸大に通ってエリートになっていく。でも、「自分は兵とともにいたいんだ」と。「良き部隊長として生涯をまっとうして、自分の骸《むくろ》をそこに残したい」というほどの衝動をもつのですね。兵は民である。民も慈しむべきものだ。西郷隆盛の「敬天愛人」、敬天というのは、天を敬うというのは、筋を、大義を通すということです。愛人というのは、人びと、民とともに耐える。そういうふうな思いが非常に強いから、そういう観点から、自分がカルヴァンやツヴィングリといっしょだと思ったりすることもあるし、リベラリズムとも通ずるものもあります。でも彼の根っこにあるのは、非常に強い日本人としての共同体主義で、民とともにいっしょに行くんだという考えです。これはある意味で、自由主義といろいろ通じるものがありますが、根っこにある社会観は共同体主義です。

一方で、彼の国際政治観になると、西欧文明の力が圧倒的で、アジアを踏みつぶしていこうとするなかで、東亜をやはり一体化して、それに負けずに興隆しなくてはいけないというものです。そして、日本がその中で役割をはたさなくてはいけないと彼は考えます。そういう気持ちが非常に強くて、東亜を救い支え、ちょうど民を愛するようにアジアのまだ近代化されない国々を慈しみ、それらの国々を率いて、日本がリードして西欧に対抗するということを考えるようになります。日本が盟主的な役割をはたすべきだという考えにもとづいて、満州事変なんかを起こしたわけですね。でもやってみたら、日本の権力的支配が目立って弊害が多く、自治を与えなくてはいけない、東亜連盟で政治の独立、自立を認めなくてはいけないということになってきます。そういうところをみたら、人は「あっ、リベラリズムだ」と思ったりします。というので、非常に両面性がありますが、石原は強烈な反西洋の立場です。彼には、世界を荒っぽくブルドーザーで潰していく西洋文明に対する対抗心があって、日本が中心になって、東洋ががんばらなくてはいかんと思っていたことは確かです。そういうふうだと私は理解しています。

だから、もう一つ大きなアジア的な見方を、お二人とも謙虚に、実はわからないのだとおっしゃったけれども、私もそう思うのですね。近代西洋文明というのは、最初の世界文明です。それまでのローカルな文明がいろいろあったのに対して、人力、馬力でしか動けなかった人類が動力で動くようになった。動力をもって地上を走り、海を走るようになった。世界を広しとしない、世界全体を覆うことができる初めての文明が、近代西欧文明なのです。ということは、非西洋はおかわいそうなのですよね。近代西洋文明にやられる、植民地化される宿命を負うわけです。で、そういうようなのがやってきたときに、ある程度の力があり、自立性と誇りのある非西洋の社会は、絶望的分裂に追い込まれます。それは日本でいえば、尊皇攘夷派と開国派なのです。民族的独立心から、「絶対に毛唐なんか許せない」と思いつめる人も出てくる。それで生麦事件でイギリス人を殺さなければいけないわけですね。過激な志士が暴れまわりますが、それをやって答になるかというと、西洋は強いのですから、逆にやられるだけです。そこで合理的な対処としては、西欧文明が強い以上は、それを日本も学んで、非西洋も学んで、それを糧にして超えていかなければならない。というのが、苦しいけど合理的な対応で、日本は世界史の中で真っ先にそれをやった非西洋社会だと思います。それが本流になって、大久保利通なんかが中心になって本流にしたわけですね。そしてかなりそれに成功したのだけれど、その本流をとることに対する陰が出てくるわけですね。われわれは何かを裏切っているのではないかとか、その道自体が難しくて、叩き潰される危険が出てきます。非西欧なんかが生意気に西欧と並び立とうなんてするとね。それですから必死になって、がんばらなければいけないが、それがうまくいったとしても心の中に何か傷が残るのです。われわれはふるさとを捨てたのではないか、アジアの同胞を捨てたのではないかと。われわれは、ふるさとがアジアとともに生きていかなければならなかったのではないか、という心の傷が残るのです。これがアジア主義だと思うのですね。

だから、いわば合理的な本流としては、近代化・西欧化でいかなければいけないのだけれども、それではすまない心のうしろめたさみたいなもの、それが疼くという類のものがアジア主義なので、系統だった説明というのはしがたいものなのだと思います。合理的な国益追求からいえば、近代化しなければいけないし、新アングロサクソン、英米が世界の中でリードしてて上手にやってますから、それと協力してやっていくのが日本にとって望ましい。そうやっていくときに成功しても、そして、ちょっとうまくいかないときに「だから言ったじゃないか、それではダメだ」というふうに浮かび上がってくるのがアジア主義なので、なかなか系統だった説明をできなくてあたりまえだというふうに、私は理解しております。

柴山　ありがとうございました。小池先生お願いいたします。

小池　関西学院大学の小池（洋次：総合政策学部教授）と申します。どうも今日はありがとうございました。大変、刺激的な発表だと思います。報告をうかがっていて、アジア主義を研究することの現代におけるインプリケーションとは何かと考えておりました。私はたまたま関西学院大学に3年前に移ってきたのですけれども、その前に新聞記者を35年ほどやってまして、１９８０年代の後半に、シンガポールに駐在してアジアを駆け巡っていた頃があったのですね。ちょうどその頃に、アジア太平洋協力構想みたいなものがでてきました。皆さんも承知のＡＰＥＣってありますよね。アジア太平洋経済協力会議、実は、最初はアメリカを除いていたのです。アジアだけでグループをつくろうという発想で、つまり、先ほどスピルマン先生がまとめておっしゃったのが印象的だったのですけれども、やはり、反欧米、反米の現れの一つとして、アジア主義が出てきて、今、中国がそれを使おうとしているというようなお話をされました。同じような環境ですよね。欧米に対する対抗意識がアジア側に、当時の日本にあって、そしてアジア側が経済的に勢いをつけているときですよね。つまり、やや欧米がディクラインしている認識があって、それへの対抗上、アジアが何かしなくてはいけない。で、アジアが同時に経済的に復興しはじめている、そういう条件があったときに、昔のアジア主義とはちがうのですけれども、アジア主義のような、そういう発想で出てきたと思うのですね。ですから、アジア主義の現代的インプリケーションというのはそんなところにもあるのかなという気がしました。つまり同じことが繰り返される。つまり同じような条件があれば、またアジア主義的なものが出てくる。良いにせよ、悪いにせよ、ですよ。今は中国がそういうものを自分たちの国益のために使おうとしているのではないかというのは、まさにそのとおりだと私は思います。

それで、質問なのですけれども、なんとなく結論というか、スピルマン先生がおっしゃりたいことは、いわゆるアジア主義は欧米への対抗上、出てきたものである、ところが、日本が指導したときに、どこかで問題を変えてしまったのではないか。そういう認識がおありになるのではないかと思います。それはおそらく日本が、自分の国益のみを中心に考えた、だから、間違えてしまったのではないか、そういうふうな結論ではないかと思うのです。だから、石川好さんがおっしゃったような、このコメントを最後のところにもってこられたのか……。つまり日本が前面に出て、リーダーシップを発揮するのではなくて、やはり一歩退いたところでリーダーシップを発揮することが日本のためにもなるし、アジアのためになるのだ。そういうアジア主義こそが重要なのだということを、なんとなくスピルマン先生は示唆されているような、そういう気がするのですけれども、いかがですか。

スピルマン　いや、石川好を最後に出した理由は、結論が欠落しているという怠慢の表れで、石川好を最後に手にしたからにすぎません。実を言うと、私は戦前、日本にはアジア主義体制はなかったと思いますが、アジア主義者はけっこういたと言いたいです。そして、一部のアジア主義者は自分たちが標榜していたアジア主義を悪用し、民族主義が先走りして支配的になった結果、アジア主義が価値を下げたのです。ただ、もしアジア主義の復興を望むなら、これまでの反米としてのアジア主義ではなく、アジアのためのアジア主義をつくらなければならないと思います。したがって石川好が言っているような、反米の表れとして、欧米に挑戦するためのアジア主義はむしろ古い時代のアジア主義であると思います。

石川は、作家として生活をしているから、常に何かおもしろいことを言わなくてはならないので、苦労しているわけですよ。昔『ストロベリーロード』を書いて、アメリカについていろいろ書いた後に、結局、種がつきて、アジア主義を取り上げたような気がします。日本がアジアの主導権を握るという話になると、「後ろから」と言わないと新しいものがまったくないのです。でもそれでは結局、北一輝や大川周明と変わらないでしょう。ここで、石川好を肯定的に取り上げたわけではありません。話が長くなるので、後で懇親会ででも説明します。

簑原　神戸大学の簑原です。二点ほど質問させてください。本日、お話をされたアジア主義者はあまり知られてないということだったのですが、実際、そうだと思うのですけど、私は逆に、最初の研究であります排日運動の研究で、こういった方たちがみんな出てくるものですから、なつかしいなと思って聞かせていただきました。北昤吉なんて当時のパソコンで、なかなかこの「昤」という字が出なくて、エディターで自分でつくらなくてはいけなくて。その私がみたアジア主義の彼らは、排日運動に対してものすごく憤りを感じるのですね。実際どこまで、スピルマン先生のみた感じで、このカリフォルニアの日本人移民に対する差別が、彼らのアジア主義の思想にどこまで影響をおよぼしたのか、が最初の質問です。

それに関連して、もうちょっと追求して、彼らはアジア主義といっているのですが、カリフォルニアで差別されたアジア人は、なにも日本人だけでなかったわけですよね。韓国人も中国人もいて、フィリピン人もいてですね。彼らは、そのほかのアジア人に対する差別についてはほとんど言及がありません。やはり、どこか優越感をもっていて、日本人が一番アジア人の中において頂点にいる。にもかかわらず、アジア人に日本人が入ってくることに対して憤りを感じているのであって、アジア人というか、日本ではアジア主義といっているのですが、アメリカにおける現象については、そこはアジアはなくて日本しかないと。

唯一、それに対して、おかしいと言っているのは石橋湛山でした。その研究の中で、石橋湛山が「われわれは、ぜんぜん他のアメリカのアジア人に対して、ぜんぜん利益を保護するつもりがないのに、自分たちのことを言うのはさらさらおかしい」ということを言っているのですけれども、スピルマン先生はどのようにお考えになるのでしょうか。

今日、こういったアジア主義者がどう思われているのか、どう考えているのかの言説をご紹介していただいたのですけど、彼らのいろいろなアジア主義——微妙な差異があるので——彼らの主張というのが、どこまで一般大衆、マスに対して影響をおよぼしたのか。当時の日本人がどのように彼らのアジア主義を認識し、それをいかに日本の世論の形成に影響をおよぼしたのかというのが最後の質問です。

スピルマン　たしかに、どれほど日系人排斥運動が日本のアジア主義に影響を与えたのか、正確に測ることはできないけれども、文献にはこの問題がよく出ているので、常に意識されていたと思います。特に、パリ講和会議で国際連盟ができた段階で、連盟の規約に日本の代表等が唱えていた人種平等条項を入れることが拒否された後、英米に対する反発がかなり強く出るようになっています。20年代になると、24年を境目にさらに強くなっています。でもその前にも、やはり「人種平等条項」が拒否されたという言葉が頻繁に使われています。それを根拠にベルサイユ条約全体・ベルサイユ体制全体がおかしいという主張につながっていきます。

それから、影響力ですね。これもまた、わかりにくいところなのですが、ただ一部の、鹿子木にしても、特に大川周明にしても、過小評価されてきた。私に言わせれば、北一輝の影響力が過大評価されていると思います。なぜならば、北の本は発禁扱いでしたから、一般的に読まれていなかったと思います。一部の識者は、早稲田大学やそのほかの大学図書館で閲覧できるから、目を通した人もいたと思いますが、そうした人はごく少数だったと思います。しかし大川周明や鹿子木、あるいは満川亀太郎はいろいろな雑誌に書いていて、本も書いています。大川も、ご存じかと思いますが、ベストセラーを書いています。彼らの思想は国民に浸透していたと思います。ですから、かなりの影響力があったと思われます。

おそらく共産主義者が書いた文章に比べて、よくわからないのですけれども、山川均とか、宮本がどれほど一般国民に影響をおよぼしていたのか。われわれが戦後、日本史をやって福本イズムや労農派・講座派などについて、何冊も読んでいますけれども、当時、このような文章は共産主義者以外、はたして誰が読んだでしょうか。だから、彼らこそ影響力がなかったと思われます。ところが、どういうわけか戦後に書かれた本を読むと、共産党が非常に大きな力をもち、大衆の支持を得て、腐った大正・昭和の政権を倒しそうになったところ、右翼や軍部が出てきて、共産党の革命的な動きを抑えて戦争を起こしたというような印象を受けます。戦後、特に50年代60年代に出版された本を読むと、このような印象を受けてもおかしくないのです。しかし、共産党が一般大衆におよぼした影響はほとんどないと思います。逆に、アジア主義とその価値観が、国民にはかなり浸透していたと思います。

警察はアジア主義者を取り締まろうとしていなかったし、大川周明のようなアジア主義者はベストセラーを書いていました。今の村上春樹に比べると発行部数が少ないかもしれませんけれども、ただそれなりの読者を獲得していました。

柴山　あと、簑原先生が言っていた、ほかのアジア人について。

スピルマン　他のアジア人について、たしかにそういうところがあります。石橋湛山や宮崎滔天《みやざきとうてん》というアジア主義者は、そういう民族主義の側面が少ないと思います。満川亀太郎も、日本の朝鮮支配を是認しながら、朝鮮人民に同情的で、現場の日本人の行動を批判していました。また、人種差別を一貫して強く批判しているのですよ。注目すべきことですが、33年、34年に、つまりヒトラーがドイツで政権をにぎると、彼はヒトラーの人種政策を批判していました。ですから、アジア主義者の中には、そういう人もいましたけれども、満川亀太郎をみると結局、30年代になると、彼も一種の神がかり的なところが現れて神社に参拝しています。しょっちゅう禊ぎをやっていたし、民族主義のほうが、アジア主義より上になったような気がします。ですから、例えば満州事変についても、彼は断固、肯定的でした。また、その段階になると、とても20年代の満川なら想像できないような「世界皇化」を主張するようになりました。

ディキンソン　ペンシルバニア大学のフレッド・ディキンソンです。スピルマン先輩のお話を聞いてほんとうに勉強になりました。特に、いわゆるアジア主義の多元的な要素がよく現れているかと思います。そして実際、今まであまり研究なされてないところの、これは重要な指摘かと思いますけれども、一つだけ。じゃ、今これからアジア主義を再検討しようと思うときには、一番考えないといけないことは、なぜアジア主義という言葉を使うのか、という疑問です。ほぼパン・アジアニズム（Pan-Asianism）で、今日の報告もアジア主義なのだけれども、この言葉自体に二つの問題があるわけです。

一つは、報告にも出たとおり、第一次世界大戦までは、あまりアジア主義という言葉自体はありません。では1850年から第一次世界大戦までのすべてのものを全部、アジア主義というように大きな風呂敷の中に入れて、それを語るのでしょうか。という、それが一つの疑問。

もう一つの疑問は、例えば、ほかの似たような現象、汎ゲルマン主義とか、汎スラブ主義現象とか、こういう汎ゲルマン主義という言葉も、汎スラブ主義現象という言葉自体もどこから出たかというと、それはやはり西洋からみた、イギリスからみた「あっ、おっ、気をつけないといけないよ」という、そういうところから出てきて、アジア主義という言葉自体もそういう、陰謀史観的なところがある。スピルマン先生は、陰謀史的なところは指摘しないほうが良いとおっしゃいましたけれども、やはり言葉自体に陰謀史観的な要素が入っている。だから、ほかにも一貫性、戦前の汎アジア主義と戦後の汎アジア主義との一貫性という話が出てくるとまた、ちょっと陰謀史観的なことがあって、それはどういうことかというと「やはり日本か、アジアの中にはこんな変なものが昔からあって、今でも続いているよ」、そういうふうに聞こえがちですよね。

アジア主義を使えなければ、どういう言葉を使えるか。一つ提供したいと思いますけれども、例えば、いろいろな国家よりも大きな主義というのが昔から、汎イスラム主義とか、汎スラブ主義とか、いろいろあって、すべてのものには非常によく似た点が一つか二つあるのだけれども、一つは五百旗頭先生がおっしゃったように、やはり反西洋的な要素、スピルマン先生も結論の中に反欧米主義という、そういうところが入りますけれども、やはり反欧米主義というだけでは、ちょっとまだ、西洋からみれば、やや違和感をおぼえますよね。

じゃ、それでは、どういえば良いのか。これはどうですか。アジア主義でもそうだし実存主義もそうだけれども、例えば、それは他の普遍主義とか、他の国際主義、そして「大アジア」という言葉を使ったらどうですか。そうなれば、アジア主義でも、イスラム主義でも、スラブ主義でも、同じように西洋主義とは言わないのだけれども、西洋文明に対する同じような、普遍性をもつような、そういう概念になって、必ずしもそれは戦争に直接いってしまうということでもなんでもなくなりますから。汎アジア主義という言葉をなくしましょうじゃないかと、そういう指摘です。

スピルマン　鋭いご指摘でございます。たしかに、できればそういうふうにしますけれども、ただ普遍的というのは、一見、考えてみれば、欧米云々と言い出すと、普遍的という形容詞がいらないのですね。ですから、欧米の普遍性ということになると、実は、普遍性が否定されているわけですね。数学の場合は、形容詞を使わなくてもよいのです。

ところがある意味で、アジア主義は、汎アフリカ主義、汎スラブ主義などの思想と同様、啓蒙思想の一種の否定であり、啓蒙思想に対する反応の表れです。ドイツの場合は、まず啓蒙思想への反発はドイツの民族主義の形をとり、その後、ドイツ人はドイツ以外の地域にもいるから、これらのドイツ人の住んでいる地域をドイツに併合し、一つの国をつくらなければならないという汎ゲルマン主義が生まれました。ドイツの影響を受けて、汎スラブ主義もスラブ人の間に広がりました。ロシアとセルビア、ブルガリアのあたりは、共通性があり、宗教が同じ東方正教であり、言葉もかなり似ているので、いっしょにまとまった国を造った方が都合が良いという汎スラブ主義的な考え方が生まれました。このような理想を細かく分析すると矛盾だらけで、結局失敗しましたが、少なくとも欧米の場合、ドイツ民族にしても、スラブ民族にしても、そういう共通性があるという事実があります。

ところが、アジアになるとそういう共通性を、共通な要素を、見出すことはできません。東アジアと西アジアは人種的にも、民族的にも、宗教的にも大きく違います。東アジアに限定すると、まだ文化「同文・同種」という共通点の可能性があるかもしれませんが、西アジアに広がると非常に難しい問題だと思います。この問題を乗り越えるために、アジア主義者はアジアに共通する特徴が精神主義であり、それに対して、欧米の特徴が物質主義であると主張しました。これは、よく考えると、まったく根拠のない対立であると思います。

では、アジア主義を否定するとすれば、何を使うかというと、私に言わせれば、古い共通性ではなく、ヨーロッパ共同体みたいなものを、ここアジアに、いろいろな地域がいっしょになって協力して、仲良く協力すれば、これは一種のアジア主義の実現だと思いますけれども、ただ残念ながら私は、今の状態ではそれがまったく実現する可能性がないと思います。日本がそれを拒否しているというよりは、むしろ某大国、また朝鮮半島にある国の問題もあります。ですから、そういうこともアジア共同体の実現のために非常に大きな障害になっています。たしかに戦時中の問題もまだ、いろいろな問題が残っていて、尾を引いているので、それも妨げになっています。

ディキンソン　アジア主義というのは、じゃ、やはり、汎イスラム主義とか、汎アフリカ主義、汎ゲルマン主義に比べて、やはり独特なものであるというふうにお思いでしょうか。

スピルマン　それらの主義はアジア主義と違うと思います。汎アフリカ主義や汎イスラム主義のことはよくわからないけれども、それぞれに共通点があると思います。言うまでもなく、汎イスラム主義の場合は宗教が共通点をなしています。しかし、このような共通点の存在にもかかわらず、統一の動きへの障害が多くあり、地域的な利益や民族同士の葛藤などがあるから、実現しにくい。アジア主義の場合には、アジア全体を統一するという理想は、無理だと思います。しかし東アジアに限定すると、可能性がまったくないとも言えません。

柴山　もう時間になりまして、井上先生がもう……。

井上（正）　ありがとうございました。香川大学の井上正也（准教授）と申します。戦前と戦後の連続性について触れられていたと思いますけれども、アジア主義というものを、戦後の世界に置き換えて、アジア民族の連帯独立というものと捉えると、バンドン会議につながっていくアジア・アフリカ主義、中立主義に系譜がつながると思うのですね。どちらかといえば、日本のアジア主義というのは、ある種、日本だけでしか通じない理屈で終わったことに比べて、1950年代にインドと中国を中心としたアジア・アフリカ主義は、比較的、多くの支持を得たわけです。ただ最終的には、こちらもナショナリズムがインターナショナリズムを超えられなくて、インドと中国が対立を起こすわけですね。そうすると、そのいわゆる戦前と冷戦下での世界を比べたとき、何か連続するものがあるのでしょうか。

戦後日本の知識人というのは、あまりアジア・アフリカ主義そのものに入れ込む人は少なかったように思います。ここに出てくる石橋湛山、藤山愛一郎、あるいは宇都宮徳馬、こういったアジア主義につらなるような人たちは、どちらかといえば、戦後、親中国派として、日中提携論を言っていた。日本のアジア主義って、あまり東南アジアであるとか、朝鮮半島に目線がなくて、日中提携にバイアスがかかっているように思うのですけれども、そういった点も含めて、戦後への流れをどういうふうにお考えになるのか、お聞かせいただければと思います。

スピルマン　私は、戦後の専門家ではないので、そういうことはあまりよくわからないのですけれども、ただアジア主義をやっているうちに、戦後にこのような流れがあったということには驚きました。このこと自体がおもしろいと思って、取り上げたにすぎないのです。ただもちろん中国は、日本から歴史的にみても無視できない大国です。戦間期には今とは違って、中国の力がけっこう衰えていましたが、その時点でも松浦先生が指摘するように、経済的な面が非常に大きかったと思います。つまり、日本の海外投資の7割以上が中国に入っているのですから。どうしても日本の考え方は中国を中心にせざるをえないのです。

当時、中国への関心にはもう一つの要因が存在していました。現在では状況が変わり、漢文をやってない高校生もいますけれども、石橋湛山の世代に遡ると、彼らは文学、哲学、歴史などの中国の古典を非常によく知っていて、自分の文化であると感じていました。ですから、明らかに中国に比べると、朝鮮やインドについて感情的になる場合がありましたが、それらの国に対する知識は中国に対する知識とぜんぜん程度が違ったはずです。当然、中国の存在が大きくなるだろうと思います。

日本の一部の政治家は、たしかにバンドン会議に参加しました。辻政信がバンドンに参加したかどうかわかりませんが、彼がその直後、アジア各国を歴訪し、中国の周恩来、インドのネルー、エジプトのナセルと会談した記録が残っています。余談ですが、辻は失踪事件が有名ですが、ベトナム戦争の初め頃、1961年にラオスに入り、一説によると、あそこで彼が戦時中、宝を埋めて、それを取りに行ったという話もありますが、旅行中、行方不明になりました。殺されたのか事故にあったのか、ほんとうのことはわかりません。

でも、辻のようなアジア主義者の関心は他の地域にも向いているけれども、辻の回想を読むとやはり中国がメインですよ。なぜそうなったかというと、おそらく教育によって形成された認識による部分が大きいと思われます。

柴山　クリス・スピルマン先生、どうもありがとうございました。（拍手）

——註——

＊1 田中正明『アジアの曙 －憂国の艇身』日本工業新聞社 1981

＊2 葦津珍彦『大アジア主義と頭山満』日本教文社 1965

＊3 丸山真男「日本ファシズムの思想と運動」『現代政治の思想と行動』未来社 19943：p.57

＊4 松沢哲成『アジア主義とファシズム－天皇帝国論批判』れんが書房新社 1979

＊5 竹内好「解説」竹内好編『アジア主義』筑摩書房、1963：p.14

＊6 米谷匡史『アジア／日本』岩波書店、2006

＊7 坪内隆彦『彦岡倉天心の思想探訪 －迷走するアジア主義』勁草書房，1998、同『アジア英雄伝－日本人なら知っておきたい25人の志士たち』展転社 2008

＊8 松浦正孝『「大東亜戦争」はなぜ起きたのか－汎アジア主義の政治経済史』名古屋大学出版会 2010

＊9 同上、pp.847-848

＊10 Marius B. Jansen, *The Japanese and Sun Yat-sen*, Harvard University Press, 1954.

＊11 Cemil Aydin, *The Politics of Anti-Westernism in Asia*, Columbia University Press, 2007; Sven Saaler, J. Victor Koschmann (eds), *Pan-Asianism in Modern Japanese History*, Routledge, 2007; Eri Hotta, *Pan-Asianism and Japan's War*, Palgrave-Macmillan, 2007.

＊12 Sven Saaler, Christopher Szpilman (eds), *Pan-Asianism: A Documentary History*, 2 vols., Rowman & Littlefield, 2011.

＊13 樽井藤吉『大東合邦論』1893、岡倉天心『東洋の理想』（原題 Ideals of the East）1903

＊14 この点については、竹内好「アジア主義の展望」竹内好編『アジア主義』所収 平凡社 1963：pp.7-8

＊15 大住舜『新思想論』陸東出版社 1913：pp.353-354

＊16 大川周明『復興亜細亜の諸問題』中公文庫　1994（初版 1922）：p.164
＊17 古在由重『思想とはなにか』岩波新書、1960：p.104
＊18 満川亀太郎「何故に『過激派』を敵とする乎」、長谷川雄一編『三国干渉以後』論創社　2004：p.297
＊19 上掲 Saaler, Szpilman, *Pan-Asianism*, 第1巻、p.30 参照
＊20 広瀬隆『日本のゆくえ、アジアのゆくえ』日本実業出版社、2004：p.373-375 参照
＊21 中島誠『アジア主義の光芒』現代書館　2001：p.263

関西学院大学総合政策学部リサーチプロジェクト講座
「日米関係史研究の最前線」第3回

日本政治史の中の陸軍

◆森 靖夫

1　はじめに―陸軍を研究するということ―

同志社大学法学部の森靖夫（助教）と申します。今日はこのような機会を与えていただき、誠にありがとうございます。[*1]

はじめに、これは私がお話しするまでもなく、ここにいらっしゃる先生方は皆さんご存じだと思いますけれども、かつて陸軍を研究するということはタブー視されていました。いわゆる戦後のマルクス主義史学の影響を受けて、戦前そのものが否定されてきたわけですけど、とりわけ陸軍というのがアンタッチャブルな存在というか、陸軍が戦争へと日本を導いていった、引きずっていったとみなされてきました。また、天皇制という体制自体が前近代的で、その体制を支えていた最たるものが陸軍であるとも考えられていました。東京裁判史観というふうにもいわれますけども、今もそういう考え方というのはまだ残っていると思います。それゆえ、既存の陸軍悪玉論的研究に正面から挑んでもかなり批判をされるか、研究者として生き残れない（就職できない）と、そういうニュアンスのことを言われました。でも、私がやり始めた頃には少しずつ空気が変わっていたような感じがします。2001、2年頃でしょうか。「統帥権独立という『魔法の森』によって日本はおかしくなった」。これは司馬遼太郎さんが『「昭和」という国家』[*2]の中で書かれたものです。とにかくこういう制度そのものがダメで、それで日本は無謀な戦争に突入

■ 関連年表

1927年	5月～1928年5月	山東出兵
1928年		張作霖爆殺事件（満州某重大事件）
1931年	9月	満州事変
1932年	1月	第1次上海事変
1932年	3月	満州国建国
1933年	3月	日本は国際連盟脱退を通告
1935年	8月	相沢事件（永田鉄山暗殺事件）
1937年	7月	盧溝橋事件
	8月	第2次上海事変
	12月	日本軍が南京占領（郊外で虐殺事件）

してしまったというのです。これは日本法制史（軍制史）の分野などが、統帥権独立の制度面のみをみて、その制度的欠陥を批判する、このような風潮があったように思います。

とにかくも研究を始めることになったのですが、まず「陸軍大臣と参謀総長とどっちが偉いんだ」、このような初歩的な問題からわからなくて、そこから始めたのです。しかしながら、びっくりするようなお話ですけど、ちゃんと答えている研究がありませんでした。この問題に言及している本でも、時代によって総長・大臣の権力関係は変化するので、一概には言えないということぐらいしか書いてありませんでした。ですが、研究を進めるうちに、戦間期、１９２０年代から30年代においては、陸軍大臣のほうがかなり強い権力をもっていたということが明らかになってきました。それはまた、改めてお話します。

先行研究についてですが、陸軍研究というのは、80年代ぐらいから徐々に実証研究といいますか、日記、あるいは書簡、あるいは公文書を使った研究がかなり現れてきます。そうして今まで「陸軍」とひとまとめでいってきたものが、何々派であるとか、何々閥であるとかというように、陸軍の中でいろいろな志向をもつ勢力がいて、それらが外部の勢力と結びついて、少なからぬ政治的役割を演じていたということが明らかになった。北岡伸一『日本陸軍と大陸政策』*3は、当時かなり画期的なものだったと思います。ちなみにこの本が出版された年に私は生まれています。

それから、独善的で政治を無視するような強い、強権的な陸軍というイメージに対して、大正期陸軍というのはかなり政党政治に追い込まれ、政党政治に対して劣勢になっていたということを明らかにした小林道彦『日本の大陸政策』*4も、また一つの画期だったと思います。他にも、加藤陽子先生とか雨宮昭一先生などが、統帥権独立の制度そのものが悪だったという見方もちょっとおかしいのではないかと指摘しています。*5それは制度の運用実態をみたうえで判断しなくちゃいけないのではないかと。加藤陽子先生は論文の中で、大本営というものを軍部が独占するような組織にしてはいけないということで、陸軍省や内閣の影響力を残すようなかたちに、大本営を陸軍省がつくり換えようとしていたという事実を明らかにしています。

このように、陸軍「悪玉」論も相対化されつつあったわけです。ただし、先ほどいったように、はたして陸軍大臣、参謀総長とどっちが偉いのかとか、そういう組織の話というのは、先行研究を読んでも、それこそ陸軍省官制から参謀本部条例から、すべてひもといてみていってもわかりませんでした。それを知るためには、陸軍の、陸軍だけに限らないわけですけども、法令と実態という二つの側面をちゃんとみないといけなかったのです。明治憲法は、建前上は、天皇の親裁を掲げている。ですが、たしかに天皇は陸海軍を統帥すると書いていますけれども、一人であれほどの大組織を統率できるわけはありません。では、誰にその仕事を委ねるというか、任せるか、そういう話になります。しかし、誰が天皇の大権を代行するかという話になるのですけれども、それは陸軍大臣とか参謀総長とか、はっきりと書けません。どこかに権力を集中させるとこれは「幕府」だということになってしまう。だから、法的には参謀総長も軍司令官も師団長もすべて天皇に直隷（直属）しているのです。どの軍や師団の条例をみても、これらの軍隊は天皇に直隷すると書いてあります。他方で、この命令に関しては陸軍大臣が指示する、この分野に関しては参謀総長が指示するというふうに部分部分で彼らが指導することになっている。ということは、これは陸軍大臣も参謀総長も教育総監もみんな同等の権力をもっているのか。法令的にはそうみえるのですが、実態は違います。今日は、その明治憲法の運用・実態のお話をしたいと思います。

陸軍の研究をするというのは、なぜ日本が戦争にいたったのか、陸軍はなぜ戦争を主導したのか、そういう話に直結してくるかと思います。だから、１９３０年代の陸軍研究がとりわけ重要になってきます。私が１９３０年代の研究を始めたのもそのためです。しかし、１９３０年代を理解するためには１９２０年代の実態も１９１０

年代もそれ以前も知らなければならない、ということになりました。

他方で、１９３０年代の陸軍というのは、皆さん興味がある方はよくご存じだと思うのですけども、昭和の陸軍というと、やはり「統制派」「皇道派」という話になってしまう。しかし、なぜ戦争になったのかという話、日中戦争の原因論という話になると、統制派・皇道派という分析視角ではうまく説明できない。統制派・皇道派というのは二・二六事件がなぜ起こったかという問題に関しては、非常に有効な分析視角なのですが、[*6] 統制派が日中戦争を導いたわけでもないし、皇道派がそれを止めようとしたわけでもないのです。そういったことで、昭和の陸軍というのをどう理解するかという大問題があります。これらについて、私が全部解決したわけではなくて、私の研究もまだ発展途上にあります。ですので、こういうふうに理解できるという一つの試論をここにご紹介できればと思っています。

陸軍を研究するおもしろさというのは、軍事史と政治史のインターフェイスに迫ることができるという点にあります。政治史の中で軍事史をやるということは、これまで軽視されてきたような気がします。戦後史は特にそうだったと思いますし、柴山先生が大著[*7]を出されて、これからだいぶ変わってくると思いますけれども、戦前でもやはり水と油といいますか、軍事史は、軍事史でかなりの研究があって、緻密な分析がされているのですけれども、これらは政治史的にどういう意味があるのかみえてこない、という論文がけっこうあるわけです。このように、政治史は政治のことをやる、軍事史は軍事のことをやるということで、そのインターフェイスを意識した研究がなかった。

また、実際の政治の中で国務と統帥の分裂というのがしばしば問題になる。何かというと、統帥というのは天皇大権なのです。統帥権独立といって軍事を管掌する権限、これは軍部が独占している。それに対して文官は関与できない。こういうような話がいつの頃からかできあがってしまって、国務と統帥がまったく分裂したまま戦争に突き進んでいく。

この国務と統帥の対立をどう調和させるかというのが、一つの政治の課題でもあり軍事的課題でもあった。またこの問題は、先ほども言ったように明治憲法そのものの問題をどう克服するかということなのです。坂野潤治先生が『明治憲法体制の確立』*8という本を書かれていますけれども、その意味で明治憲法体制というのは確立してないのです。統帥権の問題というのをまったく解決できないまま、30年代までいってしまったわけですから。これは伊藤博文と山縣有朋が「軍令と公式令との関係をどうするのか」で大げんかした1907年のときにもやはり解決しなかった問題です。この国務と統帥の分裂という問題が陸軍を研究していくうえでの一つのキーワードになってきます。繰り返しになりますが、陸軍を研究するということは、明治憲法という大きな枠組みそのものに対する研究でもあるということなのです。

研究しているなかで私は一つの結論といいますか、あるポイントに突き当たりました。それが陸軍省の存在だったわけです。実は、国務と統帥の分裂という話をしましたけれども、国務と統帥というのは、これはまたすごく曖昧な話になるのですけれども、簡単には分離できない問題なのです。一番典型的な例を示しますと、日本の兵力量を決めたい、兵力の規模を決めたいといったときに「これは戦時に関することだから統帥権に属する、いやいや、その兵力の規模を決めるためにはそのためのお金がいるから、予算を決めるのは国務じゃないか」と、こういうふうに境界が曖昧なわけです。こうした領域を混成事項というのですけれども、国務と統帥が被さり合う、ベン図のようなものを想像してください。国務と統帥というのは非常に重なり合う部分が多くて、重なり合う部分のほうが大事だったわけです。その国務と統帥の混成事項というのがだいたい何なのかというのも、実は明確には決まっていなかったわけです。これを山縣有朋とか伊藤博文というのは、はっきりさせなければいけないということで会議をし、山縣も統帥権独立を逆手にとって軍が政治介入を行うようなことがあってはいけないということで、山縣もそういうところはしっかり考えていたのです。だけれども、結局、そのどちらに権限があるかというのは明記されなかった。混成事項ということしか書いてなくて、その混成事項について誰がイニシアチブを握るかは、そのときの力関係に応じて変わっていくわけです。

例えば、陸軍の人事というのが軍政に属するのか、混成事項に属するのか。これはかなり重要なことで、軍政に属するというと陸軍省が力をもつことができるのだけれども、混成事項というと統帥にもかかわるということなので参謀本部が介入する、こういう話になるのです。ということは、国務にも内閣の一員として関与して、統帥にも軍の代表として関与できる存在、二重的な性格の存在、これが陸軍大臣だったのです。だから国務と統帥の調和がとれているためには、この陸軍省の存在がかなり大事になってくるということなのです。言い換えれば、これが日本の統帥権独立制の一番核になる問題だったのです。要するに、陸軍省が国務に理解を示して、統帥側の要求をしっかり抑制していくことができれば、統帥に対する国務の優越というのが成り立つし、逆に国務が統帥を軽視する、例えば内閣が下手な出兵をするといったようなときには、統帥の側が陸軍省を通して軍事的なアドバイスを行い、内閣の軍事的な失敗を少なくする、あるいは政党内閣が党利党略的思惑で兵を動かすのを防ぐ、というように両方のバランスをとることができる。こういうかたちで日本のいわゆる政軍関係が展開していったということになるわけです。

もう一つ言うなれば、戦間期の政治史研究の主流というのはやはり政党政治史研究で、政党がどのように発展していき、なぜ軍部に権力を明け渡したのかというようなテーマが中心になる。[*9] もう一つは、満州事変や日中戦争にいたる外交史研究で、いわゆる政治家や外交官による戦争回避努力の歴史です。[*10] いずれも軍部は悪役として描かれます。ですが、この歴史をもう一回、陸軍の眼から捉え直すということがやはり重要じゃないのかと私は考えました。例えば、政党政治が発展するとき、陸軍は何を考え、何をしていたのか、陸軍と政党はどのような関係だったのかと考えたのです。これは、陸軍と政党がお互いを支え合っていく関係だったわけですが。また、陸軍からみた満州事変と日中戦争ということでいうと、先ほど陸軍省が日本の政軍関係でキーとなるという話をしましたように、陸軍省を通して一貫して戦争へ至るプロセスを分析するということで私は研究をスタートさせたわけです。

2 陸軍の権力構造 ―制度と運用の乖離―

それでは二つ目の「陸軍の権力構造」というところをみていきます。冒頭でお話しましたように、明治憲法の条文どおりの解釈と実態の運用とがだいぶ違っていたのだと、その運用によって陸軍内の権力構造も、あるいは政軍関係も大きく変わってくるというお話でした。陸軍の中では陸軍省が優位におかれるという制度といいますか、慣行があった。優位というのは参謀本部や出先に対する陸軍省の優位であります。先ほども言いましたように、国務と統帥、あるいは軍政と軍令を調和するということは、実は陸軍省がかなりキーになっていました。

では、その陸軍省のトップに立つ陸軍大臣が、どうやったらリーダーシップを握れるかというと、それは人事権ということになります。組織をコントロールするためには、どういう権限が一番大事になってくるかと考えたときに、もちろんリーダーのカリスマ性とかも重要なのですが、人事権を握るというのがやはり大事。予算を握るというのも大事ですけども、それより人事権です。その人事をみていくと、実は、参謀本部のかなりトップの要職まで、軍政、つまり陸軍省とかそういった軍政業務にかかわる仕事をしてきた人が占めるという人事慣行があった、ということが明らかになってきました。これは私の本の中で詳細な表をかいていますが、今回はここに載せていません。この慣行が憲法制定の前後から1930年前後まで、だいたい一貫しています。また、陸軍省、参謀本部を含めて、軍事官僚は自分の得意の分野をもって、出世していく。だから私は機能面から軍人を性格づけられるのではないかと考えています（例えば、Ａは軍政系で特に動員業務に明るい、Ｂは作戦畑に長くいたので政治に疎いなど）。この人事慣行は、軍政キャリアを長く務めてきた陸軍大臣が人事権をもっているということと関係があるのです。陸相が自分の権力基盤を固めるためにも、省部の要職に軍政経験豊富な軍人をつけるのは当然だからです。こうして陸軍の軍政優位が形成されることになります。

　もともと陸軍というのは山縣有朋をはじめとするいわゆる長州閥が支配してきました。山縣というのは陸軍省をおさえることで陸軍をコントロールしている。だから陸軍大臣の人事というのは、山縣の意向を無視してやるのは絶対に無理でした。山縣が死んだ後（１９２２年２月）は、陸軍大臣が人事のイニシアチブを握るようになります。

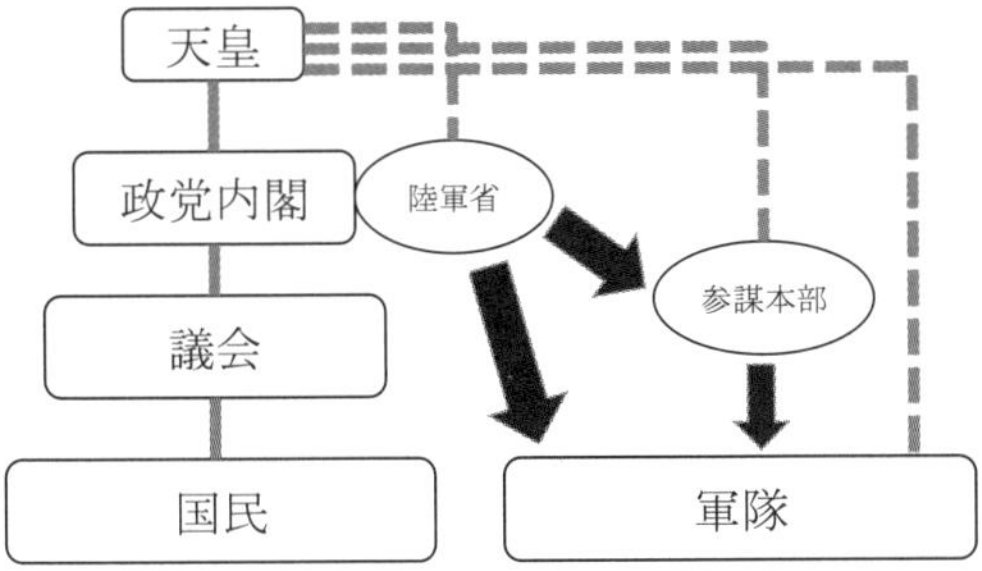

※矢印は統制、点線は統帥系統を示す

政党内閣と陸軍の統制組織図

　では、なぜ陸相が人事を主導することができたか、あるいは軍政優位人事の慣行が続いたのかというと、第一に陸軍が政党政治と協調していかなければならないという共通理解がゆるやかであれ、陸軍内で浸透していたからだと考えられます。つまり、政党政治の時代に政党を無視して陸軍が突っ走ることは無理なわけで、そうなるとむしろ政党内閣の閣僚でもある陸軍大臣が政党と協調するかわりに、陸軍の組織利益を守る方が得策だと誰もが考えるからです。だから、陸相の政治的役割、軍政手腕は誰にとっても重要不可欠になるのです。

　次に、第一次大戦の後に出てきた総力戦という考え方です。これは、軍だけで戦争ができるという時代はもう終わった、政党もみんな含めて、国民も含めて一丸となって行う戦争なのだから、軍が自分たちの政策を国民に強要していく、あるいは無理強いしていくというようなことは、絶対に無理だと考えます。そうすると、軍の暴走を防ぐためにも「軍政優位というのは必要なのだ」と軍政系の軍人たちが言うわけです。「だから、われわれは軍を統制するのだ」と。その好例として、軍部大臣文官制の問題というのがあるわけです。

これは要するに、政党が軍部大臣のポストをよこせと言ってきたわけです。それは陸軍の既得権益だから絶対に無理だと、陸軍は主張します。ところが、陸軍省からこういう意見が出てきます。「政党政治家で軍のことをよくわかっている人間がいるのだったら、文官制になってもいいいんじゃないのか。むしろそのほうが軍民一致で総力戦を戦えるんじゃないのか」と。これは結局実現しなかったわけですけれども、このように統帥権の運用が実は、制度的外見とはぜんぜん違うありようを示していたのです。ただ、陸軍省以外の人間は相変わらず統制される側ですから、陸軍省の改革姿勢を快く思っていないのです。

明治以来続く陸軍内の権力抗争は、しばしば長州閥対反長州閥として一般的にも知られていますが、実はこの対立も軍政優位システムそのものをめぐるものであったといえます。長州閥というのは、山縣が中心となって築き上げたもので、田中義一や宇垣一成《うがきかずしげ》といった1920年代に陸軍大臣をやった人たちが継承していきます。つまり軍政系統なのです。すると田中や宇垣に対する反感、あるいは彼らが行う人事に対して不満が募る。人事をめぐる二つの有名な事件が起こりますが、一つ目は、1924年に田中が宇垣を後任陸相に推そうとしたときに上原勇作、これは参謀本部系統の人なのですけども、大反対して、軍政とは無関係の人間を後任陸相に推そうとしてケンカをする（田中の勝利に終わる）。二つ目は、満州事変の約1年半前ですけども、宇垣一成陸相が、強引に参謀総長の後任人事を決めてしまう。これもまた上原勇作（元帥・軍事参議官）とケンカになるのですが、こういうことをやってしまうのです。その結果、反感が強まった。そもそも、人事権というのは陸軍大臣が一元的に掌握するものなのか、それとも人事には統帥権がかかわっている（混成事項）のではないのかという議論がやはりズッとあるわけです。そこで出てくるのが、三長官会議です。これは、陸軍大臣、参謀総長、教育総監という三官衙のトップが人事の会議をするわけですけれども、それまでは形だけのものでした。しかし、こういう慣例があるのだから、人事は陸軍大臣一人のものじゃないといって、30年代に首脳部同士でケンカを始めるわけです。でも、1920年代の人事慣行をみていると、この会議も大臣が主導していることがわかる。つまり、結局は、人事の運用が変えられていったのです。こうなると、陸軍大臣が自分の好きな人事をやると、これは派閥人事だといってすぐにケンカになるのです。

今一つの軍政優位システムに対する反感は、政党の失政と相まって強まっていきます。これについても二つの大きな事件を挙げておきますが、一つは田中義一内閣が行った三度にわたる山東出兵で、これは政友会が主導した政略出兵なのですけども、消極的な参謀本部の作戦部が抑え込まれたのです。陸軍省はそのとき、田中政友会と協調した。これは統帥権の干犯ではないかと参謀本部の軍人が陸軍省の人間に、楯突きました。ここで興味深いのは、統帥権干犯という言葉が、軍の中では陸軍省が参謀本部を押し込めようとしたときに参謀本部からクレームがつく、そのときの言葉なのですね。これは日中戦争のときも、たくさんでてきます。

で、もう一つは幣原外交への不満です。幣原外交の裏では、陸軍省と外務省が中国政策の面で一定の協調を保っていました。それに対する反感というのもあったわけです。彼らは、幣原外交が中国問題をなにも解決できないとみかぎり、これはもう独断専行で状況を打破するしかないと計画を練り始めるのです。宇垣一成は陸相として中国政策に関して、現地軍幕僚を指導しています。現地に派遣されている幕僚たちを陸軍省の官舎に集めて、中国の方針を指示したりということをやっているのです。ところが1931年4月に宇垣が辞めたあとの南次郎陸相は、そういうことをやらなくなります。こうして、満州事変が起こってしまいます。

3　満州事変から日中戦争へ　─昭和陸軍とは何だったのか─

陸軍省中心の権力構造というのが、満州事変で崩れてしまいます。関東軍が独走して、言うことを聞かない状態で、言うことを聞かせられる軍人は誰だということになったときに、軍政系に対する反感が強いため適当な人物がいない。一人、候補にあがっていたのが阿部信行、のちに首相になる人ですけれども、この人は大変、頭がよくて、行政官としては最適と宇垣からもお墨付きだったのですが、もう一人、非軍政系の幕僚たちからかなり人気の高かった軍人を推薦しようということになった。そこで呼ばれたのが、まったく軍政キャリアのない荒木貞夫（元・参謀本部作戦部長）だったのです。

この荒木というのが、実は関東軍を裏で支持して、さらには自分と親しくて、しかも軍政経験がまったくない人間をどんどん陸軍省のポストにもってきたのです。そういうことを一回すれば、なかなか組織を立て直すのが難しくなってきます。そのあと就任した陸相の林銑十郎、その林を補佐する軍政のスペシャリスト永田鉄山軍務局長、この二人が陸軍省の責任者として、組織の秩序回復を試みるわけです。

林・永田は、関東軍が主導権を握ってしまった中国政策の主導権を取り戻そうとします。外務省と連携して決定した中国政策を現地へ徹底させ、他方で現地軍幕僚の人事入れ替えなどを通して、現地軍の行き過ぎに何とか歯止めを利かそうと試みるのですが、結局そういった試みはうまくいかなかった。荒木や現地軍が、陸軍省がこれまでズッと握ってきた権力を利用しつつ、軍の論理で事変を拡大したのに対して、それでは陸軍の暴走になってしまうので、軍政優位に再び戻して、陸相が内閣と歩調を合わせたうえで、林・永田は中国政策を建て直そうとしたのです。しかしながら、非軍人と「結託」して陸軍を抑えつけるというやり方は、荒木やその支持者にとって、

1920年代の田中・宇垣、ひいては明治以来陸軍を支配してきた長州閥のやり方そのものだったのです。彼らの対立は最終的に、人事をめぐる権力闘争へと向かっていきました。いわゆる統制派対皇道派の争いです。

永田鉄山という人物は評伝でも書きましたが、実は、田中・宇垣に連なる人脈で、将来を約束されていたといってても過言ではない人物でした。けれども、永田と同世代の陸軍の中堅以下は、山縣閥に対して相当反感が強かった。当然、永田は自分は黙っていてもトップに立つことはできるのだけども、自分がトップに立ったときに彼らをどう抑えるかというのは、永田にとって無視できない問題だったと思います。しばしば出てきます一夕会というのは、彼ら中堅幕僚をこれから指導していくための、永田の一つの組織操縦の試みだったと考える方が自然だと私は思います。だからこそ、永田が統制の立場にまわった際、「おまえは俺たちの味方だと思っていたのに」と、中堅幕僚たちの永田に対する怒りが増幅されるのです。

皇道派の領袖として知られる真崎甚三郎《まさきじんざぶろう》は、永田の結婚の媒酌人を務めたほど永田と関係が良かった。参謀本部で満州事変を何とか抑制しなければいけないというときも、真崎と永田がコンビになっています。それがわずか1、2年で、彼は永田への恨みや憎しみを日記にぶちまけるようになります。真崎は極東軍事裁判の前の尋問で、永田のことを「彼はファシストだ」と、全体主義者でトータリタリアン（totalitarian）と証言し、「永田が日本を戦争に導いた」とまで話しています。おそらく真崎は、信頼していた永田に「裏切られた」と感じたのでしょう。ただ単に、陸軍を支配する人間が憎いというだけでは、なかなか持てるような感情じゃないと思います。こうして永田が真崎の信奉者であった相沢三郎中佐に殺されて、さらには派閥争いが発展して二・二六事件が起きてしまうということになります。

次に、日中戦争の原因という過程でみると、機能していた軍政優位システムが機能しなくなり、軍政の要職に中国で勝手な謀略をやったような人間がなっていきます。こういう状況のなかで、陸軍省が参謀本部や現地軍ににらみを利かせるというのは難しくなっていきます。日中戦争が始まってからは、陸軍省は作戦面、ひいては政府の方針も現地になかなか徹底できなくなります。

日中戦争の原因論ですが、遠因としては、満州事変というのがやはりあります。さらには、第二の満州事変ともいうべき、華北分離工作が挙げられるでしょう。中国側からしてみると、中国はなるべく日本との戦争を避けたいと考えていたが、だいたい1936年頃から、蒋介石をはじめとする日本との戦争を避けようとしていたグループが、徐々に政策を転換させていきます。これは中国がもはや、日中関係の改善に対して、積極的でなくなっていく、宥和的でなくなっていくということです。それに加えて、やはり先ほどまでお話してきた陸軍の統制難ということが挙げられます。

軍事的な面でみますと、これはあとの服部先生のお話につながっていくかと思いますけれども、一つはソ連極東軍の軍備強化です。これにより関東軍との戦力差が、圧倒的に開いていった。これで、参謀本部がとにかく今のうちにソ連と戦わないといけないという話になるわけで、さらには1936、7年から中国軍が増強されます。実態はともかく、危機だということが陸軍の中でかなり言われるわけです。このときのとりわけ中国空軍ですけども、重爆撃機だと九州まで本土爆撃が可能になったという話になりまして、そうなると当然、日本は満州において二正面作戦を戦わなくてはいけなくなります。これは万が一、ソ連と日本が戦争になったとき、絶対に中国は後ろから攻撃してくるだろうと陸軍は考えます。そうすると、もし中国と何かあったときは、中国に対して素早く戦争をしかけて終わらせてしまう、華北において速戦即決で戦争を収めてしまおう、という考えが現実味を帯びてきます。

近因としてはどうか。日中戦争は盧溝橋事件、一夜のドンパチから1カ月にして全面戦争になっていくわけですけれども、その原因としては、現地の状況をしっかりと把握できないまま、日本と中国の双方が過剰反応していったということが指摘されています。

もう一つは中国側の対応なのですけども、中国史研究者たちも指摘するようになっていますが、第2次上海事変は中国側の受身的な応戦ではなくて、かなり積極的な仕掛けだったということです。これは、とにかく租界地が多い上海に日本軍を引きつけることで、国際的な世論を味方につけるという戦略です。実は、第一次上海事変のときに結ばれた停戦協定にもとづいて、非武装地帯が上海に設けられたのですが、その非武装地帯が、第2次上海事変が始まってみたら中国軍の強固な要塞陣地になっていたということがありまして、日本軍はぜんぜん監視しておらず、まったく知らなかったようです。日本の陸軍もかなり楽観的というか、甘い。皮肉ですけども、塘沽《タンクー》停戦協定にもとづいて設けられた華北の非武装地帯は、関東軍が監視していますから、要塞陣地なんかできようがないのです。上海の非武装地帯は完全に中国軍が防御を固めていて、日本軍が一番苦戦するわけです。やはり中国側の問題というのもあるので、その点も十分考えなくてはいけないでしょう。

他方で、陸軍省は全面戦争になかなか踏み込めませんでした。それはなぜかというと、全面戦争になれば国家をあげての総力戦となる。総力戦というのは国民とともに戦う、国民の戦争なのです。ということは、陸軍が国民から嫌われていたら戦争ができない。陸軍省が一番問題にしていたのはその点だったのです。最近、陸軍省整備局長の日誌を発掘しまして、その過程が全部出てくるのです。というのは、1920年代に軍政系の要職をつとめてきた杉山元《すぎやまはじめ》と梅津美治郎《うめづよしじろう》の二人、軍政のキャリアのトップエリートですけれども、彼らが日中戦争のとき陸軍大臣と次官ですね。どういう話をするかというと「今、そんなに盛り立てていくと、また陸軍が独走したと言われる」と。だから「仕掛けられないから戦争はできない」という話をする。「とにかくやるとしても、すぐ収めるのだ」とこういう話をしていて、陸軍にとって国民とはいったい何だったのだろうかというのを考えさせられます。

総力戦という話をすると、陸軍が軍に対して国民を動員して自分たちのやりたい戦争をするというイメージがあるのですけれども、実はまったく逆の側面があって、国民が陸軍に不信感を抱いているという世の中の状況をみて「これで中国に仕掛けたら、また反感が強まる。軍民不一致のまま戦争になったら、これは大変なことになる。だから国家総動員もできない」という話をするわけです。でも、戦争は現地でどんどん進んでいる。実は、盧溝橋事件が起こったときに、当局者は重油が2カ月で切れるという話をするのです。これで戦争なんてできるのか、こういう話になる。だから、陸軍省はもう八方ふさがりの状態で、結局、何が彼らの背中を押したかというと、国民だったのです。これも皮肉なのですけれども、彼らがさんざん気に病んだ国民の陸軍不信は、戦争によって一気に解消されて、国民はお祭り騒ぎになった。議会で説明しようとしたら、衆議院・貴族院で徹底抗戦、長期戦も覚悟のうえだ、というようなことを決めるのです。こうして彼らは、逆説的ですけども、安心して総力戦を戦うということになります。

4　おわりに

時間になりましたけれども、今後の展望として、どういうことが研究できるのかということなのですが、三つの方向が考えられます。そもそも陸軍というのは、兵部省ができたときには軍人と文官の区別はなかったのです。いつからこれが軍人だけになったのか。特にほかの国の軍政史をみると、陸軍省は別に文官でもよかったはずなのです。会計だけの仕事とかもあるので文官でもよかったはずです。ちなみに思想史家として有名な西周《にしあまね》は、明治の10年代まで陸軍省にいます。というように、なぜこういうかたちになってきたのかを明らかにすることが課題といえます。これは日本の軍制史や政軍関係だけをみても、答は出ないかなと思います。やはり、ほかの国の制度や実態と比較しないと、ちゃんとわからない話ですので、これはいつかできればと思います。

もう一つは、日中戦争の話をすれば、日中関係史にどうしても入っていくのですけれども、日中関係史といえば、中国が侵略された側、あるいは日本が侵略した側ということで視角が固定されがちです。しかし、そんな簡単な話ではないと思います。けれども、中国側の史料がどこまで使えるのか、全体像がつかめておりません。南京にある第二档案館（中華人民共和国の文書館のひとつ）の対日関係の史料は、私が大学院生のときから閉鎖されて、まだオープンになっておりません。マイクロフィルムにするからという理由だったのですが、そのとき同時に台湾もマイクロフィルムにする、電子資料にするという話をして、1、2年で台湾はやってしまって公開している。中国側の史料を使わないと、日中戦争や日中関係というのも具体的に描けません。中国側でも、国内の権力闘争のなかで日本陸軍をうまく利用しようとしたという側面もあるでしょう。張学良もそうですし、西南派もそうです。

というように、先ほどの陸軍省からこんな史料が出てきたという話もしましたけれども、防衛省の防衛研究所図書館にはまだまだ使われていない史料がいっぱいあると思います。これは宝の山で、私はだいたい行ったら箱を全部開けて、関係ないものでも全部リストを見るようにしています。連隊レベルでも、日中戦争では戦闘詳報とか作戦記録というのは残っています。まだまだ私の研究も発展途上ですし、陸軍や戦争史はこれからもっとおもしろくなっていく分野だと思います。ちょっとオーバーしてしまいましたけれども、以上で発表を終わります。

■ コメント ■

柴山　ありがとうございます。それでは防衛大学校の等松春夫先生にお願いいたします。

等松　防衛大学校の等松と申します。戸部良一先生の後任です。着任してまだ2年半しかたっていないのですけれども、防衛大学校はある意味で特別な学校で、森先生がなさったような研究をすると、軍というものの実感を得るにはとてもいい環境であると感じています。防衛大学校には私のように文官の教官もいれば、制服を着ている教官もいれば、五百旗頭眞前校長のように、民間の大学から学校長としていらっしゃる方もいます。防衛大学校というのは学校長が文官といいますか、一般大学出身の先生がいらっしゃることが多くて、五百旗頭先生、今は國分良成《こくぶんりょうせい》先生という慶應にいらっしゃった方、中国問題の専門家がいらしています。おもしろいことに、制服の副校長が「幹事」といい、昔の陸大と同じです。これは慣例的に自衛隊の陸将です。陸上自衛隊の、昔でいうと中将に相当します。そして文官の副校長もいるのです。だから、文官の副校長には教育担当の副校長と行政担当の副校長がおり、制服の副校長では昔だったら陸軍中将に相当する幹事がいるわけです。また、訓練部長というのは、学生たちの訓練を束ねるところで、いわばミニ教育総監なのですけれども、そのミニ教育総監に相当するのは慣例的に海上自衛隊の海将補です。海将補というのは昔でいえば、海軍少将です。そんなわけで文官のトップがいて、行政担当の副校長、教育担当の副校長それぞれが文官で、制服を着ている昔でいうなら陸軍中将が制服の副校長で、ミニ教育総監みたいなのが海軍少将という、そのような体制の中に私は文官教官として教えているわけです。

私が教えている18〜20歳ぐらいの本科の学生は、昔でいえば、陸士海兵の士官候補生です。大学院で教えている人たちは、制服の幹部自衛官です。一番若い人で二尉とか一尉ですから、昔でいえば、中尉とか大尉ぐらいで、年長の人になると中佐、大佐クラスの人に、私が修士論文とか博士論文の指導をする。それ以外に他省庁の官の人ですとか、メディアの人ですとか、防衛関連産業の人ですとかが、たまに出向で修士課程ぐらいに入ってきて学ぶ。そういったところに私はおります。

今、陸軍の悪玉論を森先生がなさって、この研究をするのに大変な苦労をしたと、慎重を期さねばならなかったという話をなさっていました。「陸軍悪玉論」というのは、実は戦後のある時期に、ある必要性があって作られたものなのです。逆に「海軍善玉論」というのも、戦後の特定の状況のときに必要性があって作ったものです。あえて言うと、この状況は戦後のドイツに似ており、戦時中の悪いことは全部ナチスに押しつけて、国防軍は潔白だったということでＮＡＴＯに編入して、対共産主義のため西ドイツを早く復興させた。そういうことによってドイツが行った暴虐なことを、すべてナチスという特定の政治勢力に押しつけてしまいました。実は国防軍もずいぶん悪事に荷担していたのですけども、その話は脇にやってしまった。

近代の日本政治史や軍事史をみていますと、今日、森先生はある意味では、陸軍に弁護的だと思うのですけれども、私もある程度は日本陸軍を弁護しないといけないと思います。実は言われているほど悪玉ではない。決定的な局面では海軍が無責任だったことが、実は日本を破滅に導いているのです。私の血統には旧海軍軍人が多くて、私の祖父も海軍の軍人だったので、私は個人的には日本海軍が好きなのですけれども、ただ、是は是、非は非です。海軍というのはやはり、陸軍とは別の意味で問題の多い組織で、決定的な局面では、日中関係とか日米関係において、海軍が犯した罪は大きかった。その意味では、日本陸軍は過度に悪者にされていると思います。

一方で、日本陸軍を組織としてみると、非常に優秀な人材がいて、かつ、大変、生真面目な人たちもいた。けれども、どこかが根本的に間違っていた不思議な組織なのです。一つ例をあげますと、日本ではなかなか理解してもらえないのですけれども、軍事組織として日本陸軍をみたときに、アメリカ軍という日本軍と戦った相手が、非常に日本陸軍を高く評価していた戦いは何かというと、沖縄戦なのです。沖縄戦で、純粋に軍事効率という点から考えると、あれほど劣勢だったのによくあれだけ粘って、アメリカ軍に一泡吹かせた戦いを、日本陸軍はやっています。その評価はまた別に行わなければいけないのです。しかし、沖縄の住民を壕から追い出したり、まじめに戦っている沖縄県民をスパイ扱いするメンタリティのある組織になってしまっていたところに、日本陸軍にはどこか根本的な欠陥がある。そういった意味では、日本陸軍というのは非常に優秀な人材もいたし、まじめだったかもしれないけれども、どこかがすごく良識からずれていたといいますか、国民国家の軍隊として、何かが間違っていた。

そのあたりをバランスよく研究することが、日本陸軍の研究をするうえでは重要と思います。

そういったお話をしたうえで言うと、陸軍悪玉論のイメージはいまだにやはり強くあります。今、日本には防衛省・自衛隊が、陸上・海上・航空それぞれあります。実は中に入ってみてわかるのですが、自衛隊といっても、やはり陸・海・空でけっこう気質も違います。それではダメということで、防衛大学校で一括して陸・海・空の幹部候補生を養成しているのです。やはりそれでも、陸・海・空に分かれて10年、20年たつと、旧帝国陸海軍ほどひどくはないのですけれども、やはり、異なるサービス間の対抗意識が出てきてます。それから、この陸・海・空自衛隊の形成過程はかなり違うところがあって、陸上自衛隊は意識的に旧陸軍との断絶を強調するのです。「われわれは帝国陸軍の延長ではない」ということを何かというと言うのです。これはやはりそれだけ陸軍悪玉論が世の中に定着しているからです。逆に海上自衛隊は脳天気なぐらい「われわれは帝国海軍」の延長であると平気で言い続ける。何かやはり海軍善玉論の延長で、悪いことは全部陸軍がやって、帝国海軍は政治的には中立で、一生懸命戦って、刀折れ矢尽きはてるまで戦って立派だったみたいなイメージで、帝国海軍意識が強烈にあるのです。航空自衛隊というのは、戦前、独立空軍は日本にありませんでしたから、はっきり言って戦後、アメリカ空軍をコピーしてつくったようなもので、最後にできています。戦前にそのルーツがないのです。結局、気質の違いを、陸上自衛隊は「用意周到、遅疑逡巡」といって、海上自衛隊は「唯我独尊、伝統墨守」というのです。航空自衛隊は「勇猛果敢、支離滅裂」と言ったりしています。そういったわけで、陸上自衛隊の人たちというのは非常にきちっと仕事をしますし、優秀なのですけれども、少しでも政治的な発言を求められると押し黙るのです。やはり旧陸軍との比較で、なんとなく政治に介入しようと勘ぐられるのが怖いから、彼らは黙ってしまう。対照的に比較的、自由に発言するのが海と空です。

さて、ここで、三つぐらい学問的論点を挙げたい。もしこの中にいる皆さんが、卒業論文とか修士論文とか博士論文を書かれるのでしたら、何か参考となるのではないかということを挙げてみます。一番目が、国際比較の中の日本陸軍です。それから本日、森先生は軍事史・政治史の話をなさったのですけれども、それに加えて二番目に社会学とか社会人類学的なアプローチの日本陸軍研究は、やる余地が大変あると思いますね。三番目が、外交史的な話になると思うのですけれども、日本陸軍の対外認識。これは別に、他国の陸軍や海軍がどれだけの戦力をもっているかという、そういう戦力評定の話だけではなくて、陸軍の組織の中で、政策形成や政策決定できたレベルの陸軍軍人たちが、例えばアメリカをどうみていたのかとか、ソ連をどうみていたのか。つまり、その国家の能力だとか、国民の気質だとか、あるいは生産力、軍事力、社会開発能力とか、そういったもの全部ひっくるめてなのですけれども、総合的に他国に対して、どういうイメージや認識をもっていたのかという研究も、やりようがあると思うのです。

以上のように私が思いつくかぎりでは、国際比較、社会学・人類学的アプローチ、日本陸軍の対外認識・対外意識というあたりに、研究テーマは山ほどあります。森先生がおっしゃったように、防衛研究所の資料などでもまだ使っていないものがありますし、それから幸いなことに最近、アジア歴史資料センター（ＪＡＣＡＲ）がいろいろな資料を公開して、インターネットでも見られるようになっています。相当、陸海軍関係のものが出てきますので、粘り強く、インターネット・サーフィンをやっていますと、とんでもないものにときどき出くわすことがあるのです。そのへんから研究の糸口がみつかることがあります。

国際比較と社会学的研究のアプローチと対外意識・対外認識の三つの点を、もう少し細かくお話してみます。国際比較という観点でみたときに、やはりおもしろいのは、今、森先生が「今後の展望」の「陸軍成立史」のところで述べてらっしゃいますけれども、いったい日本陸軍はどうやって組織をつくってきたのだろうか。よく言われるのは、一番最初はフランスの軍制をまねて、フランスが普仏戦争で負けてしまったので今度はプロイセン式の軍制に替えた。だから、日本陸軍の最初の世代というのはフランス陸軍的な教育を受けていて、その次の世代からプロイセン、ドイツ陸軍型の教育を受けている人たちが多くて、ハイブリッドな組織だったのです。実は、一般にいわれているよりもかなり遅くまで、このハイブリッド的な要素が残っていて、昭和一桁代に入っても、フランス式の流れというのは、まだどこか底流としてあるのです。言われているほどには、ドイツ一辺倒ではないのです。そのへんは、いろいろ史料的なことを調べるとおもしろいと思います。

それからここで、森先生が示唆している「フランス、ドイツ、イギリスの軍事組織との比較」を考えますと、イギリスですと、具体的な書名をあげますと、『ザ・ポリティクス・オブ・ザ・ブリティッシュ・アーミー（The Politics of the British Army）』というおもしろい本があります。けっこうぶ厚い本なのですけれども、著者はヒュー・ストローン、ヒューがHewで、ストローンというのはStrachanで、ストラチャンでなくて、ストローンと読むのです。この方はスコットランド系で、イギリスにおける第一次世界大戦研究の大変な権威です。ストローン教授が書いた『The Politics of the British Army』は、なぜイギリス陸軍はあまり政治介入しなかったのか、ということを描いています。これは比較の対象として使えると思います。そういうわけでフランス軍制から始まってプロイセン・ドイツ軍制に切り替えて、一方では、明治期の日本は「島帝国」という自己イメージをもっていますから、海軍がイギリスというのはよく出てくるのですけれども、日本陸軍軍人でもかなり英国の軍制に関心をもっている。ですから、そういった各国との比較はおもしろいです。

それからもう一つ、なんで昭和一桁代になってから陸軍が急速に政治に傾斜していったのかというと、森先生はもちろんご存じなのですけれども、あまりに細かい話なので、今日たぶんなさらなかったと思うのですけれど、例えば、陸軍軍人が主導して改革に成功したという一つの輝かしい事例としては、１９２０年代のトルコがあります。オスマン帝国が第一次世界大戦で敗北して、トルコ帝国が分裂して戦勝諸国の野心の餌食になろうかとしたときに、救国の英雄として現れたのがケマル・アタテュルクです。彼が軍を立て直しました。戦時中の敗戦続きのトルコ帝国のなかで唯一、連合軍を撃退したガリポリ作戦のときに活躍した指揮官ですから、そういった軍事的勝利というものを背景にして、彼は戦後、政治的指導者に変貌していって、滅亡寸前のトルコを立て直し、連合軍を撃退してトルコ共和国をつくってしまった。そのトルコの駐在武官をやっていたのが橋本欣五郎という人で「桜会」をつくった人なのです。ですから昭和一桁ぐらいの日本陸軍の軍人たちの間には、近い例として、「トルコではケマル・アタテュルクという偉い軍人が大統領にまでなって瀕死のトルコを再生させて、近代国家としてトルコを発展させている、すごいものだ。最近、日本は不景気だし、政党政治は腐敗しているし、国民の陸軍離れも深刻だ。われらはこの状況に対応しなくてはならない」みたいな空気というのが明らかにあります。だから英米とかドイツみたいな大国だけではなくて、そういう中小国の事例というものも、陸軍の国際比較という意味でおもしろいかもしれません。

国際比較では、総力戦体制論も出てくる。総力戦を戦うために経済の集中化や計画経済をやらなければいけないという点では、日本陸軍の統制派のような実務官僚たちはソ連の経済体制に大変興味をもった。無神論の共産主義ソ連のイデオロギーには共感しないが、方法としてソ連が採用している計画経済に対してはかなり高い評価をしたのです。そういう意味で、意外に日本の陸軍軍人たちは、部分的にはソ連との親和性があったようです。だから、二・二六事件が起こったときに、外国からみると皇道派とか統制派の違いはよくわからないから、日本陸軍の急進的な青年将校たちが言っていることは、私有財産の制限ですとか、何かそういうことをたくさん言っているので、「日本陸軍の若手軍人たちは共産主義者になったんじゃないか」とか、「日本陸軍のパンフレットには『プラウダ』の匂いがする」みたいな評価が英米ではありました。極端なことを言うと、二・二六の青年将校たちが影響を受けた北一輝が言っていることは「天皇を頂いた共産主義」みたいなものであって、そういった意味で、英米仏独のような国だけでなくて、トルコとかソ連みたいな国との比較というのも、日本陸軍研究をやるときには非常に有益な補助線になると思います。

それから二番目のですが、社会学とか社会人類学的なアプローチからの研究は、最近かなり出てきていまして、例えば、防衛大学校の私の同僚で、河野仁《かわのひとし》先生という方がいらっしゃいます。河野先生は、社会学的な手法で日本陸軍を追究しています。それで、陸軍というものを考えるときに、森先生も指摘されていましたけれども、単に日本を外敵から守るための国家的な暴力装置という意味だけでなくて、明治時代には明らかに教育装置という意味があったことに着目すべきです。国民国家を論じるときに必ず出てくるのが、義務教育と納税と徴兵制です。つまり、近代以前の国家ではヨーロッパでも日本でも、人びとのアイデンティティーは国家にはなくて、自分が所属している身分とか、日本では、お侍さんだったら、どこの殿様に仕えているとか、あるいは士農工商のどこに属しているかとか、あるいは地域に属しているかという意識が強くあって、「日本国」という意識はあまりないわけです。近代以前のヨーロッパでも、実はそうなのですね。

良い悪いは別にして、国民という意識を人びとに植え付けないと国民国家は成り立ちません。中央政府にお金を納税する、すなわち自分の領主に年貢を払うのでなくて日本という国家に税金を払う。国民はみんな一定の教育を受けなければいけない。国語教育と歴史教育というのが、なかでも重要で、みんなが同じ言語で教育を受ける。実際には日本では明治の最初には、北海道・東北と九州・沖縄ではずいぶん言葉が違ったはずです。『国語元年』という、井上ひさしさんのおもしろい戯曲がありました。苦労して標準日本語をつくって、それでみんな教科書で同じような話を読むわけです。そうすると何か共同幻想みたいな一種の共通の歴史認識とか共通の意識が出てきて、国民としての仲間意識ができてくる。

それをさらに完成させるのは徴兵制で、身分に関係なく軍隊に入ったら、「娑婆での身分というのは関係ないんだ」と言って、金持ちのぼんぼんでも貧乏な農民の息子でも、同じような服を着せられてオイッチニをさせられて、鬼軍曹にぶん殴られる。そういったことを2年間やって、共通の苦労をするわけです。つまり、共通の苦労体験をすることによって「国民」になっていく。

そのため、戦前の日本では徴兵制を続けた。実は徴兵検査に合格した人が全員、兵隊になるのではないのです。全員入隊すると、平時においては、数が多すぎて能率が悪いですから。誤解されているのですけれども、徴兵検査に受かったからといって全員が一律に兵隊にとられるわけではなくて、ある程度、時期をずらしてとったりするのです。それから長男だったら行かなくてもいいとか、多額納税者だったら免除されるとかいう、いろいろな抜け道も、実はあったのですが、一般的には、みんな徴兵制で軍隊に入る。そうすると、日本男児はみんな、これを人生における一種の通過儀礼として経験するわけです。そして、軍隊に行って帰ってこないと、一人前と社会的に認めてもらえない風潮があったのです。そして、もちろん帰ってきてからも、しばらくは予備兵役という義務がありますから、訓練に出て行かなければいけないし、戦争でも起こったときには召集される。それから、「在郷軍人会」といって軍隊に行った人たちの同窓会があって、地方社会では大きな、良くも悪くも互助組織になっています。ですから、選挙になると「誰だれさんに入れてください」みたいなネットワークになるわけです。このように、近代日本における日本陸軍というものは、人びとの国民意識をつくる装置だったし、選挙における投票行動ですとか、地方政治のレベルではかなり大きな力をもつ存在だったのです。

それから二番目の社会学・社会人類学的なアプローチというと、今日、出てきたようなエリート軍人たちが、いったいどういう自己像をもっていたのか、これも大事だと思います。これは個人差があるから、一概に一律に、こういうものだったとは言えないのですけども、よく言われることは、戦前の日本の帝国陸軍の軍人は、海軍もですが、「職業軍人」と呼ばれるのが嫌だったといいます。「職業軍人」という言葉があって、要するに徴兵でとられてしばらく軍隊に入っているとか、一時的に軍籍に在るのではなくて、自ら、キャリアとして選んで軍人になった人たちのことを「職業軍人」、プロフェッショナルなソルジャーといいます。「プロフェッショナル・ソルジャー」と呼ばれることを帝国陸海軍の軍人は嫌ったというのです。つまり「職業」という言葉がつくと、金儲けのためにやっているみたいなイメージがついてしまうので嫌だった。「職業」でなくて、「天職」であると、彼らは言いたい。あるいは、近代国家における合法的な暴力の管理者というプロフェッショナリズムよりも、国を守る「国士」みたいな意識が非常に強かったというのです。これは人によりけりで、永田鉄山みたいな人はクールだったと思うのですけれども、荒木貞夫みたいな人は、一番国士気取りだったと思います。要は、われわれは金のためにやっているのではないのだ、わが国を守るために、いわば「国士」としてやっているのだという。だから悪いほうに傾くと、革命ごっこをやるようになります。二・二六的な青年将校たちは幕末の志士気取りになっていくわけです。高杉晋作とか坂本龍馬みたいな気分で、イギリス公使館を焼き討ちしてやろうかみたいな話になっていくわけです。

もう一つ、ついでに言うと、陸軍は、海軍も同じですが、陸軍は最後まで正式の名称は「国軍」なのです。大日本帝国の「国軍」なのですね。ところがある時期からやたらに天皇の「皇」という字を使って「皇軍」という言葉を使い出して、やたらに「皇軍が、皇軍が」と言い出す。荒木貞夫あたりがこの「皇軍」という言葉を使うのが好きだったので、やはり荒木貞夫という人はいろいろな意味で悪い影響があったと思うのですけれども、やたらに皇軍、皇軍と言い出した。それにメディアが悪のりしてしまって、日本の軍隊というのは、そんじょそこらの普通の国の軍隊とは違って特別な軍隊なのだ、天皇の軍隊だ、皇軍だ、ということを強調し始めるわけです。ただ法的な文書上では、最後まで日本陸軍は「国軍」であって「皇軍」ではないのです。

戦後の陸軍悪玉論にもつながっていく一つの現象は、昭和10年代、特に昭和12、3年以降に陸軍に徴兵されると、やたらに皇国思想にかぶれた変な将校とか下士官がいて、ふた言目には「皇軍、皇軍」と言って、「天皇陛下」という言葉が出るたびに直立不動にならなければいけない。三八式歩兵銃の銃口蓋《じゅうこうがい》といって、三八式歩兵銃の蓋《ふた》の部分を無くしただけでも死ぬほど古兵にぶん殴られて、内務班の連帯責任でみんなで練兵場に行って探し出さなければいけない。「銃口蓋が見つかるまで全員飯抜きだ」みたいなことを言われて、さんざん理不尽なことをやられるわけです。そうすると「たかが鉄の塊一つ探すのに、なんで俺たちは飯抜きにならなければいけないのだ」みたいな経験をした人がいっぱいいるわけです。だいたいそのような話をするときには、上官が「天皇陛下から賜った貴重な兵器を欠損するとは何事か、われわれ皇軍は……」と叱るので、みんな強い反発を感じ、これが戦後の陸軍悪玉論の温床になっているのです。

しかしながら、あくまでも最初から国軍だったし、明治・大正の頃は、明らかに国民国家の軍隊で国軍だったのです。ある時期から皇軍という変てこな意識が陸軍の中に入ってきて、妙な空気が支配したのです。だから戦後、非常に陸軍に対してネガティブな感情を国民がもってしまった。戦後60年間、陸軍が悪玉だった大きな理由は、昭和10年代に猛威をふるったこの「皇軍イデオロギー」と、それに痛めつけられた人たちが一つの世代として生きてきたことが大きいのです。なぜこの奇怪なイデオロギーが陸軍に入ってきたのか、これはやはり考える価値があると思います。

それに関連してサーベルの話をしますと、ある時期から日本陸軍の軍刀はサーベル式から日本刀式に変わります。皇軍意識がやたらに出てくる頃に変わるのです。ファッションに関心がある方がいらしたら、昔の写真を見るとわかるのですけれども、満州事変の頃までは、日本陸軍の将校が左腰にぶら下げている刀はサーベルであって、斬るための武器というよりも単なる指揮棒なのです。ヨーロッパのサーベルみたいに、手の甲を守るための覆いがついています。ところが昭和10年前後から日本刀式、陣太刀《じんたち》式に変わっていきます。明らかに国軍から皇軍に帝国陸軍の自己イメージが変わっていくのと、サーベルが日本刀に変わっていくというのが合致している。終いには日中戦争では、日本刀で何人、中国兵を斬ったみたいな野蛮な話になっていきます。そのようなしだいで、職業軍人の自己イメージがいかなるものだったのかというのは、非常に大事なことであると思います。

それから三番目の日本陸軍の対外認識ですが、日本陸軍というのは、やはり日露戦争の記憶が強烈でしたから、どうしてもロシア、ソ連を敵国として想定することが多かった。だから、ロシア研究、ソ連研究は相当やっている。けっして精神主義の愚か者の集まりだったわけではなく、緻密な研究を行っている。問題は、それだけ緻密な研究をやっていながら、なぜ結局、あのような戦争をしたのかということです。

そこで、陸軍はロシアとかソ連を研究していたが、何を正確に把握していて、何を正確に把握していなかったのかを考える必要がある。もちろん中国のことも相当研究しているわけです。それこそ、日本陸軍には「中国屋」と呼ばれる中国専門家たちがたくさんいました。もちろん玉石混淆で、一方では大陸浪人くずれみたいな変な人もいましたし、もう一方では漢籍の知識の深い学者肌の軍人もいましたし、さまざまなのです。日本陸軍には中国専門家はたくさんいたわけですが、あれだけ中国に関する情報をもっていながらも、一撃で中国が倒せるほど、中国が弱いと思っていたところが、大変な欠陥なのです。中国専門家が多くいながら、なんで中国と戦争したときに長期戦になることがわからなかったのだろうか。陸軍のエリート・インテリ軍人たちの対外認識のどこかに欠陥があったのでしょうか。

それから日本陸軍の場合、大きな欠陥はアメリカ研究が遅れていたということです。ソ連と中国のことで頭がいっぱいで、アメリカ研究をきちんとしている陸軍軍人があまりいなかった。硫黄島で戦死する栗林忠道中将とか、インパール作戦のときに牟田口中将と対立して更迭される山内正文中将とか、沖縄戦でアメリカ軍を感嘆させた八原博通大佐など、実は知米派の人たちはいたのです。駐米駐在武官などを務めて、アメリカのことをよくわかっていた人たちはいたのですけれども、そのような人たちはなぜか主流になれない。中将ぐらいまではいきますけれども、前線指揮官などにされ、ほんとうはもっと使い道があったところで使われないで終わるのです。日本陸軍のなかで、対米認識がどうしてそんなに不十分だったのか、知的レベルの高い人たちはいっぱいいたのに。これらを考えるうえで、陸軍エリート軍人たちの対外認識の形成というものは、研究対象としておもしろいと思います。やろうとすると、そういった人たちの日記とか、そういった人たちが書いた論文とかを綿密に拾っていかなければいけませんから、かなりめんどうな作業になるとは思います。

特に中国との関係、今日は後半で服部先生がなさる研究ともかかわってくると思うのですけれども、日本の陸軍軍人たちの中国認識の歪みが、日中戦争を起こしてしまったり、早期収拾に失敗してしまった大きな原因だと思います。これはなにも昔の話ではなくて、日本陸軍の軍人を批判すればすむ問題ではなくて、現在の日中関係を考えても、けっこうわれわれは勘違いしていることがあると思うのです。中国に対してであれ、韓国に対してであれ、アメリカに対してであれ。ですから、これはもっと大きな問題の中の一つなのです。

柴山　等松先生のコメントが第二の発表みたいだったのですが、では森先生、お願いします。

森　等松先生から、今後の研究の方向性として、非常に私にも勉強になるようなコメントをいただきましたので、それに対する私の考えをお話しさせていただきたいと思います。

まず一つ目、国際比較の中の陸海軍ということで、フランス、あるいはドイツなどの軍制が、どういうふうに受容されていたのかという問題、それが一つの研究の発展する方向として考えられるということで、二つ目が、社会学とか、社会人類学における陸軍研究の発展も考えられるということ。河野仁先生もそうですけれども、教育学とか、教育社会学とか、そういう分野でも発展させている先生方もいらっしゃいます。三つ目が、日本陸軍の対外認識、これは服部先生とも重なるところで、ほかの国の国民性とか、国力というものをどうみていたのか。四つ目は、軍人が自己像をどう描いていたかということ。これらはすべて私の中で何か明確な答があるわけではありませんが、順番に答えさせていただきます。

その前に「陸軍悪玉論」というのがありまして、その悪玉論というのが必ずしも自然にできてきたというものではなくて、必要に迫られて、むしろつくられていったというのは、おっしゃるとおりです。話を繰り返すことになるかもしれないですけれども、自衛隊をつくるというときに、悪玉論というのが組織をつくるうえでのかなり重要な概念になっていたわけであります。その陸軍と自衛隊を強引につなげるわけではないですけれども、言ってみれば、陸軍省というのは今の防衛省なのです。制服組というのが参謀本部というように考えていただければよろしいかと思います。その陸軍省のコアになる部局で軍務局というのがあるのですけれども、そこがいわゆる防衛省の内局（防衛局）にあたるところなのです。そこを軍人が支配して、そこが中心となって参謀本部を統制している、そういうことなのです。すなわち、戦後の自衛隊の文官統制というのは、陸軍省のキャリアの軍事官僚が参謀本部を支配していたという仕組みから、文官のキャリアが参謀本部を支配するという仕組みに変わって、さらに文官のキャリア官僚は、防衛省の防衛計画にも関与できるという、かつての軍務局よりも強い力をもっている。そういうイメージです。憲法がそもそも違うかたちになっているし、そもそも法体系が違うので、厳密には違うのですけれども、イメージとしてはそういう感じで捉えていただければというふうに思います。

再軍備をするときに例えば、服部卓四郎なんかは「陸軍省に軍人を入れたから日本はおかしくなったんだ」みたいな話をして、再軍備するときに防衛庁ですが、内局ですけれども「全員文官にすればいい。われわれは参謀本部みたいなものをつくるわけだけれども、そこに統帥権をかなり限定させるのだ」というような話をしていて、必ずしも服部らの再軍備構想というか、戦前とまったく同じように復活させようと考えていたわけではありません。これは私の今後の課題で、もうちょっと調べてみないとわからないのですけれど。ある程度、戦前・戦後で連続したものもあるというような印象をもっています。

それでは、第一の論点からまいりますけれども、ちょっとこれは難しいところで、第一、フランス語もドイツ語も読めませんので、現時点ではどう比較していいかということ自体わかりません。大山巖の文書をみると、彼は日記をフランス語で書いています。寺内もフランス語をかなり使えますし、もともとドイツ式ではありませんでした。寺内も大山ももちろん、ドイツ式に乗っかっていくわけなのですけれども、その後、フランス陸軍の文化をどういうかたちで継承していったのかというのは興味深い問題です。やはり二人とも軍政優位志向が強いし、フランスも軍政が強いですから、そういうかたちで残っていったのかもしれません。あるいは、ドイツでいうと、参謀本部をつくるときにはドイツ式だったのですけれども、必ずしもメッケルが言うような、参謀本部にかなり力を与えるというようなことまではしませんでした。特に人事権は参謀本部に与えない。これは、メッケルは人事権を陸軍省の外に移そうとするのですけれども、陸軍省が握ります。明治19年の陸軍紛議というのがあるのですけれども、谷干城《たにたてき》とか三浦梧楼《みうらごろう》とか、いわゆる四将軍が陸相の人事権を削減しようとします。それを大山とか山縣とかは拒絶して、陸相の人事権を確立してしまいます。これで、山縣閥が陸軍省を通じて軍の統制のあり方を確立していきます。ドイツ式では必ずしもないのです。

あと、イギリスについてですが、軍務大臣文官制のことを書いているときに、ちらっと書いたのですけれども、陸軍省がフランス・ドイツ・イギリス・アメリカの軍制を調べた結果、一番参考にしうるのがイギリスだというのです。イギリスとて素人が軍事をほしいままにできるわけではなく、最低限の統帥権独立は維持されています。イギリスは統帥権の独立をどう守るのかというと、実はこれを、数の論理で維持しているというのです。だから、軍政と軍令の混成事項については、文官武官交えて会議をします。しかし武官の方が人数が多いので、武官全員が反対すれば、文官の考えを斥《しりぞ》けることができます。ほかは、フランスなんかはどうやって統帥権独立を保っているかというと、カリスマ的軍人がトップにいて、その人によって統帥権独立が尊重されているといいます。しかし、こういう組織だとカリスマがいなくなったら、かなりバランスが悪くなるという話とか、けっこう調べています。このように、いろいろ研究するとおもしろいと思います。

また、これは服部先生のお話にもかかわるのですけれども、ロシア認識という話で、だいたい陸軍でエリートになっていく人というのは海外留学経験がある。梅津とかもそうですし、永田もそうですし、ほかの人も、6年ぐらい行く。われわれ研究者の留学や在外研究でいったら、6年は相当長いです。行けても2年ですし、今はもっと厳しくなっているような時代ですから、それだけ行けるというのはかなり恵まれていると思います。彼らのロシアへの関心は非常に高いし、知識も豊富です。なぜかというと、ヨーロッパに行くとシベリア鉄道に乗って帰ってきますので、途中でロシアも見られます。他方で、アメリカまでは行かないのです。アメリカには、行きたいけれど、なかなか聞き入れられなかったという話は聞いたことがあります。このように、留学ルートみたいな問題も彼らの対外認識にかかわってくると思います。

次の論点ですが、社会学とか社会人類学とかいう分野は、ちょっとなかなか手が出せないところでして、これまた難しい問題です。ちょっと具体的に、これはこういうふうにできるのではないかという具体的イメージがわかないのですけれども、最後にお話した際に、職業軍人とか、そういう話がありましたけれども、実は、なんでこういう話を考えるようになったかというと、北京で学会報告をしたときに、中国人に質問されたのがきっかけでした。「われわれの党軍体制というのは、いわゆる明治維新期の日本みたいに文官と武官の別はなかった。それがなぜ分かれていったのかというのは、現在の中国を考えるうえでも、非常におもしろい」ということでした。さらに「今、中国で問題になっているのは、軍と党が分離してしまって、その後、軍が独自に力をもち始めており、これをどうコントロールしていくかというのは、当時の日本の課題と重なるのではないでしょうか」ということを言われたのです。それをきちんと研究したら相当おもしろい研究だなと思いました。たしかに、明治初期は文官といえども武士出身です。例えば、板垣退助は軍人として戊辰戦争を戦っています。その後、征韓論政変で敗れて民権運動に走るけれども、やはり軍人だと思うのです。民権運動というのは、「士族民権運動」というふうにいわれるように、軍人の反乱とも読めるのです。板垣本人は「自分は職業軍人なんていう意識はもちろんないし、武士だ」と言うかもしれません。江戸時代に、文官であり武官であった彼らの精神というか、そういうものを探ってみるというのもおもしろい点かなと思います。

日本陸軍の対外認識の話に移りますと、これは、かなり使い古された議論になってしまうのですけれども、中国認識が甘いという話ですね。戸部先生の日本陸軍と中国の話もそうですけれど。なぜ中国を統一国家として認められなかったのかという問題です。蒋介石が一応、北伐を完成したあとで、まがりなりにも国民政府というのがあって、統一政府ということを彼らがいうわけですけれども、だからといって、日本陸軍の見方がかなりずれていたというふうに結論づけるのも、ちょっと早いかなという気がしていて、黄自進《こうじしん》先生なんかの研究によると、蒋介石があの当時、自分で税を直接取り立てることができたのは、たった4州しかなかったとか、中国全体をコントロールできていない状態というのが、実は35年になっても続いていたということです。とにかく、これは永田鉄山もそうなのですけれども、中国にうかつに和平を簡単にもちかけると、絶対に痛い目に遭う、だまされる、というのです。この経験というのは、西原借款のように、軍閥に相当な資金を融通したのに返済しないとか、そのような経験が影響しているのかな。

あとは自己像ですけれども、先生が国軍と皇軍のお話をされて、まさにそうだなというふうな気がして、たしか永田はズッと「国軍」を使い続けていたのですね。荒木というのは、若い人から「蛍」とか言われるあだ名がつけられていました。常にサーベルを腰にぶら下げているので、お尻がいつも光っていたようです。荒木は陸大首席で頭が相当良いはずなのですが、彼の話はいつも精神論です。ちょっと私も理解ができません。

ソ連の計画経済に関してですけれども、高く評価はしていたと思うのですが、実は、私は最近、荒川憲一先生の『戦時経済体制の構想と展開―日本陸海軍の経済史的分析』を読んで、目からうろこが落ちました。[*11] というのは、総力戦のために国家総動員を準備するということで、陸軍省に整備局などをつくって、そこから専門家が輩出されていきます。永田もそうだったのですけれども、彼らは実は、これは服部先生のお話とかかわってくるのですけれども、日本の国力に合う総力戦というのを考えていて、民需を圧迫してはいけないという考えで、総力戦の計画をつくっていたのですね。それがおかしくなるのは、石原が入ってきてからだというのです。石原が満州であういう統制経済、あれがかなり無茶で、民需を圧迫することを大前提としていて、あの人が入ったせいで日本の総力戦というか、戦時動員の考えはかなり無茶なものになっていったというのが荒川先生のお話です。自分の研究と符合するところが多いと思います。服部先生が指摘されたように、日中戦争の途中でおかしくなったという話もあるのですけれども、そもそも満州事変で20年代の計画が狂っていったということです。総力戦の専門家は総力戦をやるのはまずいと考えていました。盧溝橋事件当時、陸軍省整備局長だった山脇正隆という軍人は総動員のスペシャリストです。その人が「総力戦はまずい」と考えるのです。日中全面戦争になる前にとにかく抑えなくちゃいけないというので、杉山、梅津と整備局長とでそういう話をしています。彼らは何とかブレーキをかけようとしていたということも間違いないわけですけれども、やはり満州事変というのがターニングポイントだったかなと、そんな気がします。

フロアーコメント

柴山　はい、ありがとうございました。ということで、今からはフロアーということになります。お手をあげてください。質問は三つまでね。

高田　関西学院大学総合政策学部4回生の高田太郎と申します。森先生に質問を三つさせてください。

一つは、森先生の話で、もうちょっと細かいところを聞かせていただきたいのですけれども、陸軍省のリーダーシップについて、森先生は人事権というところを非常に強く挙げておられましたけれども、例えば、宇垣が軍制改革であるとか、宇垣軍縮を実行する際に、陸軍内に非常に強い反発があるにもかかわらず、それを断行することができた。山縣閥の後継者である田中とか宇垣というのは、なぜ、あれだけの陸軍のガバナンスができたのか。そのパワーの源泉はどこにあったのか教えていただきたいです。二点目は、その宇垣の後任の南ですけれども、やはり軍政優位が崩れる一つのターニングポイントがそこにあったと思うのですけれども、なんで宇垣は南をほっぽらかして、朝鮮総督になったから仕方ないですけれども、そのときに南をなぜもっと指導しなかったのか。逆に、その南を指導できるような人をなぜつけなかったのか、というところを教えてください。三つ目は、軍政優位のシステムが、のちのちの皇道派になっていく荒木、真崎たち軍令の不満を蓄積させていったというお話がありましたけれども、では、なぜ、その軍政優位のシステムはそういった不満をもったなかの軍令の人たちをすくい上げるようなことができなかったのか、という点を教えてください。以上です。

森　ありがとうございます。三つの質問に順番に答えていきたいと思います。陸相のリーダーシップで大事なのは、制度的には人事権ということなのですけれども、結局は腕力（マンパワー）なのです。これがなかったのが南次郎で、南は結局、自分でなにもできないからいろいろな会議をつくって、いろいろな人に人事の相談に行ったわけです。それで、大きく崩れていくことになるわけです。パワーの源泉というのは、どこで揉まれるかということで、それがいわゆる軍政のキャリアでもありますし、他方で田中と宇垣というのは参謀本部の部長を経験して、作戦部長もやっています。作戦系統もやっているから、軍事行政だけではなくて、統帥とか軍の細かな作戦とかまで詳しく知っていますから、参謀本部の軍人と議論しても勝てるのです。だから軍制改革でも、本来ならば陸軍省が入れないような戦時編制の話とか、どこに作戦するのかという話にまで介入していって、ソ連は出てこないだろうと言われて、参謀本部はぐうの音も出ません。その点、阿部信行なんかは参謀本部の経験が乏しい。事務屋で、ものすごく頭がいいし、お金の計算もできるし、議会とも交渉できるし、温和な人だし、でも非常時にはそれではダメなのです。

明治でいうと、桂はあまり作戦はうまくないが、行政能力で政治的にのし上がっていきます。児玉源太郎は、弾に撃たれて刀で斬られて、それでも生き残ってきたような人ですから、児玉が大声で「だまれ！」と言ったら、みんな黙り込んでしまいます。永田がいまいち迫力がないと私が思ったのは、彼も軍令の経験がなかったからです。やはりパワーの源泉というのは、経験ともう一つは軍令系の任務を経験していることでしょうか。

二つ目の質問ですけども、南次郎はあれだけ弱気な人で、始まってからすぐ陸軍大臣を辞めたいと言い出す、そういう人だったのですけども、本に書いたように、宇垣が後継者と見込んだ人が次々に死んでしまって、あの人しかいなかったってことなのです。誰かを目付役につけられなかったのかという話ですけども、では誰がいたのだということになります。実は、本庄繁関東軍司令官だったり、満州事変に直接かかわってくるような金谷範三《かなやはんぞう》参謀総長だったり、これも全員宇垣が見込んだ人たちで、満州事変が起こったときに、こういう人事配置をしたのは私だから、私にも責任の一端があると日記に書いています。彼としてはそれなりに自分の言うことを聞くと思って配置したのに、意外と機能しなかったわけです。建川美次《たてかわよしつぐ》もそうですし、あの人も怪しいですよね。実際、留め男として行ったのに酒飲んで、その間に関東軍が事を起こしてしまいました。やはり宇垣もちょっと甘かったということでしょうか。

三つ目の「軍令の不満の蓄積をうまくすくい上げることができなかったのか」ということですが、だからこそ、永田鉄山という人は一夕会なんかで、馬が合わない板垣征四郎とかとも話をしますし、一夕会を通じて、何か企てようというようなことではなかったと思います。彼らの会議の議事録をみても、それでほんとうに戦争する気ですか、戦争はしなければいけないのですか、というように、宥めるような立場で参加しています。もともと木曜会をつくった鈴木貞一なんかも参謀本部出身ですし、永田以外で考えていきますと、村上啓作という人はけっこう軍政系で永田の後継者みたいな人だし、いるにはいるのですけれども、みていると、ほとんど軍政系統とはいえません。ですから、そういう意味では、軍政エリートから統制されることになる彼らのガス抜きをしてやろうと永田は考えたと思います。

宇垣という人は「俺が軍を統制しなければならぬ！」というように、自分の日記にエクスクラメーションマークをつけるような自信家です。戦後もそうです。自分だったら絶対になれる、なにも疑いなくやっていくという。だから、彼が軍部大臣文官制を拒否した理由というのは「俺ならできる、俺がいるかぎりは軍の統制ができるし、なんの問題もないじゃないか」と、そして政党に恩を売って「俺が上にのし上がっていくんだ、首相になっていくんだ」と考えたのではないでしょうか。疑問に思われた問題点というのが、軍政軍令の関係が崩れる問題の一つであって、指摘は核心を突いていると思います。以上です。

高田　ありがとうございます。

楠　関西学院大学国際学部の楠綾子（准教授）です。高田さんの質問とも関連するのですけれども、軍政優位が崩れていったという話ですね。おっしゃられた「満州事変のところで軍政優位が動揺した」というところで、ちょうどどこの時期、政党内閣が崩壊して政党政治が終わりますよね。何かちょうどその過程とシンクロするような、政党内閣をいったんあきらめて穏健な軍人さんの内閣にして、もう一回、元に戻そうと考えたけれども、結局、政党内閣は元に戻らなくてズルズルと破綻していった。その過程と関連するのですが、おそらく、政党内閣の場合には、政党自体に非常に問題があったのでしょうが。この点、どう理解したらいいのでしょうか。軍政優位のシステムそのものがもう破綻をきたしていて、非常に問題があったという、そういう理解になるのか。もしそうだとすれば、いったいどこに問題があったのかも、突き詰めれば、これは明治憲法の問題になるのかという点をおうかがいしたいと思います。

森　政党内閣の崩壊と軍政優位の崩壊との関連ということなのですけども、まさに核心を突いた質問だと思います。要するに、軍政優位だけでは意味がないのです。陸軍省で陸軍大臣がなぜ強いかというのは、国民の支持を得た政党内閣の閣僚の一人だからであって、それを背景にして軍内部に対してにらみを利かせるわけです。だから、政党内閣が弱くなれば、相対的に陸軍大臣の力も弱まっていきます。だから政党内閣が崩壊していく、あるいは政党内閣が国民の信頼を失っていく過程と、軍政が陸軍の中で力を失っていくというのがシンクロするのは、ある意味、自然な理解なのです。挙国一致内閣で内閣を強くしていく動きと、軍政を回復していく動きが同じようにシンクロしていくのも、やはり同じ理解、メカニズムで理解できるということなのです。

明治憲法の何が特に問題なのかというと、要は、内閣がしっかりとシビリアンコントロールできる制度がないということにつきます。陸軍省の人たち、特に永田（鉄山）たちが行き詰まるわけは、総力戦を戦える強い内閣をつくる、戦争でリーダーシップをとれるような内閣をつくるというふうに考えたときに、彼らには限界があります。なぜならば、これは政治家自身の問題であって、肩代わりできない。軍政優位だけで強い文民指導者がいなかったら、まったくこれは意味がない。だから、強い政治家を求めていくけれども、結局、最後まで見当たらなかった。日本型の統帥権独立制のなかで、シビリアンコントロールをやっていこうと思ったら限界があるということでしょうか。

—— 註 ——

＊1 以下は、拙著『日本陸軍と日中戦争への道』ミネルヴァ書房　2010、同『永田鉄山』ミネルヴァ書房　2011の内容にもとづくものである。

＊2 司馬遼太郎『「昭和」という国家』日本放送出版協会　1998

＊3 北岡伸一『日本陸軍と大陸政策』東京大学出版会　1978

＊4 小林道彦『日本の大陸政策』南窓社　1999

＊5 加藤陽子「昭和12年における政治力統合強化構想の展開」『史学雑誌』　1987/8、雨宮昭一『近代日本の戦争指導』吉川弘文館　1997

＊6 例えば、高橋正衛『昭和の軍閥』中公新書　1969がある。

＊7 柴山太『日本再軍備への道』ミネルヴァ書房　2010

＊8 坂野潤治『明治憲法体制の確立』東京大学出版会　1971

＊9 例えば、伊藤之雄『大正デモクラシーと政党政治』山川出版社　1987、北岡伸一『日本の近代5　政党から軍部へ』中央公論新社　1999がある。

＊10 例えば、臼井勝美『日中戦争』中公新書　1967、酒井哲哉『大正デモクラシー体制の崩壊』東京大学出版会　1992、井上寿一『危機のなかの協調外交』山川出版社　1994がある。

＊11 荒川憲一『戦時経済体制の構想と展開』岩波書店　2011

—— 参考文献 ——

森靖夫『日本陸軍と日中戦争への道―軍事統制システムをめぐる攻防―』ミネルヴァ書房　2010

森靖夫『永田鉄山』ミネルヴァ書房　2011

ＮＨＫ取材班編『日本人はなぜ戦争へと向かったのか』上　ＮＨＫ出版　2011

小林道彦・黒沢文貴編『日本政治史のなかの陸海軍―軍政優位体制の形成と崩壊―』ミネルヴァ書房　2013
小林道彦『政党内閣の崩壊と満州事変―1918～1932―』ミネルヴァ書房、2010
伊藤之雄『山県有朋』文春新書　2009
北岡伸一『日本陸軍と大陸政策―1906～1918―』東京大学出版会　1978
加藤陽子『模索する1930年代―日米関係と陸軍中堅層―』山川出版社　1993
雨宮昭一『近代日本の戦争指導』吉川弘文館　1997
黒沢文貴『大戦間期の日本陸軍』みすず書房　2000

関西学院大学総合政策学部リサーチプロジェクト講座
「日米関係史研究の最前線」第４回

日中戦争勃発後の政戦略
――総合戦略を欠いた戦争指導と外交

◆服部　聡

1　日中戦争での軍事的失敗

柴山　それでは、大阪大学講師、服部聡先生にお願いいいたします。

服部　私は経済史、軍事史、それから政治外交史の視点から戦前日本の国家戦略に関心を抱いています。そこで今日は、森先生と相談のうえで、一応、１９３７年を境界線とし、１９３７年以降の日本の政戦略、政治軍事戦略がどのように展開してきたのか、１９４１年の日米開戦のところまで、簡単にお話をしていこうと思います。

先ほど森先生から軍政のお話がありましたけれども、日中戦争勃発から対米開戦決定までの4年間は、日中戦争のなかで、軍政が作戦のなかで埋没していく過程です。それと同時に外交政策もまた、日中戦争に埋没していってしまいます。そのなかに

■ 関連年表

1937年	7月	盧溝橋事件勃発
	〜11月	華北作戦
	11月	上海作戦
	12月	南京占領
1938年	4月	徐州作戦
	10月	広東作戦
	11月	東亜新秩序声明
1939年	7月	有田・クレーギー協定成立
		アメリカ政府が日米通商航海条約の廃棄を通告
	8月	独ソ不可侵条約成立
	9月	欧州戦争勃発
1940年	5月	オランダ降伏
	6月	イタリア参戦
		フランス降伏
	9月	英本土航空決戦（イギリスが勝利）
		日独伊三国同盟成立
		日本軍が北部仏印に進駐
1941年	4月	日ソ中立条約成立
		日米交渉開始
	6月	独ソ戦勃発
	7月	日本軍が南部仏印に進駐
		在外日本資産全面凍結
	8月	対日石油全面禁輸
		米英共同宣言（大西洋憲章）発表
	11月	アメリカ側がハル・ノートを提示（日米交渉決裂）
	12月	日本海軍が真珠湾を奇襲攻撃

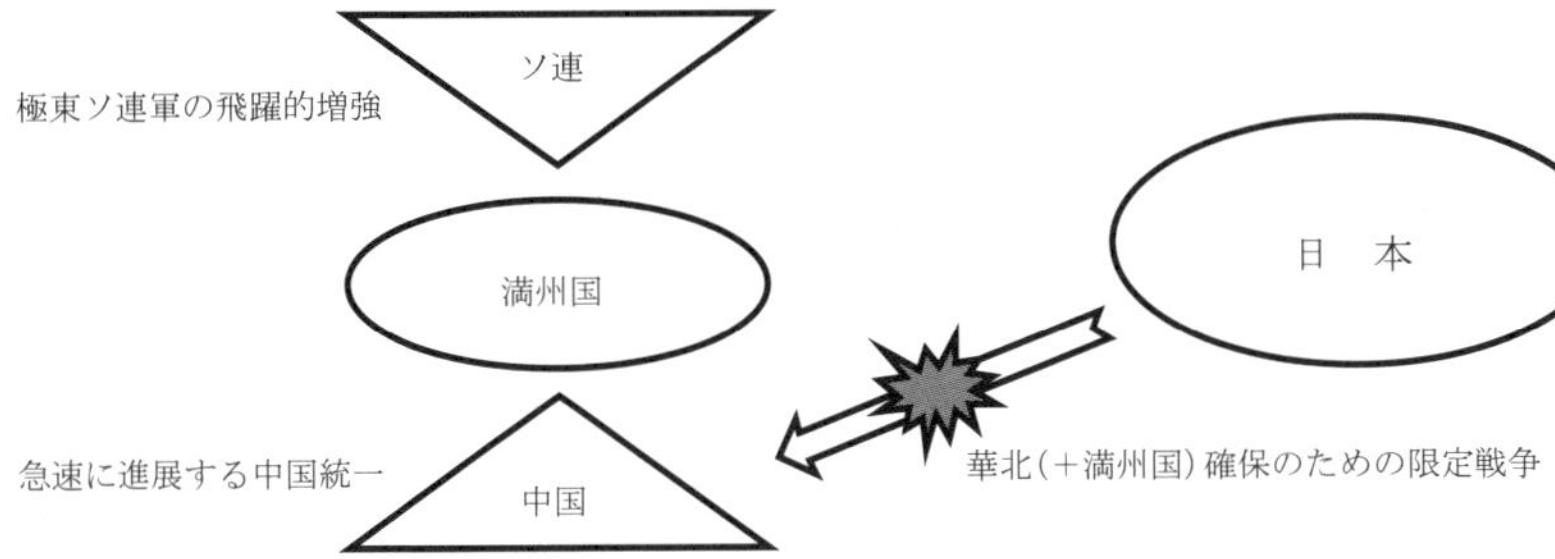

図1　日中開戦をめぐる戦略環境

は、いくつか日本が選択を行ううえで重要な岐路となった局面があります。その局面で失敗を積み重ねていった過程が、１９３７年から１９４１年にいたる4年間の歴史になるかと思います。

それで、１９３７年から１９４１年までを、四つの局面に分けまして、それぞれの局面でどのような状況が日本を取り巻いており、そこでどのような判断ミスを積み重ねて袋小路に陥っていったのかを概観してゆきます。その際に重要なのが軍人です。今日の話は１９３７年から始まりますから、軍人による政治外交に対する干渉、介入が常態化しているという状況が与件の話になります。ですから、いかに軍人の考え方が政治外交に干渉していったことで判断ミスが積み重ねられていったのかという全体像が、皆さんにわかっていただければと思います。

まず、第一の局面になりますのが日中戦争です。この日中戦争はなぜ、どのようにして始まったかというのは、先ほど森先生からもありましたように、偶発的事故がきっかけですね。当時の日本を取り巻く状況はどういうものであったかといいますと、それが**図1**になります。満州国の支配と経営を安定化させるためには華北の支配が必要であるというのが、日中戦争勃発前の日本の方針です。その満州国と華北を取り巻く状況が、**図1**でして、北からは二度にわたる5カ年計画を成功させて急速に勢力を増しつつあったソ連とその出先である極東ソビエト軍、南からは急速に進展する中国統一と中国軍の

〈局面 1〉

・戦争目的：華北問題の軍事的解決
・戦略目標：短期決戦で中国軍に打撃を加えて中国政府に要求を呑ませる

強化という二つの脅威によって、挟み撃ちの状況にありました。そうしたなかで日本は、華北と満州国を確保するための限定戦争として、日中戦争を開始することになります。その際に設定された目標が、**局面1**です。日中戦争の開始時に設定された戦争目的といいますのは、「華北問題の軍事的解決」すなわち華北分離工作の完成でした。そのため、短期決戦で中国軍に大打撃を与えて中国政府に日本側の要求を呑ませるという方針のもとで、日中戦争は開始されたのです。これは、ソビエトと中国に対する各個撃破の思想といえ、まず、差し迫った脅威である中国を叩くという発想です。

　では、その後の具体的な軍事的展開はどのようなものになったのかといいますと、「華北作戦」「上海作戦」という二つの軍事作戦になります。この二つの作戦を通じて日本陸軍は、中国軍の主力に決戦を挑み、中国軍に大打撃を与えて中国側の交戦意欲を挫《くじ》こうとします。これに対して中国側は、上海では徹底抗戦に出ますが、華北では退避戦略を採ります。そのため日本陸軍は占領地の獲得という点では成功しますが、決戦には持ち込めず、短期決戦で中国軍に大打撃を加えるという戦略目標の追求に失敗します。実際に南京を占領されると、中国政府は重慶に首都を遷して徹底抗戦を続けるということになります。こうなってくると次なる日本の戦略目標は、重慶に遷った中国政府を追い詰めることに向けられ、日本陸軍は再び軍事作戦を実施します。それが、中国軍に対する戦略的包囲戦を狙った「徐州作戦」ですが、これもまた失敗に終わります。すると今度は重慶に対する物資輸送ルートの遮断を狙って「広東作戦」を行いますが、これも失敗に終わります。ということで、以後、軍事作戦による日中戦争の終結は、見込みが立たなくなってしまいました。

　以上を簡単に総括しますと、日中戦争での日本は、占領地を獲得したという点では成功を収めましたが、中国政府を屈服させるという戦略目標の追求では失敗したということになります。では、失敗の原因はどこにあるのかという分析になりますが、最大の失敗原因は軍事的準備不足です。最初にお話ししましたとおり、日中戦争のきっかけとなった盧溝橋事件は偶発事故として発生しましたから、日本側には十分な軍事的準備がなかったのです。すなわち、日中戦争は、政治的動機によって準備なく開始された戦争であると結論づけることができるわけですね。ですから、軍事の観点からすると、準備不足とかいろいろな問題のために、失敗に陥ったのは必然的な結果であったとすることができるわけです。そうなると、失敗をどうやって挽回《ばんかい》するかというのが次の課題になりますが、首都南京を占領して有頂天になってしまった日本政府は、1938年の1月に「国民政府を対手とせず」という有名な声明を出して、戦争終結の際の和解相手となる中国政府の存在を否定するという愚挙に出ます。すなわち日本政府と日本軍は、自ら戦争終結の道を断ってしまったのです。

その後、戦争目的は、1938年11月3日の「東亜新秩序」声明によって、華北問題の解決から中国大陸全体の支配へと変化します。ここで日本政府は、中国のみならず、中国を支援する米英とも対立することを辞さないという態度をとります。日本は中国大陸において排他的経済圏をつくろうとするわけですが、その背景には、国力の培養という意図がありました。そこには、欧米との対等化を進めるのだという強い意志がありました。すでに1930年代後半はブロック経済の時代でして、欧米諸国は自国の植民地を排他的に使うことによって自国の経済を保っているが、日本にはそれができない。だから、それなら植民地をもっている国々に対して、日本にも同じように植民地をもつ権利があるという論理で、「東亜新秩序」建設という目標をもってくるわけです。

〈**局面2**〉

・置き換えられた戦争目的：中国大陸での自給的経済圏（東亜新秩序）の確立
・置き換えられた戦略目標：軍事的にではなく政治的に戦争を終結させる

2 東亜新秩序の破綻

このようにして日中戦争の戦争目的が変わりますと、しだいに日本陸軍は政治に傾斜していきます。といいますのも、日中戦争を軍事的に終結させることができないことが明らかになると、政治的手段による終結を求めてゆかざるをえなくなったためです。これが**局面2**のお話になります。すなわち、戦争目的は華北問題の解決から「中国大陸での自給的経済圏の確立」へと変化し、それにともなって戦略目標も「軍事的にではなく政治的に戦争を終結させる」というものに変わっていくわけです。では、その政治的に戦争を終結させるというのはどういうものなのかとなりますが、まず第一番目には、中国との長期戦を戦えるように統制経済を布《し》いて国内体制を強化する方策です。それから、第二番目として、重慶に逃げ込んだ中国政府を経済的に圧迫するために、さまざまな物資輸送ルートを遮断することです。その具体策として日本陸軍は、広東作戦を展開しますが、広東を占領された中国政府が、当時イギリスの植民地だったビルマ、それからフランスの植民地だった仏印、現在のベトナムに代替輸送ルートを確立したために失敗に終わります。それから、重慶に逃げ込んだ中国が戦い続けることができる理由はイギリス・フランス、さらにアメリカといった国々が中国を支援しているからであるという理解に帰結します。そのため第三番目は、これらの国々への対策が追求され、日本は、同じく英仏の間で対立を抱えているドイツと接近してゆきます。これは、日独伊防共協定強化交渉、すなわち普遍的軍事同盟化として追求されます。それから四番目は謀略ということで、すでに否定した中国政府に代わって、国民党政府のナンバー2で親日派の汪兆銘《おうちょうめい》を担ぎ出して傀儡政府をつくろうとし

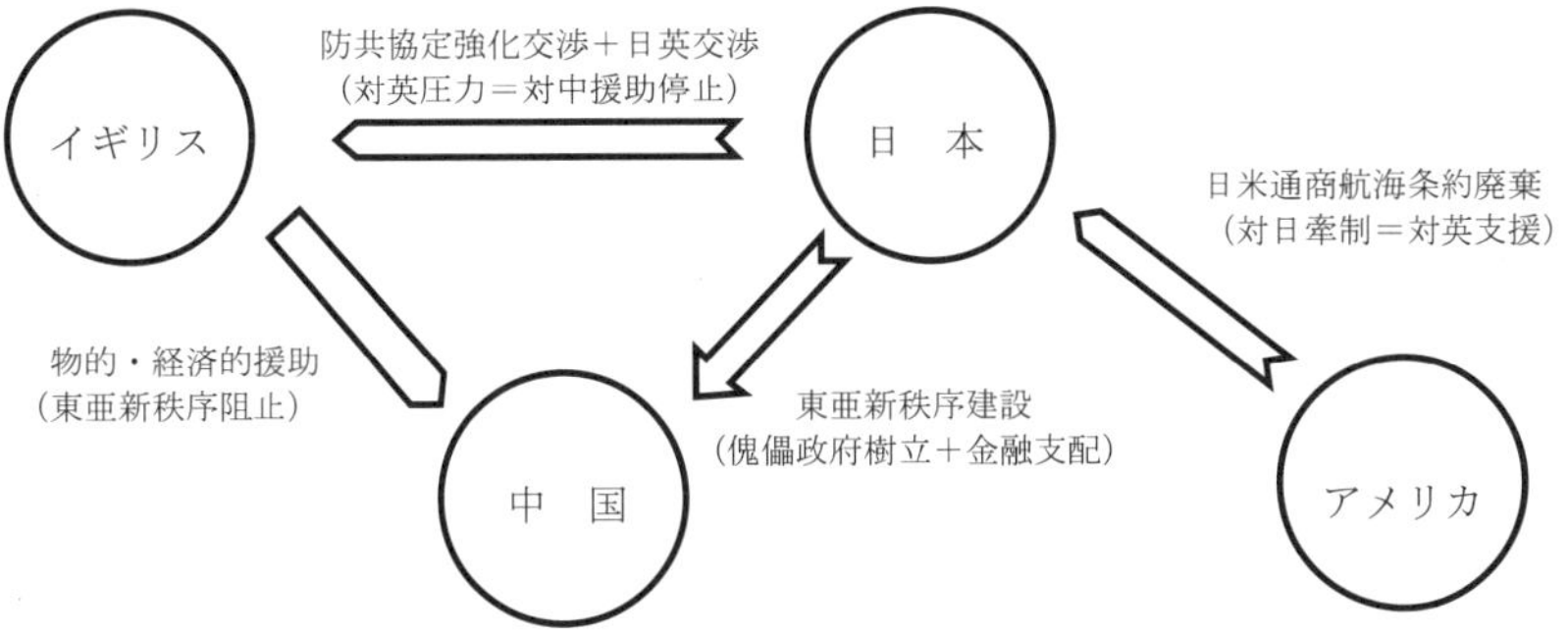

図2　東亜新秩序（日中戦争）の政治的解決

ます。これは１９４０年3月に汪兆銘政府樹立となって実現するのですが、ほとんど政権基盤がないために失敗に終わります。そして、傀儡政府樹立がうまくいかないことが明らかになりますと、日本陸軍が重慶の中国政府に対して和平工作を働きかけてゆきます。これは「桐工作」といわれますが、これも最終的には失敗に終わります。ということで、日中戦争の軍事的終結に行き詰まった日本が代替策として求めた政治的終結策は、ほとんど成果を上げないわけです。

こうしたなかで、日本陸軍がとりわけ日中戦争終結の切り札として求めたのが、先ほど出てきました防共協定強化交渉と、有田・クレーギー交渉です。日本陸軍はドイツと接近する一方で、イギリスを圧迫して直接交渉に引きずり出して中国を動かそうとするわけですね。それをまとめたものが**図2**の「東亜新秩序の政治的解決」といわれる図式になります。図をもとにお話しますと、日本は中国とは東亜新秩序をめぐって対立、戦争中でありますけれども、それに対してイギリスは、中国政府に物的・経済的援助を与えています。ですので、これを止めさせることで、日中戦争を終結にもっていこうとするわけです。

ところが、これら試みは二つとも失敗に終わります。まず防共協定強化交渉は、交渉相手であったドイツが日本やイタリアを裏切って、最大の敵とみなされていたソ連との間で不可侵条約を結んでしまい、空中分解します。一

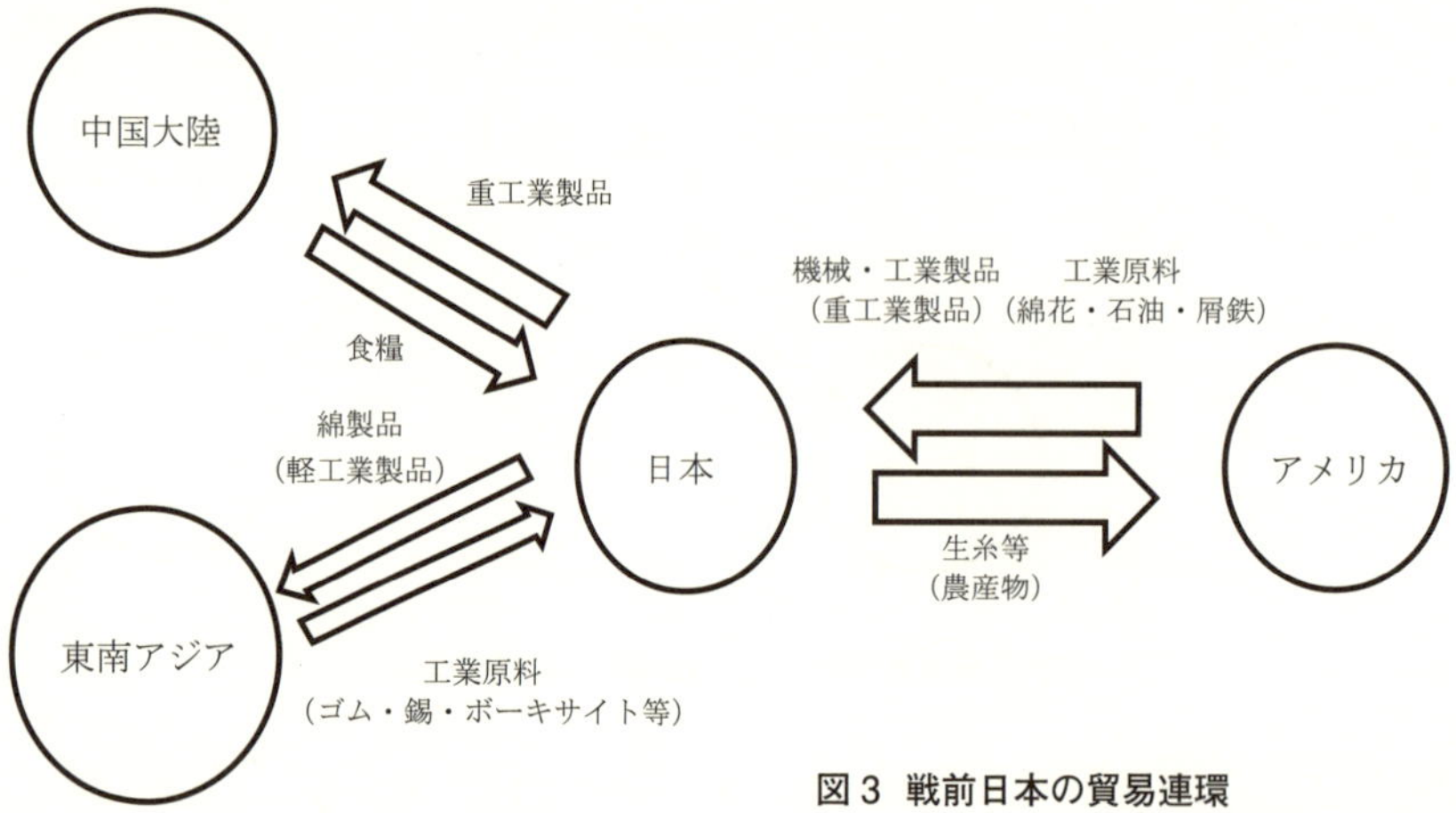

図3　戦前日本の貿易連環

方、有田・クレーギー交渉は、イギリス側が日本側に譲歩した結果、有田・クレーギー協定なる政府間協定ができるのですが、これをみてアメリカが動きます。日中戦争勃発以来、アメリカはやや傍観者的な立場をとっていたわけですが、有田・クレーギー協定の成立に直面したアメリカは、イギリスに梃子《てこ》入れをしていくということになります。それが、その4日後、7月26日にアメリカ政府が日本に対して行った日米通商航海条約の廃棄です。アメリカが日米通商航海条約の廃棄を行ったことで、日本は一つの大きな曲がり角を迎えることになりました。それが「東亜新秩序」の実態と関連します。

ここで経済史の話になります。日本は排他的自給経済圏を中国大陸につくろうとしていたわけですが、実は**図3**のとおり、当時の日本を取り巻く貿易連環は、三つの地域（米国・中国・東南アジア）を相手にした貿易関係ということで成り立っています。おおむね日本と東南アジアの間の貿易収支はとんとん、それから中国大陸に対しては黒字、それからアメリカに対しては赤字、つまりアメリカから入ってくる輸入額が非常に大きいという構造になっていたわけですね。こうしたなかで、中国大陸で経済圏をつくろうとした際、どういう問題が発生したのかというのが問題になります。

まず、実態面からみますと通貨支配の失敗です。中国大陸に円系通貨を流通させることによって、中国大陸の実効支配を進めようとしました。これは先ほどの傀儡政府樹立とパラレルの関係で、これを通じて通貨支配を行おうとしたのですが、結果的に日系通貨は英米の金融支援を受けた法幣、これは中国政府の通貨ですが、その法幣との通貨戦争で完敗するわけです。そのために傀儡政府の樹立に失敗したのみならず、経済的実効支配でも、日本は失敗したわけです。

それから、貿易面についてみますと、東亜新秩序は自給的経済圏という目標と内容を掲げているわけですが、実は日本にとって、もっとも重要だったのは、東南アジアやアメリカといった英米経済圏との貿易なのですね。とりわけ、工業資源は、英米経済圏からの輸入に依存しているわけです。ところが中国大陸から日本に向かって入ってくる輸入物資はほとんどが食糧ということで、軍事的に重要な工業資源は、中国大陸からはほとんど入手できないのですね。すなわち、自給的経済圏としての東亜新秩序は破綻をきたしていたのです。しかも、中国大陸の円ブロック化という形で円系通貨を流通させた結果、中国大陸と日本との間の貿易決済が、対外決済と切り離されてしまいます。つまり、貿易黒字を生み出していた対中貿易が消滅した一方で、貿易赤字を抱える対米貿易が前面に出てしまい、日本は外貨不足に陥るわけです。この点でも、経済自給圏としての東亜新秩序は、ほぼ完全に破綻していることが明らかになるわけです。

それから国内面でみますと、軍事優先で統制経済が運営された結果、民需経済が圧迫されまして、それにともなって発生する輸入力の低下がさらなる貿易収支の悪化を招いてゆき、国内面でも破綻が明らかになります。外交面は、先ほど触れました東亜新秩序の建設にともなう米英との関係悪化ということで、しだいに米英は日本に対する物資輸出を閉ざしていくわけです。ということで、おおむね1939年夏ぐらいまでの時点で、この東亜新秩序が経済的に破綻しているということを、日本政府は明確に認識してゆきます。

では、この東亜新秩序の失敗原因はどこに求められるのかといいますと、これはもう純粋に政治的問題です。まず一つは、先ほど出てきました戦争の政治的終結に失敗したということです。それからもう一つは、日本の経済環境を無視して、政治的動機にもとづいて中国大陸に自給的経済圏をつくろうとしたために、東亜新秩序は破綻したということです。といいますのも、日本軍にしても日本政府にしても、日本を取り巻くこの金融・貿易環境を厳密に計算したうえで、東亜新秩序を作り上げようとしたわけではありません。むしろ中国大陸を支配すれば、日本の経済環境はよくなるのだという観念論が先行した結果、このような結果を招いてしまったのです。

ということで、これまでの話をまとめますと、1939年の夏までに東亜新秩序の完全な破綻が明らかになっていたにもかかわらず、東亜新秩序の放棄が検討されなかったということになります。むしろ発展的解消として、これを追求してゆこうとする動きが出てきます。

3 発展的解消としての大東亜共栄圏

ここで好機として登場するのが、1939年から発生するヨーロッパ戦争の展開です。1940年に入りますとヨーロッパ戦争でドイツ軍は軍事的大成功を収めるわけですが、これは日本にとって絶好の好機になります。といいますのも、西ヨーロッパ諸国、オランダ、フランス、イギリスも降伏間近とみられていたのですが、これらの国々は東南アジアに資源豊かな植民地を抱えていました。今でいいますと、ベトナム、マレーシア、それからインドネシアですね。それらの東南アジア植民地を奪取して、破綻が明らかになっていた東亜新秩序に加えることができるならば、より自立性の高い経済圏ができあがるということで、東亜新秩序に代わって大東亜共栄圏という考え方が出てくるわけです。このプランを練り上げ、その国策化を指導したのが日本陸軍です。「基本国策要綱」「時局処理要綱」という政策文書をつくって、これを国策化してゆきます。その際には日本海軍も関与するのですが、細

〈**局面3**〉

・想定された戦争目的：大東亜共栄圏（拡大東亜新秩序）の確立
・想定された戦略目標：ドイツ軍の最終勝利を捉えての対英参戦（機会主義的＋投機的）

日中戦争が終結していないにもかかわらず、日本陸軍は南進政策を構想して実現を図る
＋場合によっては対英戦争のみならず対米戦争・対ソ戦争の危険性も
→多正面戦争の危険性　＝軍人が立案したにもかかわらず軍事上のセオリーに背馳

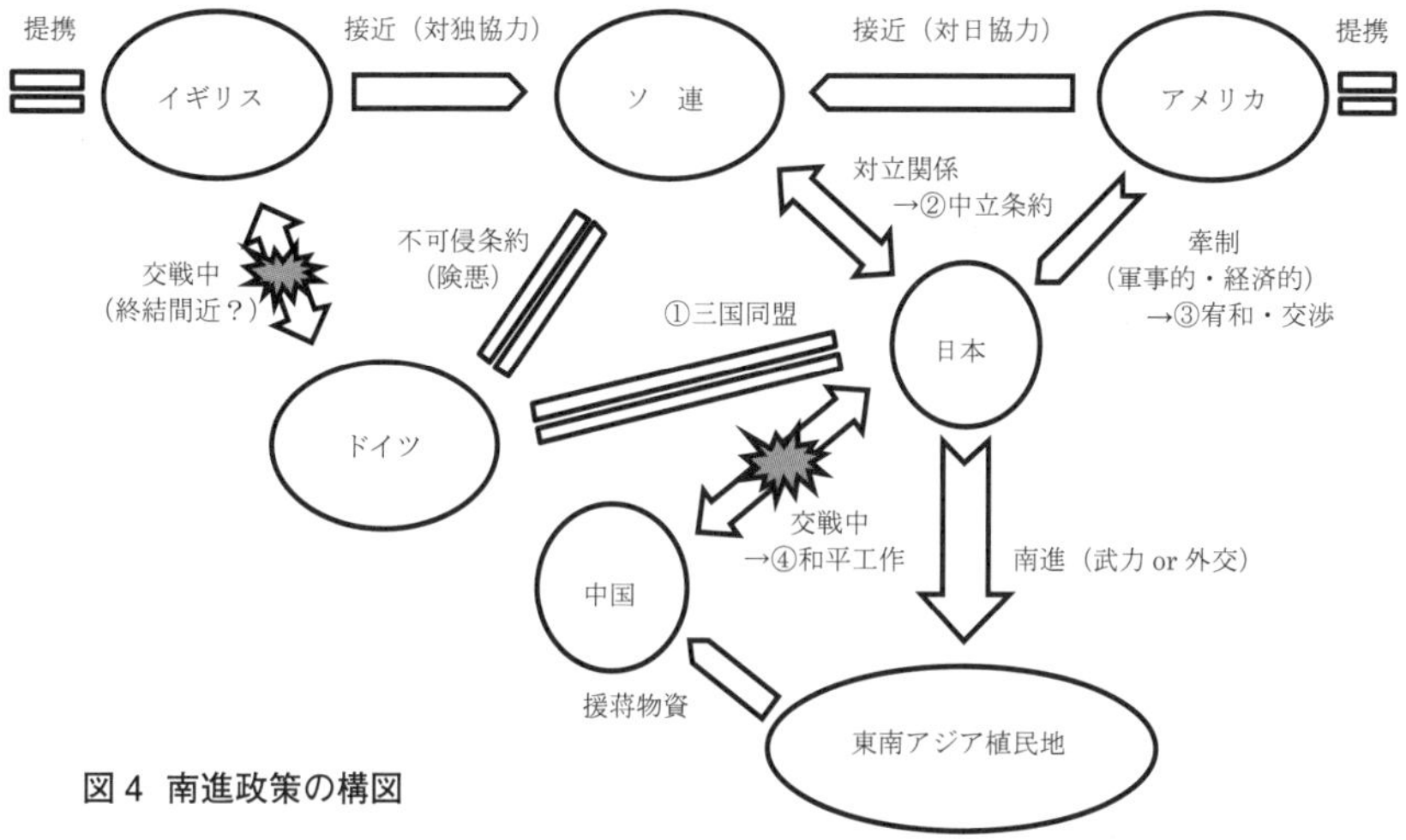

図4　南進政策の構図

部では対立点がありましたが、おおむね陸軍と同じことを考えます。ということで、日本は、1940年の夏から東南アジアへの進出を考えるようになります。それが括弧でくくりました**局面3**です。

ここで想定された戦争目的は、大東亜共栄圏、すなわち拡大東亜新秩序の確立でして、そこでの戦略目標は、ドイツ軍の最終勝利、すなわち英本土上陸作戦をドイツ軍が実施する機会を捉えて対英参戦するというものです。ところが、この戦争目的・戦略目標にはいくつもの障害がありました。当時、日本は日中戦争を戦っている真っ最中で、そういったなかで南進政策を追求するならば、対英戦争のみならず、そのバックに控えているアメリカとの衝突、さらには当時関係がよくなかったソビエトとの衝突もありえたのです。すなわち、多正面戦争の危険を抱えていたわけですね。軍事上のセオリーに反する計画になるわけです。相当無理があ

る計画であったということがいえます。その関係を図示したのが**図4**「南進政策の構図」です。

当時イギリスはドイツに対抗するべく、ソ連との接近を試みていまして、アメリカもまた日本の南進を抑え込むべく、ソ連との接近を試みていました。米英はすでに1940年の初めあたりから接近の動きを見せていましたから、米・英・ソの接近の動きがみられたわけです。それゆえ日本としては、ドイツと連携したうえで、ソ連が英米と接近していくことを防ぎ、さらに中国との戦争を終結させなければ、南進政策を進めることはできなかったのです。

そこで登場するのが松岡洋右《まつおかようすけ》外相でして、松岡外相は四つの課題に対処します。まず第一番目であり、かつまた最重要課題でもあるドイツとの関係については、日独伊三国同盟の成立を目指します。これは、ちょうど第一次世界大戦のときと同じですけれども、ドイツが最終勝利で終われば、日本は戦勝国の立場を得られ、フランス、オランダ、イギリスの植民地の処分について発言権を得ることができます。そのうえで、第二の課題として、ソビエトとの戦争が起こらないように不戦体制の確立を目指しますが、これは日ソ中立条約として決着します。それから第三番目の課題ですが、対英参戦するとなれば、そのイギリスを支援する姿勢を見せているアメリカとの衝突が不可避となります。これを何とかして回避しようということで、松岡外相は、最初は対米宥和、さらには南進政策を放棄して対米交渉を実施することまで考えてゆきますが、最終的には、独ソ戦争の勃発を契機にして、対米強硬方針に方針を変えてゆきます。それから四番目となるのが、日中戦争の終結です。これは対ソ不戦体制の確立と同様に多正面戦争を回避するために必要な条件整備であり、そのため松岡外相は日中和平工作を手がけるのですが、結局、失敗に終わります。すなわち、一番目と二番目の課題処理には成功するのですが、三番目と四番目の課題処理には失敗したわけですね。

ともあれ、南進政策における松岡外交、それから日本陸軍にとっての大前提は、ドイツがイギリスを降伏に追

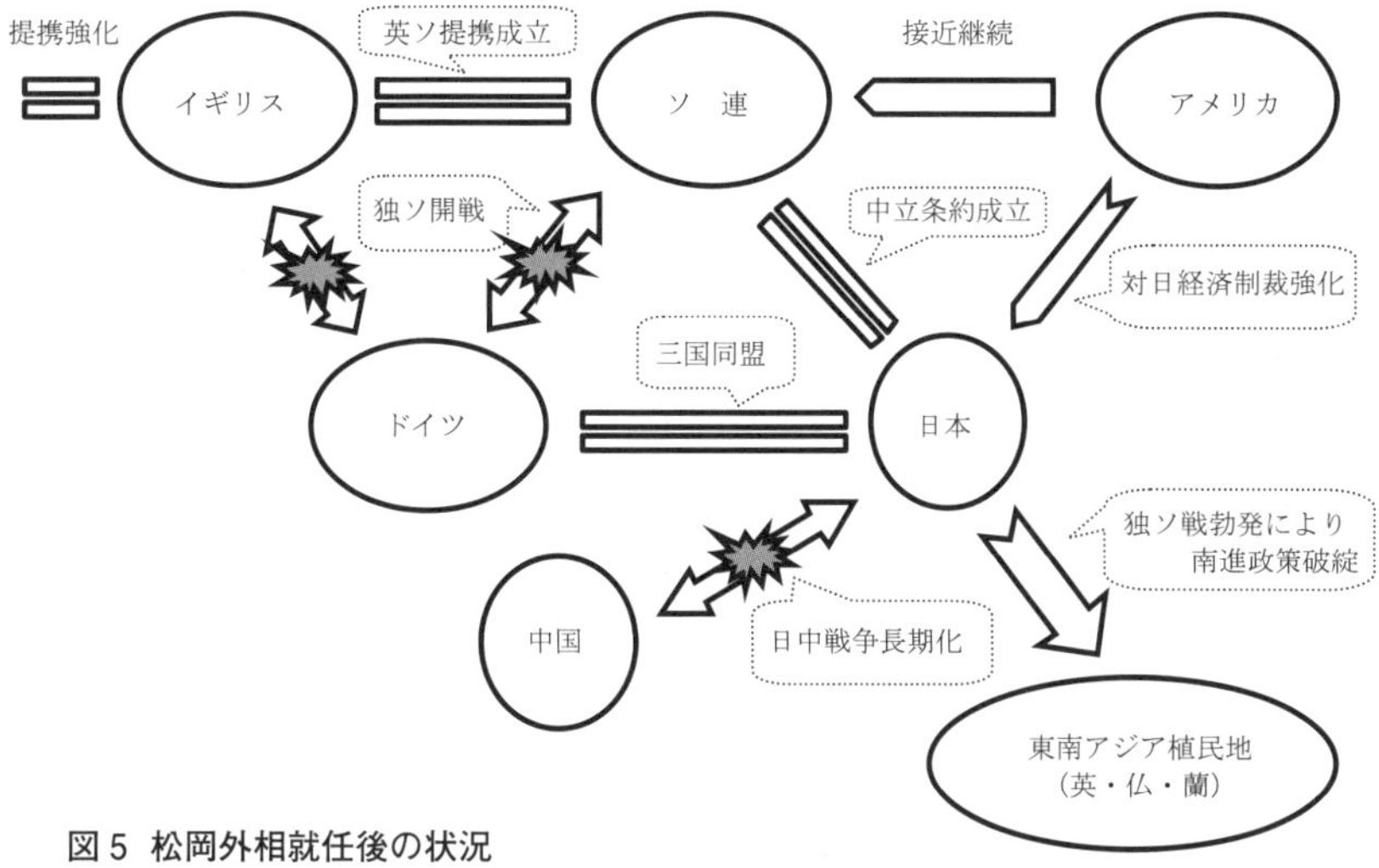

図5　松岡外相就任後の状況

い込むということなのですが、実際には、そのような条件は発生しませんでした。その一方で、日本が日独伊三国同盟を結んだことで、日本と米英との関係はますます悪化してゆきました。具体的には、対日経済制裁の段階的な発動というかたちで、米英は対抗措置をとってくるわけです。ただし、この時点での米英の狙いは、対日衝突を回避しつつ、できるだけ日本が南進できないように牽制することですから、もっとも重要な物資であった石油の禁輸は除外されていました。ですが、三国同盟締結後、米英の協力関係はどんどん進展してゆきまして、南進政策の前提となるイギリスの敗北は、1941年の春までの段階でほぼ絶望的状況になってゆきます。そして米英関係は最終的に、この年の8月に大西洋憲章を発表するにいたって、ほぼ完全一致の立場を示すようになります。米英関係の緊密化というのは、そこまで進んでゆくわけです。

　ということで、**図5**に目を転じていただきますと、日ソ中立条約を成立させた以外はことごとく失敗、イギリスは降伏しないし、アメリカは日本との対決姿勢を強めつつあるという展開が明らかとなります。そうしたなかで独ソ戦争が始まると、ソビエトがイギリスと協力関係を結ぶようになりまして、この英ソ協力は、米英協力や米ソ協力と一体となって、米英ソの連携関係ができあがります。こうなってみますと、日本としては、南進政策は完全に破綻するということになるわけですね。それが**局面3**の失敗原因の分析ということになります。すなわち、失敗の原因は、機会主義的な南進政策が失敗したということにあり、これは軍事的な原因と政治的原因を求めることができますが、やはり最大の原因は、ドイツの戦時政策に完全委任するかたちで南進政策を組み立てたということに求められます。

それから、これは松岡外相にしても軍部にしても、対米依存経済という認識をすでに東亜新秩序をつくる段階で認識しているのですが、三国同盟締結によって対米関係が悪化すると、経済制裁を受けるようになります。そうなると、実は、思った以上に対米依存経済の状態にあったのだということを思い知らされます。ということで、この問題についての認識の甘さもまた失敗原因といえます。それから三番目、これはもう日中戦争の勃発時とまったく同じですが、軍事的準備がまったくできていませんでした。おそらく参戦するならば、ベストタイミングであったのは1940年の6月だったのですが、参戦することは不可能でした。ということで、政治的な準備も、それから軍事的な準備もまったくなかったがゆえに、この第3局面である南進政策、大東亜共栄圏の追求というのは挫折したということがいえるわけです。では、このようにして南進政策が挫折すると、どういうふうな解決策を求めてゆくのでしょうか。

日本は、米英協力の進展と対日経済制裁の強化という事態に直面しており、参戦して南進政策に乗り出すチャンスを失いつつある一方で、物資不足に陥りつつありました。かと言って、物資不足を解決するために、米英との戦争を覚悟で東南アジアに武力進出することもできません。ということで、日本の指導部は三つに分裂していきます。まず第一の立場が陸海軍でして、南進政策の強化、すなわち当面の物資確保を目的に南部仏印に進駐すべきであるという、いわば南進政策強化の方針を打ち出します。この際、大事なのは、陸海軍は南部仏印に日本軍を進出させたとしても、米英との衝突はありえないという楽観論をとっている点です。二番目が近衛首相でありまして、もう南進政策は失敗したということで、後戻りしようという方針です。つまり、南進政策をやめてアメリカとの和解を求めようという選択を打ち出すものです。そして、どちらでもないのが三番目の松岡外相でして、南進政策はダメだ、南部仏印に日本軍を送り込んだら米英との衝突が決定的になる、よってこれはやるべきではないという立場です。ですが、松岡外相は近衛首相と違って、アメリカとの和解は求めるべきではないとの立場をとります。そのかわりに、ドイツの対ソ戦争に呼応して日本も対ソ参戦すべきであるという主張を展開します。こうして、三つの方向に日本の指導部の立場は分かれるわけです。こうしたなかで、松岡外相の案は非現実的であるということで排斥されまして、結局、南進をするのか、アメリカと和解をするのか、という二項対立に収斂してゆきます。

このようななかで、日米交渉と南部仏印進駐が同時に実施されることになります。どっちにも決めかねた結果ですね。これを受けて米英は、石油の全面禁輸と資産凍結で対抗措置を講じてきます。こうなりますと、物資不足がいよいよ深刻になった以上、早く開戦すべきだとして、軍部は米英との戦争を決意してゆきます。一方で政府は、戦争は回避するべきであるという立場をとり、その後、日米交渉をめぐって、軍部と政府のやりとりが続きます。

では、なぜ軍部は早期開戦を求めるようになったのかといいますと、石油が全面禁輸された結果、もはや戦争は不可避であると判断したためです。といいますのも、当時、備蓄石油は1年程度で底をつくという目算が立てられており、1年程度の石油備蓄では、資源確保を図って東南アジアへ武力進出するための石油すら不足すると判断されたためです。だから、日本の政策的オプションを保つためにはできるだけ早く、すなわち石油がまだ十分に残っているうちに開戦すべきであるということで、早期開戦を要求するわけです。それから、1940年の夏からアメリカは、軍備の拡大を始めていまして、放っておくと、これが効果を現しはじめ、ただでさえ格差のある日米の軍事格差がさらに進んでいく。だから、開戦するならば、早く開戦すべきであるという主張を展開するわけです。

〈局面４〉

・戦争目的：国家としての生存？
・戦略目標：長期持久戦態勢の確立（南方進出）
＝開戦すれば何らかの事態の打開が図れる「だろう」：明確な戦争終結像がない

つまり、日米戦争に勝ち目はないということは軍部もわかっているのですが、日本の政策オプションの可能性を追求するためには早く開戦しなければならないという態度をとっていくわけです。そうしたなかで、早期開戦を迫る軍部と戦争回避を願う政府のあいだの立場を、最終的に追い込んでいくのがハル・ノートでした。ハル・ノートを契機に、政府も「開戦やむなし」ということで、日米戦争になっていくわけです。ここが**局面４**ですね。

つまり、日中戦争では一応の戦争目的があるのですが、日米戦争を迎える**局面４**では、戦争目的がはっきりしないのです。国家としての生存がおそらく戦争目的となるのでしょうが、やはり明確な戦争目的がないんです。もう支離滅裂です。しかも、戦争目的の下位概念として設定される戦略目標も、長期持久戦体制の確立のために、東南アジアに進出して東南アジアの物資を押さえるというものに止まります。すなわち、開戦すれば何らかの事態の打開が図れるだろうという程度の基本認識しかなく、明確な戦争終結像がないわけです。ということで、最終的に日本は、支離滅裂な方針のもとで、アメリカとの戦争を選択していくということになりまして、その後の敗戦へと続いていくわけです。

これまで、日中戦争開戦後から日米開戦にいたるまでを概観してきましたが、そのエッセンスは、日本の政戦略が失敗に失敗を重ねて、戦争を拡大させていったという負の連鎖です。最近の例でいいますと、ＡＩＪの投資顧問の事件がありましたね。投資に失敗して、その失敗の穴を埋めるために追加投資を行って、さらに負債を拡大させてしまったという、まさに日本軍や日本政府そのままの展開です。そうなると、なぜ、このような失敗を犯してきたのかというのを考えなければいけません。

先ほど森先生のお話でもありましたし、等松先生もおっしゃられていましたが、「日本軍悪玉論」というのがあります。それは日本軍が日本を戦争にもっていって破滅させたというのが、その最大の理由かと思いますが、そこには「愚かな日本軍」という理解があるわけですね。日本軍の戦争のやり方といいますと、とりわけメディアでよく登場しますが、特攻作戦とか玉砕戦みたいに、ファナティックで無茶苦茶なことをやる軍隊というイメージが非常に強いです。ですが、実は日本軍は意外と優秀でした。例えば、満州事変とか日米開戦後に行われる南方攻略作戦ですが、戦史を読むと、これらの作戦はものすごく巧みなのですね。最小限の兵力で最大限の戦果を挙げているわけです。これはやはりバカな集団ではできないことであろうというふうに思います。

それから、1991年の波多野澄雄先生の『幕僚たちの真珠湾』にある一文ですが、読みますと「思考回路は合理的で、精神主義に陥らず、市民的教養に溢れ、適度な国際感覚も持ち合わせ、抜群の実務能力を備えている」。波多野先生はこのような優秀な人たちが、なんであんな無茶苦茶な戦争に日本をもっていったのかが理解できない、ということを漏らされています。波多野先生は直接当時の関係者にインタビューをされていますから、なおのこと、そのような印象をもたれたのかと思いますが、私の学部時代の指導教官、海野芳郎先生も大島浩駐独大使のインタビューを行っています。当然、歴史の結果を知ったうえでのインタビューですから、海野先生は、どんなバカ者かと思って大島浩へのインタビューに臨んだらしいのですが、意外にも聡明な人物だったそうです。びっくりして、なんでこんな聡明な人があんな無茶苦茶なことをやったのかと、やはり理解できなかったということを漏らされていました。そうみてくると、なぜ優秀な日本軍が無茶苦茶なことをやったのかということを考えなければならないだろうと思います。その際に、やはり、当時の軍人が置かれていた日本の状況、あるいは軍事的環境というのから捉え直す必要があると思います。

そこで、まず留意しなければいけないのが「自立する日本」という観点からの、1930年代にいたるまでの日本の状況です。まず、開国後の日本は、日清・日露二つの戦争を経て周辺脅威を除去しました。ということで、まず日本の戦略環境が安定します。それから1911年までに、開国以来の課題であった不平等条約の改正に成功して、国際社会の正式なメンバーとして認知されます。それだけでなく、第一次世界大戦後は国際連盟の常任理事国として大国の仲間入りをも果たしました。

次に経済的なお話になりますが、1919年から日本は本格的な工業化、資本主義化の時代を迎えます。その結果、第一次世界大戦前後から、日本は産業機械や兵器の国産化を果たすようになってきます。つまり、政治的にも軍事的にも自立しつつあったのが、第一次世界大戦前後の日本を取り巻く状況だったといえるでしょう。それまで、第一次世界大戦前までの日本にとって、安全保障問題というのはもう純粋に軍事問題なわけですね。とりわけ大きかったのが日英同盟という後ろ盾があったということです。それはイギリスから軍事力の傘を受けられるだけではなくて、実は、この点が同盟国の大事な機能なのですが、金融支援が受けられる、それから技術導入が図れる、それからもう一つはさまざまな情報が得られたということなのですね。これらの恩恵があったからこそ、日本は、第一次世界大戦までにおおむね自立を果たすことができたわけです。

ですが、その一方では、軍事上の革新という事態も発生します。その萌芽はすでにアメリカで起こった南北戦争、あるいは日露戦争で現れているのですが、火力と新兵器が重要であるという時代がやってきます。その流れが決定的になるのが第一次世界大戦でして、さまざまな新兵器が出てきたり、総力戦が発生したりして、それまでの労働集約的な形態から技術・資本投射的な形態へと戦争の形が変わってきます。つまり、非常にコストのかかる戦争の時代が第一次世界大戦前後からやってきたわけです。その結果、戦争を戦うためには総力戦体制が必要であるという軍事上の常識が出てきました。

これらの軍事的な革新、イノベーションに立ち後れるのが日本軍です。といいますのも、陸軍についてみますと、技術的に立ち後れたうえに、量的にも兵力や兵器が足りないということで、その後、国内的には総力戦体制の構築、そして対外的には軍備拡大に必要となる物資の調達という論理へと発展してゆきます。その結果、日本陸軍は中国大陸への進出という方向性を打ち出し、また、日本海軍は、量的規制を受けている軍縮体制の打破を打ち出します。つまり、日本は政治的には自立するのですが、軍事的には立ち後れるというアンビバレントな状況を迎えるわけです。

このアンビバレントな状況に、日本軍はどういうふうに対処していくのかといいますと、一連の兵器・新兵器の国産化を目指しますが、最初はコピーで対応します。そして、1930年代半ばまでには、ほぼ世界水準の兵器を国産で賄えるまでになってゆきます。ですが、すべての兵器を国産化できたわけではないので、やはり軍事的な立ち後れを取り戻すためには、工業生産力と技術開発力が必要であるというのが第一次世界大戦後の日本軍の一致した認識になります。言ってみますと、これは開国後の日本が直面した状況とまったく同じです。つまり、軍隊を強化するために経済力を高めなければならないというわけです。いわゆる富国強兵というものが、第一次世界大戦後、より強く認識されるようになってきたということがいえるでしょう。

そして、そこで問題となるのが、後ろ盾となる同盟国がないということです。まず第一の問題は、必要物資が入らないという事態です。先ほど言いましたように、日本の必要物資は70%程度が米英経済圏からの輸入に依存していたわけですが、米英から物資が輸入できないとなると、日本は深刻な問題に直面することになります。そして、それ以上に深刻な問題が、技術が導入できないという事態です。といいますのも、今でこそ日本は技術大国ですけれども、日本が技術大国になるのは1960年代ぐらいからの話であって、それまではほぼ日本の先端技術は欧米からの輸入です。ということで、日英同盟の解消によって技術を導入できる同盟国がなくなったというダメージは非常に大きいのです。そうしたなかで発生するのが、1930年代からの世界経済のブロック化で、日本の外貨収入はガタンと落ち込みます。なおさら軍備強化が図れなくなってくるわけですね。ということで、国防政策に経済の要素が加わってきて多元化し、いわゆる総合的な安全保障政策に変わってくるわけです。

日本の軍人、とりわけ日本陸軍は、軍事力の強化を図るためにまず、満州、満蒙支配ということで満州事変を起こし、その後、満州国が建国されると華北分離工作を始め、そのなかで日中戦争が発生すると、その戦果に乗じて東亜新秩序、さらには、その発展的解消として大東亜共栄圏というように、一貫して経済ブロックの拡大を追求してゆきました。これは、軍が政治外交に強い影響力をおよぼした結果、日本が陥った論理として捉えることができるでしょう。軍事力強化という目的を達成するために自給的経済圏という目標が設定され、その目標を追求する手段として、中国への侵略と軍事力の行使が行われます。そして、この目標設定と手段の組み合わせが、日本を国際的孤立と経済的矛盾へと追い込んでゆきました。結局、この矛盾を解決できぬまま日米戦争に突入してしまったのが、おそらく日中戦争勃発後の政戦略ということになるかと思います。つまり、経済問題を抜きにして国防政策を展開できなくなり、その結果として日本陸軍の軍人は政治化したということがいえるでしょう。

この問題は、先ほど森先生から軍部大臣論のお話がありましたけども、本来こういった問題は、文民政治家が外交政策であるとか、経済政策を含めた総合戦略をもって担うべき問題なのですね。ところが、日本の軍人はむしろ政治支配を通じて、軍事の理論で押しとおしていこうとしました。これがおそらく、日本が失敗を重ねていった大きな落とし穴なのだろうと思うのです。といいますのも、第一次世界大戦後、日本では総力戦体制論がもちあがって、軍人の政治化が活発化していくのですが、その一方で、軍事戦略論や戦術論がほとんど発展しないわけですね。例えば欧米でみますと、戦車をどう使うか、この新兵器を使ってどういう戦術を組み立てるかということで、イギリスではリデルハートやフラー、ドイツではグデーリアンといった戦術家が出てくるのですが、日本ではこれがほとんどみられない。あるいは空軍をどう使用するかということで、ドゥーエの空軍論が出てくるわけですが、これもほとんど発展がみられない。ということで、日本陸軍の軍人、これは海軍もあるいはそうかもしれませんが、国防・安全保障を純粋軍事ではなくて、政治や経済の問題として消化していくわけですね。これがおそらく、日本が1930年代、政治的に誤っていった最大の原因ではないかと思います。

以上の話をまとめますと、国家戦略における戦前日本の失敗は、軍人が軍事の論理で政治外交に強い影響をおよぼし、それによって軍人が作り上げた合理性を欠く既成事実に、政治家・官僚・財界あるいは国民が同調あるいは追随していったということです。これがおそらく1930年代の展開ではないかと思います。そうしたなかで、求められる政治の役割というのはどういうものかといいますと、やはり、全体合理性の追求であるかと思います。といいますのも、これはクラウゼヴィッツが言いましたように、軍事はあくまで政治の一部分でしかないわけですね。ところが軍人は軍事をすべてとして捉えてしまった。軍事の論理によって政治・外交が牽引されていった結果、全体戦略を欠いた日本は破綻したのだということがいえるかと思います。つまり、軍事でできることとできないことを峻別し、できないことは政治判断で処理する。これができなかったのが、おそらく戦前日本の落とし穴だったかと思うわけです。つまり、日清戦争、日露戦争時の慎重さが失われて、できないことをやろうとしたのが、日中戦争以後の日本の政戦略であったんだというふうにみることができると思います。

コメント

柴山　どうもありがとうございました。すばらしい。それでコメントは難しいですね。大きい総論のところでまず質問を投げかけて、そのあとに、個別的な質問をしていいでしょうか。

私の師匠は、陸軍のほうはご存じのとおりアメリカ人のジェームズ・クラウリー（James Crowly）という天才だったわけですが。彼が言ったところと、服部先生が今、最前線でやっているところが、どういうふうにつながっていくのかというところを中心にして、まず総論の部分を考えていきたい。クラウリーがまず言ったのは、この**図4**なんかそうなのですけれども、日本が中心で軍事環境ができあがっているとかいうのではなくて、もう完全に日本はすでにできあがった世界のメカニズムの中にはまり込んだということ。そのなかで、日本はもっとも弱いかもしれない。その意味では、この段階で、日本が自分で国際環境に影響を与えて、コントロールできる能力が格段に落ちるわけですよね。したがって、このメカニズムに入ってしまうことで、自分たちの相対的な力が大きく落ちることを、どう認識していたかというのがかなり決定的な意味をもつのではないかと、たぶん彼は言うと思うのですね。

そこから、このメカニズムに入ってしまうということは、完全に博打をするか、このメカニズムから出るか、という選択肢はあるのですね。だから、クラウリーが言うには、この「出る」という選択肢をやった場合にドイツは負けるかもしれない。ドイツが負けてしまえば、そのあとは英米が完全に支配する中でやられてしまうから、「博打」をするしかないのではないかという考え方に陥ってしまった。ただそこにいたるまでに、英米は日本がどこの線まででいけば敵とみなすか、とかいうところを読みきっていないのですよね。それで、そのクラウリーの意見によると、基本的にルーズベルトは、1940年9月の三国同盟から基本的に日本は敵対的な国であって、完全に軍国主義を排除しなくてはいけない、つまりイデオロギー的な敵とみなしているのですね。それ以前は、ルーズベルトは日本とドイツを完全に分けていたと。有賀貞先生にいたっては、ルーズベルトは最後までドイツとは、外交交渉しなかったけれども、日本とは交渉しているという意味で、言葉上、日独をまとめて「ヒットラーイズム」という言葉を使っているのだけれども、最後までやはり区別をしていたのではないかと。そんな意味では、日本側はこのメカニズムに入らなくても最終的に英米側が勝ってしまえば、自分たちは破壊されると思っていたけれども、米国は必ずしもそう思っていなかったのではないか。というところもあって、そういう広い意味で、対外認識を読みきれていなかったと思いますね。

それともう一つ、私にとって最大の疑念があります。アメリカは実は、第二次世界大戦に負けるシナリオというのをもっていたわけですよね。その負けるシナリオはご存じのとおり、ソ連が負けるというシナリオだったわけですね。ソ連が負けてしまえば、ドイツ側は基本的に世界における５００から６００個師団の力を得て、基本的にこれを上回るだけの陸上兵力を英米側が持てないから勝てないのだと、そういうふうな理屈になるわけでありますす。ドイツ側は完全にアメリカを支配する形ではないが、いくらやっても戦ってもアメリカは勝てないことになるので、要するに、引き分けのようなかたちで、独伊側が勝つシナリオだったわけです。けれども、その最大前提というのは、ソ連が負けるという前提なわけですよね。にもかかわらず、日本はご存じのとおり、ソ連との中立条約を守り続けるわけです。

それで、いったいどういう計算で、しかもドイツ側はもう延々と対ソ侵攻を「やってくれ、やってくれ」と要求していたが、日本陸軍はなぜこの最大の勝利チャンスを見逃しているのか。ここが最大の疑問なのです。だから、わからなかったのか、あるいは違う考慮があったのか、そして誰が賛成して誰が反対したのか。ここでおもしろかったのは、松岡は賛成しているのですよ。それで陸軍参謀本部の中でも下っ端の人たちは「やろう」とか言う人もいるのですね。それでも服部卓四郎とかは「やらない」とか言うのです。でもその会議録なんかみると、ほとんどそこのところは、そのどういうわけか曖昧模糊な……。

等松　田中新一作戦部長は一生懸命、「やれやれ」って。

柴山　それで、どういうふうな経緯で結局あそこまで、賛成派もいながら、勝利というのが手を離れていくわけですよね。実は、負けるというシナリオはアメリカがもっていたと同時に、ソ連側にも負けるというシナリオがあって、その頃はモロトフなんか、後ろから日本に攻められたら、ほんとうに敗北すると心配していた。となると、変な話、失敗、失敗とかいうのではなくて、最大のチャンスが転がっていたわけですよね。1941年6月以降、ソ連が弱体化して、最大のチャンスを迎えていながら、それを生かしきれなかった。だから、それをどういうふうに判断するかというのは、実はあまり研究がなされていないと思うのですけれども、これはいかがなのでしょう。

それで、さらにもうちょっと大きい観点からお話をしますと、たぶんクラウリーなんかは、彼が死ぬ前によく言っていたのですけれども、日本の陸軍軍人というのは、良い意味でも悪い意味でも結局、ドイツ帝国軍人のメンタリティだったと。したがって、第一次世界大戦以前、あるいは大戦中のメンタリティで第二次世界大戦を戦ったと。制度としても、エリートとしての自分たちも、第二次世界大戦はほんとうにすべてを失う戦争になりかねないということを、本質的にはわかっていなかった。それから、このすべてを失うかもしれない戦争に賭けるとなれば、自分たちの社会的なステータスもすべて投げ打たなくてはいけないという覚悟がある、そういう社会的バックグラウンドをもった人間ではなかった。例えば、ヒットラーとかスターリンというのは、これで負けたらもうほんとうに何にも残らない、もう一代すべて、というところがあったと思うのですけれども、そこのところがない。おそらく、わかった人物というのは変な話、宇垣一成《うがきかずしげ》だけだったかもしれない。だから、宇垣は準備ができていないから、この国際メカニズムから離れようとしたことをみると、その意味では、第3回で等松先生がおっしゃった国際社会史からみた、国際関係史からみた日本陸軍を捉え直すというのは、それなりに意味があるのかなと思いまして、あとでもし、説明してくれればいいかなと思います。

それからこれは四番目になるのですけれども、それは「ポリティカル・ジェネラルの誕生」とか私は呼んでいるのですが。それは、大日本帝国が帝国主義国として成立していくと、台湾も朝鮮も獲得すると、変な話、台湾総督、朝鮮総督というポジションができるわけです。陸軍大臣から朝鮮総督、あるいは台湾総督とかいう上がりポジションが設定されていく。そのなかで、本来、日本本土にいたときは、将軍といっても別に行政をやらなくてもすむという話なのですけれども、植民地に出て行くと、ロシアの植民地でもみんなそうなのですけれども、だんだん利権だの私的関係だの何だの、もういろいろなものがついてくるわけです。そのなかで、軍事的なものだけから政治的なものも理解できないと、立派な将軍とはなれない、言葉にならない日常というのがやはり展開していったのではないか。だからその意味では、英米陸軍の軍人、特にイギリスの陸軍の軍人が、どうして旧ロシア帝国型の帝国主義的な軍人にならなかったのか、よくわからないところが若干あるのですけれども、日本の将軍には旧帝国ロシアの軍人、将軍のあり方みたいなのと、けっこう似たところが若干あるのかなと。それで、おっしゃっていた日本がソ連側の成功にかなり惹かれていたというのは、これはものすごい事実だと思います。当時の20年代、30年代のソ連の軍備の増強というのは、明らかに軍事の常識からして不可能なことをやったわけですよね。だから、ソ連型政治体制を継続しても経済がつぶれないということを実証したわけで…。

等松　ある意味、もっとも総力戦体制の構築に成功した国かもしれない。

柴山　そうそう。だから、あの成功がなんで、うちにできないのかとかいう基本的なメンタリティがあって、ただ、その意味では、そういう国際史的な観点とかメカニズムからみると、どんどん日本陸軍の捉え方というのは変わってくるのかなと。常識的には追い込まれた。にもかかわらず、たぶんクラウリーは、彼らはやはり所詮はエリートなのだと。日本の軍人にはエリートの匂いというのがほんとうに染みついていて、最終的には国民軍をつくらなければいけないのはわかっているのだけれども、自らのエリート主義気質を捨てられない。完璧にコントロールする対象としての国民としか、みてなかったのではないか。総力戦と軍人エリート主義の矛盾の有無の問題ですね。これらが全般的な、総論的なところであります。

それから、各論的なところに移ります。第一のところから順番にいきたいと思いますが、日本側の意図につきましては非常によくわかったと思うわけです。ただ、私が知りたいのは、服部先生が必ずしも中国専門家ではないので、あまりこれを追求するのは酷なのですけれども、蔣介石はどういう構想で、いったいどういうふうな戦争図を描いて、どう勝って、勝ったらどこまで要求して、どういう計算をやっていたのだろうか、というのを非常に知りたい。それにかかわることなのですけれども、これもまた服部先生の領域とはちょっと違うのですけれども、蔣介石が生き残れたのは単なる偶然ですよね。別に意図があったわけではない。だから、勝とうと思っていたら負けて、負けてもうダメだなと思ったら生き残ったとかいう、そういうことですよね。そうなると変な話なのですけれども、日本の軍人・将校をこの展開で批判することはできますか。つまり、軍事的な合理性だと基本的にはもう崩れているわけですね。にもかかわらず、後からみれば、たしかに倒れなかったとはいえるわけですけれども、はたして軍事的にこの戦争は失敗だと言い切れるのか、政治的には別ですよ、政治的にとか道義的にとはまったく別ですよ、軍事的にこれをやったことが…。

服部　その蔣介石サイドからみて?

柴山　全般なところからみて。要するに偶然で生き残っただけですから。たまたまやってみれば、意外と中国の地勢というのは恐ろしいものだったと。その地勢を克服するということを、北中国ではズッとやってきたわけですよね。どうして、華中でそれができないかと。満州国で、あれほどでっかいところでもそれなりに展開できたわけですよね。

服部　それはひと言、準備だと思います。

柴山　なるほど。そこのところがあって、その軍事的には、はたして批判ができるのかというところがあるのですね。あと、これはちょっと関連ですけれども、現地化はどうしてできなかったのだろうかと。つまり汪兆銘政権があったときに、そこで軍隊を作り上げて、そこで現地化して逃げるという手というのはありえたわけですかね。不可能であれば不可能と言っていただければけっこうなのですが。

次なのですけれども、おっしゃった「戦争目的の拡大」なのですけども、この戦争目的の拡大の責任者は誰かと、もちろん軍部、政府、国民全部とも言いえるのでしょうが、誰がこの拡大に賛成したのか、誰が反対したのか知りたいです。石原莞爾なんかは反対したといわれているわけですが。

服部　戦争目的の置き換えではなくて、拡大派、不拡大派の話ですか?

柴山　いっしょでしょ、ここでも拡大した責任者というのははっきりしているわけでしょ。

服部　戦争目的の東亜新秩序の置き換えですか?　ではなくて、全面戦争化するぞ、というお話ですか?

柴山　説明不足でごめんなさい。「華北問題の解決」の責任者というのは、単に軍隊だけでなくて政府、国民とかいるわけですよね。具体的にはどういうふうな人がいて、その人たちはどういうふうな意図にもとづいて、拡大が正しいとかいうふうに考えたのかということを、ちょっとお教えいただきたい。それで次に、「東亜新秩序」のところなのですけれども、政治的に終結させられるのが**局面2**のところにあるのですけれども、これをできるとするのであれば、その根拠はいったいどういうふうに考えていたんだろうと。そこはすごく知りたいのですね。それで、もう一つは、このクレーギーと妥協できるぐらいだったら、なんでもっと妥協できないのだと。

服部　イギリスの妥協っていうよりも、イギリスに日本側の要求を呑ませたというかたちなので。それでイギリスが屈したということでアメリカが梃子入れをするのですね。こういう構図になっているのです。

柴山　なるほど。それからもう一つ、すみません。これも同じような質問ですが。「東亜新秩序の放棄というのは検討されなかった」とおっしゃいましたが、こういうのが一番外交史で困るわけですけれども、なんで検討されなかったんだろう。そこのところをすごく知りたいのですね。何か客観的な理由でもあるのか、あるいは突発的なことでそうなってしまったのか、そういうところで。あとはもう、全般的なさっきの話になりますので。どうしましょうかね、こういうのは後でまとめてお答え願った方がいいですかね。

服部 どっちでも私は…。

柴山 それでは、とにかくいっぺん5分ほど休憩をしまして、私の質問に答えてもらって、皆さんフロアーで、ということでお願いします。

――休憩――

柴山 それでは、服部先生から私《わたくし》めのほうのコメントに対するお答えを5分程度でいただいて…。

服部 ありがとうございました。柴山先生から集中砲火のごとく、コメントと質問がいっぱい当たってしまって、全部、跳ね返せないというような感じなのですけども。

まず最初の、日本の相対的国力の低下のお話ですけれども、日本は今もある意味、そうなのかもしれませんが、やはりミドルパワーだったんだろうなという気がします。軍事的にはたしかに強国だったわけですけれども、それは、兵力が大きいというだけであって、まず資源がない、それから技術もない。そうしたなかで軍事強国として、自立した大国としてやっていくのは、おそらく無茶だったと思います。必ず国際協調をやっていくか、あるいは強い同盟国を求めるほかない。第一次世界大戦前は日英同盟でやってこられたわけですが、第一次世界大戦後はそういう同盟体制というのが否定されて、集団安全保障的なものになっていく。そうなってくると、やはり英米との対立を覚悟のうえで博打するか、あるいは対立の図式から出て行くという二者択一しかなかったのだろうなという気がするのですね。そのなかで最大の分かれ目はやはり三国同盟であって、そこまではどうにか、いわゆる現状打破グループと現状維持グループの対立構図から出て行けるチャンスはあったと思うのですけれども、三国同盟に入ってしまったことで、もう、決定的に抜け出るチャンスを失ってしまったと思います。

言ってみると、これはあとのお話にもつながってくるのですけれども、やはり、第一次世界大戦の教訓、もしくはトラウマみたいなものが、政府関係者や軍人にもあって、第一次世界大戦のときは勝ち組にまわったという理解があると思います。イギリス・フランス・ロシアの三国協商側にまわったことで、日本は戦勝国としての立場を得て国際連盟の5大国入りができた。だけどもその一方では、英米といっしょになって戦ったという認識はあるのだけれども、ワシントン体制前後を見てみると、逆に英米から押し込められてしまいました。勝ち組にまわることは重要だけれども、かといって英米が100%信用できる国ではないというのが、おそらく第一次世界大戦で日本の軍・政治家が得た教訓なのかなという気がするのですね。といいますのも、三国同盟締結の前で、入るか入らないか侃々諤々《かんかんがくがく》の会議があるのですけれども、松岡洋右はこれを言って反対論を黙らしちゃったんです。「第一次世界大戦のときに英米といっしょになって戦ったではないか。ところが戦争が終わったとたんに彼らは手のひらを返して、日本の大陸権益を全部はぎ取ろうとしている。こんな奴らといっしょにできるのか」みたいな話です。そうみてみると、やはり日本としては博打に出るほかなかったのかなと思います。仮に博打に入らないで傍観者であったとしても、日本はすでに日中戦争で頭を突っ込んでいますし、あるいは、松岡も言っていましたけれども、ドイツが負けたら過酷な戦後政策を英米が日本に突きつけてくる可能性がありました。そうならないように「ドイツが負けないように日本がつっかい棒をするというのは、ある意味、大事なんだ」みたいな話を松岡はしていて、相対国力が低下するなかで、やはり日本としては博打に入っていかないと生きていけないという結論になったのでしょう。英米につく博打とドイツ側につく博打があるけれども、こうなったらドイツ側につくほかないだろう、おそらく、このあたりの話になったのではないかなという気がします。

それから二番目のお話で、日本が日ソ中立条約を守ったというお話ですけれども、軍人の間では田中新一とか武藤章みたいな対立もありましたが、大きく分けると、やはり軍事のサイドは対ソ参戦はノー、政治のサイドは松岡洋右一人がGOということになっています。つまり、単純に戦略からみるとドイツといっしょにソビエトをノックアウトするというのが、政略的には一番取るべきオプションだったと思うのですが、軍事には二つ用意が必要であって、一つは戦うという行為と、もう一つは戦力の準備なわけですね。で、当時の日本は、対ソ戦に向けた戦力準備がまったくできていませんでした。それまで1940年の夏から日本がズッとやっていた準備は、南方進出向けの戦力準備なのですね。そこでいきなり「明日、じゃ、ソ連を攻めるから」と言われてもできないのです。やはり、半年から1年程度の準備期間が必要で、その時間がない。だから無理。しかも、仮に対ソ連参戦するとしても条件が三つある。それは第一には独ソ戦が長期化しないということ、第二には物資が得られるということ、それから、第三が極東ソ連軍が独ソ戦線に向かって動いていて弱体化するということです。ですが、いずれの条件も満たされませんでした。つまり、対ソ戦は2カ月ぐらいで終わるとか思われていたのに、結局、終わりそうにない。それから、東南アジアと違って、シベリア極東地域にはほとんど資源がない。そして、極東ソ連軍はほとんどドイツに向かって動いていないということで、結局、対ソ参戦する条件が整わなかったのです。現実が許さなかったと思うのですよ。理念としては対ソ参戦したほうが軍略的、戦略的だと思うのですけれども、結局、現実が追いつかないということなのですね。

それから三番目ですが、日本軍はドイツ軍のメンタリティで第二次世界大戦を戦ったというお話なのですけども、まったくそのとおりかと思います。やはり日本軍を特徴づけるのは先制攻撃という軍事ドクトリンで、これはまさにドイツの軍事ドクトリンですよね。その軍事ドクトリンは非常にはっきりしていて、日清・日露の両戦争は、日本側の先制攻撃で始まっていますね。ということで、強国に囲まれた内線作戦の地理にいる国としては、先制攻撃で各個撃破を目指していくというのがもっとも理にかなっているのだという話になります。そういうふうにみると、やはりドイツ軍の影響というのは非常に大きかったと思うのですね。そのなかで、やはり大事になってくるのが、第一次世界大戦のイメージなわけです。第一次世界大戦は膠着状態に陥って、ズブズブやっているうちに、終わってしまいました。結局、ドイツは敗戦国としての地位におかれるわけですが、第二次世界大戦の終わり方とは違って、無条件降伏で「おまえの政治体制まで変えろ」とまでは、ならなかったわけですよね。だから、おそらく第二次世界大戦にのぞむ日本の軍人も同じ考えで「ダラダラやっているうちに何とか終わりになるんじゃない」ということで、大西洋憲章は出されていましたけれども、国家体制を変えろというところまでは考えられなかった、想像ができなかったのでしょう。つまり、新しい時代の戦争に対応できなかったのだろうなという気がするのです。

これはドイツ軍のメンタリティとは無関係ですけれども、もう一つ、やはり大事なのは、日本の軍人は負け方を知らない、あるいは負けるという言葉を知らなかったということです。だから、日中戦争から対米戦争にいたるまでのプロセスは、一貫してエスカレーションですよね。ということで、エスカレーションさせるしか解決方法がなかった、あるいは発想できなかったというのは、やはり負け方を知らなかった、負けるという発想が許されなかったという、軍人特有の思考がそうさせたのかなという気がします。これは軍事作戦でみると、戦陣訓みたいなものが出されて「死ね」「捕虜になるな」というのと似ています。ところが、兵士に対して負けたあとの処遇というものをまったく教えていなかったから、捕虜になった兵士が、あることないこと全部、情報を連合国側に漏らしてしまって、これが日本軍にとって非常に不利に傾いたという、笑い話みたいな話があります。そういうことで、負け方を知らなかったというのは、軍人としてはしようがないのですけれども、日本軍人に対しては、政治が穴埋めしなければいけない部分があったのだろうなという気がします。おそらく「きれいな負け方」みたいなのがあったろうと思います。

それから、四番目の「ポリティカル・ジェネラル」ですけれども、これはもう前回の森先生のお話ではないですけれども、どこから軍人の役割・メンタリティと、政治家の役割・メンタリティが分かれていったのか、ということと関連していて、これは私には簡単に答がわかりません。簡単に答が見出せないなという気がします。ただしやはり、柴山先生もおっしゃっていましたけれども、国民軍をつくりきれなかったエリート意識というのは、やはり日本軍にはあると思います。池田清先生のだいぶ前の『海軍と日本』という本によると、海軍に比べれば、はるかに日本陸軍はデモクラティックだったというお話で、それはそうなのだろうなという気はするのですね。それはおもしろいお話だと思うのですが、でも結局、これは戦後日本のエリートについてもいえると思いますが、やはり失敗を認められないのは日本のエリート、官僚組織の一つの特徴で、それが一般国民に対する処遇であるとか、政策判断の誤りが直せないなどの問題につながっていったのだと思います。

それで、細かい点のお話ですけれども、6点ばかりいただきました。「蔣介石の戦争像」ですが、これはちょっと私がお答えできる範疇を超えてしまっています。ですが、やはり、蔣介石としては二つ自信があったと思います。一つは中国の統一がある程度進んできたことと、中国人のナショナリズムが徐々に芽生えつつあったということです。この二つに立脚したうえで、最終的には欧米をいかに巻き込んでいくかというのが、蔣介石の戦略だったと思います。ですから、日中戦争の初期で、全面戦争とか言いつつ華北では逃げ、その一方で上海では徹底的に戦うというのは、やはり、いかに国際世論に向かって日本がおかしいことをやっているかというのをアピールして、中国大陸から日本軍を追い出そうとした戦略です。おそらくこれが、長期的にみた蔣介石のアジェンダで、自力で完全に日本軍を追い出せるとは、最初から思っていなかったと思います。

それから二番目ですけれども、「日中戦争は軍事的に、戦争として成功だったのか」というお話なのですが、満州事変は完全な成功でした。盤石《ばんじゃく》な傀儡政府はできたし、経済支配もガッチリいくわけです。一方で日中戦争をみてみると、占有域は確保できましたけれども、盤石な傀儡政府はできなかったし、経済支配もできなかった。ということで、やはり失敗だったと思います。ですが、満州事変に関してあまり言及されていないのが、満州事変は非常に綿密な計画にもとづいて行われたということです。といいますのも、満州で戦った日本軍というのは、東北軍閥の軍事力の撃滅という軍事作戦の観点からだけで戦っていないのですね。実は、それぞれの軍閥が持っている銀行を占拠するという、きわめてポリティカルな作戦なのです。これによって中国の軍閥が持っている財源を全部押さえることができたからこそ、満州国は成立できたのですね。本来ならば、日中戦争でも、もし東亜新秩序をつくるとするならば、同じことをやらなきゃいけなかったのですが、その準備がまったくない。だから野戦軍は追っ払ったのだけれども、結局、法幣の財源を押さえることができないわけです。そのために最終解決として日本政府と日本軍は、天津に保管されていた国民政府の銀をよこせとイギリスに要求します。これで国民政府の財源を破壊しようとしたのですけれども、結局これも、不成功に終わりました。やはりこの戦争は、完全に失敗だったのだと思います。

それから三番目の「現地化できなかったのか」というお話ですけれども、やはり当時、排日ナショナリズムが非常に高まっていましたから、撤退したら元に戻ってしまうということで、現地化はおそらくできなかったのだろうと思います。傀儡政府はほとんど機能しませんでしたから、現地化はできなかったんだろうなと思うのですね。日本軍が駐留するほかなかったということになります。

それから四番目の「拡大の責任は?」ということなのですけれども、これは東亜新秩序ですね、おそらく。やはり最終的な責任は近衛文麿にあると思います。といいますのも、東亜新秩序声明が出される1週間前かな、ほんの数日前なのですけれども、政府の中で、もし米英と経済断交したらどうなるかというシミュレーションが行われています。その結果、日本経済が破綻するという上申書が政府に出されているのですが、にもかかわらず、舞い上がってしまった政府は、行ってしまえとなります。米英と対立してでも中国で経済自給圏をつくるという方針で、東亜新秩序声明を出してしまって、米英との対決を不可避なものにしてしまうのです。下には経済官僚とかもいますけども、やはり最終的な責任は近衛にあったのだと思います。

それから五番目ですが、「日中戦争を政治的に終結させることは可能だと思っていたのか」というお話ですが、これはちょっと難しい答えです。やらなければいけないし、たぶん、できると思っていたのでしょうね。「できる」とは、よく日本人が陥る精神論ですけれども、「できる・できないではないのだ、やるのだ」というお話で、おそらくこういう考え方にもとづいて、政治的な日中戦争の終結・決着というのを図ろうとしたのであり、「できる・できない」は真剣に考えていなかったのではないかなと私は思います。

それから六番目の「東亜新秩序を、なんで破綻しているにもかかわらず放棄できなかったのか」ですが、やはり大きいのは、それまでの戦争で支払った犠牲ですね。日本軍・日本政府は、日中戦争で多額の国家予算を使い、多大な死傷者を発生させています。そういったなかで東亜新秩序をやめるということになると、これはもう政治責任を問われることになって、政府と軍部に批判が向くことになりますね。戦争を拡大させた軍部に対して「おまえ、どうしてくれるのだ！」という話になって、国内批判に耐えられないということで、政府と軍部としては、国内政治の立場上、もう放棄できなかった、したくてもできなかったのだと思います。もう一つの原因として見落とせないのが、財界です。日中戦争にともなって、それだけ揚子江流域を中心に日本の財界が非常に進出してくる、そうしたなかで、野村吉三郎《のむらきちさぶろう》、当時は外務大臣になったか、ならないかという頃だったのですけれども、東亜新秩序をやめろという意見を述べます。そうしたら、財界が許さないのですね。ということで、国際政治上の効率で考えればもうやめてしまえばよかったし、やめるべきだったわけなのですが、結局、さまざまなしがらみができてしまって、引くに引けなくなってしまったのです。またそれを政治決断できなかったというのが、「放棄せず」の理由だったのだろうと思います。やはり、根っこには負け方を知らない軍部のメンタリティ、これが大きかったんだろうと思います。

■■ フロアーコメント ■■

柴山　はい、ありがとうございました。というところで、今からはフロアーということになります。お手をあげてください。

久保田　経済のほうの立場から少しお話をさせていただきます。だいたい戦間期というのは、大恐慌の前と後ろでムードが違うというのが普通なのですが、日本の場合はそうでないのではないかと。つまり第一次世界大戦のときに、ほかの国が非常に戦争で手いっぱいで、民間の商品を作れない間に日本はさんざん稼いだ。戦争が終わったらそれができないというので、その時点からもうすでに経済的には、かなりひどい状況であったのでないか。今の話を聞いてね、みんなどう思ったかよくわからないですけれども、日本の経済力、軍事力、その他、かなりよかったというふうな印象をしている気もするのですが、実は一部、非常にその世界的なレベル、例えば、ゼロ戦がどうのこうのという話なんかが出てくるわけですけれども、やはり、かなり、その意味でいえば、ひどい問題がある。例えば、ゼロ戦がよくてもエンジンがよくなくて、結局のところ稼働率が非常に低いとかね。そういったところがあって、やはり最初のところは無理をしているのではないか。それを隠していたところが一番大きな戦争に突っ込んだ原因ではないか、という気がするのですけれど。その点について先生、いかがお考えでしょうか。

服部　基本的にやはり、どうも今のイメージで国家間関係を捉えがちなのですけれども、当時の日本は技術後進国でした。笑い話みたいな話でよく言われていたのは、ゼロ戦の部品のネジを切っている機械があって、一生懸命つくっているのだけれども、「この機械が壊れたら替えがないからな。ネジをつくれないから丁寧に扱えよ」と、工員が管理者から注意され、機械を見るとメイド・イン・アメリカになっていたそうです。工作機械、機械をつくるための機械はすべてアメリカから輸入されているという実態があり、それから必要物資の70%、80%が米英からの輸入であるというのは、言ってみると、親に養われている子どもが自立するぞ、と言っているのにほとんど近くなってきますよね。そういう実態があるにもかかわらず、無理に自立をしようとしたところに、どうも日本の悲劇があるのだろうなという気がします。

それであと、景気の話というのはご指摘のとおりで、大戦中は大戦景気で成金というのが出てくるわけですよね。戦争が終わると今度は、反動不況に震災不況が加わって、ズッと景気が低迷するわけです。ですから、基本的に、第一次世界大戦後の日本は、大衆文化がいろいろ花開いてきたというのはあるのかもしれませんが、やはり、景気の点からみると、ちょうど今みたいな感じで、長期不況だったと思います。ただし、ご存じだと思いますが、そうするなかで、満州事変の勃発にともなって軍事予算がものすごく増えて、それが現在でいうところの公共事業にあたる効果をもたらし、日本の景気刺激策となって景気が上向いたというお話があります。それに直面した日本国民は、戦争をやると景気がよくなるという錯覚に陥って、対外強硬路線を支持するようになったといわれています。そのお話と照らし合わせると、満州事変によって軍部が台頭してきたことと、一時的な現象でしかなかったものの、景気がよくなったということが、結局、政党政治よりも軍部が担う政治のほうが国民を幸せにするのだ、と国民が理解していったというイメージを私はもっています。久保田先生どうお考えですか？

久保田　ひと言。実は、私の先生はちょうどその頃、生きとったわけですから、その頃の証言なのですけれどね。政党はほんとうに腐敗していた。それと比べれば、軍部というのは非常にみんなまじめだということで、軍部のほうにシンパシーがあったというのは確かですね。それと先ほど、ちょっと出てこなかったのですが、実は軍隊に対する差別意識があって、それらとどう前後しているか、いまいちよくみえてこないのですね。それの前に軍部に対する差別意識が非常にあったのか、それとも同時期的に両方があったのか、どうなのかなという、これは質問です。

服部　第一次世界大戦後の国際協調と平和ムードの中で、国民の軍に対する眼が変わった。つまり「あいつら穀つぶしで、莫大な軍事予算を組んでいて、あいつらが景気を悪くした元凶だ」みたいな話になっていて、そういうなかで、軍人が軍服を着て電車に乗ったりするのに、引け目を感じるような時代があったようです。それが軍人のルサンチマンみたいなものをつくってゆき、そうしたなかで、満州事変の成功で「どうだ！」みたいに軍人に対する風向きが変わった。軍人は気分がいいし、国民も、政党政治よりも軍がやってくれる対外強硬路線のほうが幸をもたらすし、信用できる、ということになったのだろうなと私は考えています。

森　私も同じ質問にお答えします。やはり、世界恐慌の前後にたしかに雰囲気が変わるのですけれども、第一次大戦後、ズッとお金の面で陸軍は苦労しているという認識です。むしろ、宇垣軍縮というのは、お金がないから、あいうことをやったわけで、陸軍は第一次大戦後、軍の装備の近代化をやるというので、予算をもらえないから、自分たちの身を切って近代化に充てるということをやったわけです。

元橋　関西学院総合政策学部3回生の元橋俊之と申します。日華事変の和平工作のところに桐工作というのがあったので、それつながりで質問したいのですけれども、桐工作の以前に、1937年の上海戦が終了して、その継続的なつながりのあとに、南京を攻略したあとに、駐日ドイツ大使のトラウトマンという大使を仲介にして「トラウトマン工作」という講和交渉が行われたのですけれども、で、けっこうその講和交渉、国民党が興味を示しておりまして、直前に精鋭部隊が上海戦で敗けたので、蔣介石側もそれなりに意欲があったのですけれども、結局、失敗したと。

　で、私としては、首相と外務大臣、近衛と広田弘毅が途中で、われもわれもと条件を繰り上げだしたからご破算になったと思っていて、服部先生の**局面1**の日華事変が、なんで長期戦争になってしまったのか、というところにつながるのですけれども。軍事的な失敗点をあげてもらっているのですけれども、やはり、このトラウトマン工作でつまずいたというところが、この先の見通しのつかない長期戦の一番大きい原因だったのではないかと思っています。軍事的にも蒋介石と比べて、日本が後手後手にまわってしまう。ですけれども、結局のところ、上海戦で大規模な突破戦を成功させて、国民党が総崩れになっておりますので、軍事的にはかなり成功した部類ではないかと私は思っております。やはり、そのあとの政治的、外交的な取り組みのなかで、大失敗したところが、かなり大きいのではないかと思っております。先ほど、拡大したのは近衛首相の責任が大きいとおっしゃられていたので、もう答が出てるのかなと若干、思っているのですけれど。そのへんの上海戦が終わったあとの長期戦へのつながりのあたりの見解を聞きたいなと思いまして。

服部　もう大変、勉強していらっしゃるようで、感心のしだいであります。やはり、日中戦争を初期の段階でどうにかするのが非常に大事で、泥沼になる前に対処する。例えば、これとすごく似た例が、オーストリア・プロイセン戦争です。プロイセン軍がオーストリア軍を打ち破る。ウィーン直前まで、ケーニヒス・グレーツまで攻め込むわけですけれども、そのときにちょうど軍事作戦と外交がうまく連携できていて、ウィーンに侵入して占領すると、とんでもないことになるとビスマルクは認識していました。ちょうど日中戦争における南京占領と同じです。そこで、占領する前に寛大な講和条件を出して、それで手打ちにしようということになりました。日中戦争もおそらくやるとするならば、先ほどおっしゃられたように、上海の戦闘で大成功して南京まで追い詰めたところで、日本は寛大な講和条件を出すべきだったでしょう。これで手打ちにすべきだったのに、これはやはり軍人ではなくて政治家がバカだったわけですよね。むしろ逆に要求をつり上げてしまって、そのために中国側が具体的講和条件を問い合わせたら、「問い合わせるとは、何事か！」みたいな話になってしまって、結局、戦争は泥沼化してしまった。

ですから、日露戦争のときも日清戦争のときもそうだと思うのですが、やはり、戦況をみながら提示する政治条件を、うまく足したり引いたりするのができなかったのは、完全に政治家の欠陥だったと思うわけです。これはやはり、日本人のというか、当時の日本の外交の大きな欠点だったと思います。

柴山　それと関連してよろしいですか。元橋君の良い質問に啓発されて。そうすると、近衛と広田が初期に収拾しないというのは、単なる外交手腕のミスなのか、それとも大きい構想みたいなものがあったとみるべきなのか、どっちなのですか。

服部　これは難しいのですけれども、大きな構想というよりも、やはり、あまりに軍事的に成功してしまったために、近衛・広田の個人的な問題だけではなくて、おそらくそのバックにあった世論の問題もあるのではないかと思います。といいますのも、それまでの上海付近の戦闘があまりに激烈で、多大な死傷者を出していて、そうしたなかでようやく中国を追い詰めた。そういうところで、寛大な講和条件を出すと、先ほどの東亜新秩序をやめるかやめないかの話ではないのですけれども、そこでなんで値下げするのだという国内世論に耐えられない。おそらくそれが、逆に、値下げするのではなくて値上げしてしまったという理由だと思います。やはり、国内政治上の合理性と、国際政治上の合理性というのは、一致するときもあれば、相反するときもあって、おそらく、この局面は相反する局面になってしまったのではないかと思います。

森　ちょっと横槍というか、介入というか、あれですけど、トラウトマンの話があったので。南京政府、蒋介石は、日本の条件を呑む可能性は低かったという話もあるのです。だから、あえてトラウトマン和平工作にこだわって、日本の和平案が蹴られたら、もうメンツは丸つぶれです。陸軍省ももちろんメンツがつぶれますし、軍の統制も崩壊します。さらには近衛も責任をとって辞めなければいけないかもしれない。こういうシナリオも考えられますので、近衛と広田が、トラウトマン和平工作にのらないというのは、一見すると不思議に思えます。なぜ、あれほど拒絶したのだろうと思います。その一つの背景として考えられるのは、蔣介石が和平にのってこないという情報を事前につかんでいたかもしれないということなのです。これはぜひ、研究していただきたいところです。

さっき、服部先生がおっしゃった南京の話なのですけれども、日本陸軍は南京まで行くつもりはなかったのです。これは陸軍省にかぎった話ですが、南京まで行くつもりはなかった。とにかく上海事変を早く終わらせたいというのがあったのですけれども、南京まで行け、と初めに言ったのは、もちろん日本の現地軍で、松井石根《まついいわね》なのですけれども、もう一人挙げるならば、米内光政《よないみつまさ》海軍大臣です。あの人は閣議で「南京まで行くべし」と言っています。あれで大勢が決まって、海軍が、とにかく首都を落とせと主張するようになります。陸軍は南京攻略を主体的に考えていなかったわけですし、しかも上海から南京まで急進したのです。そのような急展開のなかで冷静に和平条件を練るというのは、現実的にできたのかどうかというのもよくわからないですし、そこはもうちょっと詰めて考える必要があると思います。

柴山　興味深いですね。さらに質問はありませんか。

服部　ちょっと待ってください。そのトラウトマン工作を蹴ったというお話でおもしろいのが、いわゆる暗号解読ですね。といいますのも、盧溝橋事件が起こったときも、実は中国側はやる気満々だというのは、日本側は中国側の暗号解読でわかっていて、だから、わりと早い段階から、全面戦争をやってしまえ、という話がありました。先ほどのお話もおそらく、そのトラウトマン工作とのやり取りで日本が暗号を読んでいて、どうも中国側は本気でやっていないなというふうに足る根拠を得ていたのかなという気がするのですが、どうなのでしょう。

森　日本側が中国側の暗号を解読しているのは、史料でも明らかになっていまして、盧溝橋事件が起こってすぐに、中国側の電報を解読しています。というのは、蔣介石国民政府は英米ソの大公使館に、全面戦争をしたときに支援をもらえるかどうかというのを打診していて、どこが援助してくれるかというのを見定めようとしているのです。そのような情報が現地からたくさん入ってきます。入ってきすぎるから、むしろ情報が入ってこないように、梅津なんか統制してしまうほどでした。「現地から無駄な情報をもってくるな。現地の担当官だけにしろ」と言って統制します。だから、情報は相当受けていたと思われます。それをどこまでわれわれが入手できるかはわかりませんが。

吉田　貴重なお話、ありがとうございました。神戸大学法学研究科修士の吉田賢太と申します。質問させていただきたいのですけれど。服部先生の説明によれば、いわゆる日中戦争で、日本側もこれがまさか長期になるというのを予想せずに、準備不足だったみたいなイメージを受けたのですけども、逆に日本の政治家・軍人、誰でもいいのですけれども、これが長期になるぞ、とわかっていた人というのは誰かいなかったのですかね。

森　宇垣（一成）です。「絶対やっちゃいかん」というので、日記にも書いていましたね。

吉田　ほかに当時の政府首脳とか、宇垣はたしかにこのときは民間のほうに出ていたと思うのですけれど。誰か政府首脳の中で、ちょっとこれが延びるというか、長期戦になってしまうのではないかというのを考えたことのある人というのは、いなかったのですかね。

あと、もう一つの質問は、先ほど米内が強硬論を言ったというのがあるのですけれども、今回の研究は陸軍を中心にみてきたのですけれども、逆に海軍は日中戦争に関してはどういった立場をズッと取り続けていたのか、あくまでも彼らには関係ない戦争とみていたのか、教えていただければと思います。

森　海軍の話から始めますと、海軍は第2次上海事変までは日中戦争反対ですね。だけれども、上海というのは、第一次上海事変のときもそうですけれども、ここは海軍がやるところという縄張り意識があるのです。やはり上海事変で、大山中尉事件というのがあって中国兵に惨殺されるのです。中国軍がいないはずの日本人区域がある、そこで狙い撃ちされて八方から射撃をくらって殺されました。それで、海軍首脳はかなり怒る。もう一つは、第一次上海事変のときもそうだったのですけれども、自分たちの兵器を試したい。最精鋭部隊というか、最新の爆撃飛行隊とかを試したいという気持ちがやはりあります。さらにいえば、上海より南、海南島とか、あちらのほうにも利権を求めたいというのがありました。陸軍はまた対照的で「上海なんかでことを起こしても、なんの利益もない」とか、そういうことを言うのです。だから、満州事変の最中に起こった第一次上海事変のことも、絶対に「事変」と呼ばない、「上海事件」というのです。満州事変の中の上海事件、「あんな無駄なことをやって」みたいなことを平気で講演でも、軍人が述べています。あまり関心がなかったのです。だから、上海を落として南京に向かってというのは、それまで考えていなかったのではないでしょうか。準備不足というか、先ほどから言っているような陸軍省の人たちはむしろ、やってはいけない、というふうに考えていたところがあります。

服部　軍令的なお話になるのかもしれませんけれども。たしか陸海軍の協定がありましたよね。華北が陸軍の治安担当で、華中・華南が海軍の担当となっていて、それで、上海で非常に手を焼いていたというのは、海軍が強硬論をとる背景ですけれども。日中戦争が始まったあと、政治的解決のお話で出てくるのですが、日中戦争が長期化してくると、いかにして物質的に重慶政権を追い込んでいくかが課題になり、その封鎖作戦の責任をもつのが、実は日本海軍なわけなのです。香港であるとか、いろいろなところで海上封鎖作戦をやるのですが、そのなかで中立国の看板を掲げてイギリスの船がバンバン物資を運んでいくので、日本海軍の中で相当、反英意識が高まっていくのですね。彼らが邪魔している、と。

もう一つは、たしかに陸上でも戦っているのですが、空の戦いもあって、海軍の航空隊が重慶に対する爆撃を担当していました。そうしたなかで一生懸命、いかにしたら重慶を屈服させるかというので、実は、陸だけではなくて海軍もけっこう、この戦争に関与していたことは、考えておかなければいかないポイントかと思います。

等松　今お話になったことに関連しますが、当時、武藤貞一という名前の評論家がいました。今でいうと、田原総一朗みたいな人で、あれこれ書きまくっていますから、言っていることは玉石混淆ですけれども、意外に鋭いことも書いていて、日中戦争が始まった直後の昭和12年の9月か10月に、『日支事変と次に来るもの』という本を書いています。この本では、はっきりと「これは早く収拾しないと世界戦争になる」とまで言っています。武藤は、どちらかというと保守派の論客で、政府の委員や軍人ではなかったが、民間の分析家でも、かなり早くに戦争の長期化を見通していた人もいたことはいたのです。

それから、上海、南京に行って、和平工作のタイミングを失った一つの理由には、成功病みたいなものがあった。日本では戦後、軍事研究をきちんと行っていないから見落としているのですけれども、上海戦は軍事的にみると、実は画期的なことだったのです。なぜかというと、第一次世界大戦の西部戦線では塹壕《ざんごう》戦のデッドロックが起こってしまって、日本はそれを一番避けたかった。欧米諸国もそれを避けたかった。だから、いったいデッドロックを突破できるかできないか、と延々と各国の軍事専門家は議論していて、戦車とか航空機の発達もそこから起こってくるのです。その上海戦では、日本陸軍は苦戦したけれども、最後は敵陣を突破するわけです。第2次上海事変のときの中国軍は最精鋭部隊が来ていて、ドイツ軍事顧問団が訓練しています。非常に堅固なトーチカを造って、まさに第一次世界大戦の西部戦線の悪夢みたいな状況が再現されるかと思ったら、結局、日本軍が突破に成功するのです。これは、いろいろな戦術的工夫があったからできたので、純軍事的には大変な成功なのです。だから、その成功によって、歯止めが利かなくなってしまったという要素が多分にあります。

それからもう一つ、第一次世界大戦との類比でいうと、ソ連の脅威と中国の脅威の挟み撃ちにあって、満州国の育成が失敗するのではないかという、劣勢パラノイアに日本陸軍がとりつかれていて、その意味では、中国一撃論はシュリーフェン・プランなのです。中国を即決で叩き潰したら余力ですぐ北に行くと、まさにシュリーフェン・

プランの東アジア版なのですね。だから、シュリーフェン・プラン的な話の第一段階が成功してしまったので、第一次世界大戦ではパリが陥落すれば、きっと講和になっただろうという見通しがあったから、その思考でいってしまったのでしょう。たぶん米内さんは、中国認識が十分あった人ではないから、これは一種のミステリーなのです。米内さんは非常に平和主義者という評判があったが、重大な局面では変なことを言ったり行ったりしています。米内さんは日本の1930年代を批判して「魔性の歴史」と言っているのですが、あなたの行動が一番、魔性の歴史じゃないか、と私は言いたくなります。

柴山　それでは、ほんとうのオーラスということで。

楠　すみません。ラストのような質問ではぜんぜんないのですが、服部先生に一つ。お話をうかがっていますと、日本陸軍のとる行動は緻密に合理的というか、謀略的というか、論理的で、ただ全体的には失敗して、全体的な合理性がないというお話におそらくなっていくのだろうと思います。例えば、説明された「東亜新秩序の破綻」をみておりまして、統制経済から経済的圧迫、第三国対策、謀略、和平工作と、こういういろいろな方策があって、実行に移している。一個一個みれば、一応は合理的なのですが、全体としては結局、失敗という話になるのでしょう。それで、これは誰かが統合的な作戦としてすべてを操って展開していたのか。それとも、結果を知っているわれわれがあとからみるとこういう話になるのだけれども、当時はぜんぜんわからなくて、バラバラで行き当たりばったりで、みんながやりたいことをやっていた、というのが実態なのか。これが服部先生への質問です。

服部　ありがとうございました。鋭いご指摘なのですが、日中戦争が軍事作戦によって解決できなかった、終結できなかった後の善後策になってくるわけですね。順番からいうと、これは体系的なアジェンダがあって、それにもとづいて細かい方策が分かれていったわけではなくて、例えば、謀略としての汪兆銘政府樹立であるとか、桐工作というのは、支那派遣軍、いわゆる現地軍が始めたものなのですね。これがある程度、かたちができてくると中央にもっていかれて「じゃ、国策でやれ」という話になっていく。

一方、経済的圧迫と第三国対策は、完全に軍事作戦の範疇で行われているお話で、これはもう軍中央の指揮下で行われるということで、結果的に軍事作戦がダメになったから、では総合戦略はどうなのだというのを立てて、それで実行されていたわけではなくて、泥縄式にあれやろう、これやろう、みたいなのが積み重なってきて、なんとなくかたちができてきてしまった。こういうかたちなので、やはり総合戦略があったわけではなくて、どうもこの時期の日本らしいなというのは、積み重ね、積み重ねでかたちができてしまったという感じがします。

柴山　というところで、最後の締めの質問がすばらしくて、もうこれ以上、ぐうの音も出ませんが。

――参考文献――

入江昭『太平洋戦争の起源』東京大学出版会　1991
臼井勝美『日中戦争』中公新書　2000
筒井清忠『解明・昭和史』朝日選書　2010
波多野澄雄『幕僚達の真珠湾』吉川弘文館　2013
波多野澄雄・戸部良一編『日中戦争の軍事的展開』慶応大学出版会　2006
服部聡『松岡外交』千倉書房　2012
福田茂『アメリカの対日参戦』ミネルヴァ書房　1967
三宅正樹『スターリン、ヒトラーと日ソ独伊連合構想』朝日選書　2007
森山優『日本はなぜ開戦に踏み切ったか』新潮選書　2012

Mark Peattie, Edward J. Drea, ed., *The Battle for China*, Stanford University Press.
Edward S. Miller, *Bankrupting the Enemy*, US Naval Institute Press.

関西学院大学総合政策学部リサーチプロジェクト講座
「日米関係史研究の最前線」第5回

日本の国内冷戦
——研究課題とそのアプローチ

◆柴山 太

1　冷戦研究の現状と私にとっての冷戦

柴山　関西学院大学の柴山でございます。本日は「日本の国内冷戦―研究課題とそのアプローチ」ということで、1時間発表させていただきたいと思います。こんにち冷戦研究は国際的に下火になっています。第一の理由として、アメリカで顕著であるように、もう米ソ冷戦が終わって緊急課題がないため、その分野で研究しても仕事がないというのがあります。第二の理由は、冷戦の起源論をはじめとして、冷戦の主要研究課題の研究レベルが非常に上がりまして、博士論文ぐらいで取り組んでも歯が立たない。人生すべてを投げ出すつもりでも、良いものが1冊残るかどうかわからないという研究レベルになり、よほどの研究バカ以外は研究しない領域になってしまいました。

にもかかわらず日本人、あるいは米ソ以外の国々の研究者にとっての冷戦の重要性は、米露の研究者とのスタンスとは、違うべきではないか。

重要なポイントだけを言いますと、冷戦と第三世界の研究はすでにたくさんありますが。昔は、加害者－被害者、特に超大国＝加害者対小さい国＝被害者という簡単な図式で描かれていましたが、だんだんと調べていくと、第三世界はけっこうしたたかで、第三世界の勢力が冷戦を逆

■ 関連年表

1945年	8月15日	天皇の「戦争終結」の詔書、玉音放送
	8月30日	マッカーサー、厚木到達
	9月　2日	大日本帝国政府・軍部、降伏文書に調印
	10月	徳田球一・志賀義雄出獄。合法政党として、日本共産党は活動再開
1946年	3月	チャーチルのフルトン（鉄のカーテン）演説
1947年	2月	2・1ゼネスト中止
	3月	トルーマン・ドクトリン発表
	6月	マーシャル・プラン発表
	9月	反マーシャル・プラン闘争開始。コミンフォルム成立
1949年	7月～8月	下山・三鷹・松川事件
	10月	中華人民共和国成立
1950年	6月25日	朝鮮戦争はじまる
	7月　8日	マッカーサーが吉田茂首相に国家警察予備隊創設を命令
1953年	7月	朝鮮戦争休戦協定成立

手にとって自分が生き残ったとか、あるいは冷戦の中で大きな勝利を勝ち得たこともわかってきました。

南山大学の野口博先生がインタビューしたベトナム軍の将軍たちは「いやー、あの頃は大変でした。ほんとうに心が潰されるような戦争でした」と言うと思いきや、「俺たちは、アメリカに勝ってやったぞ」と手柄話を振りまわす人がごろごろいまして、ベトナムがアメリカに虐められている理解などナイーブというのがみえました。

かたや第二世界、第三世界以外の米ソの同盟国を考えると、かなり複雑な側面をもっています。例えば、イギリスにとっての冷戦は、まさに帝国解体そのもので、冷戦と帝国解体が同時に進んでいます。さらにフランスにとっては、冷戦とともにEU化、と同時に植民地を失うという構造でした。ドイツは冷戦終結で分裂国家でなくなりました。

日本はといいますと、映画『三丁目の夕日』を見た人がいらっしゃるかと思いますが、アレはほんとうです。ほんとうに私が育った神戸の下町で実際に起こっているシーンで、ないのは東京タワーだけです。うちの近くのレストランのマスターが「あの時代、ええ時代だったよね」と申しておりましたが、当時の実感として、毎年「今年はどういう電化製品が入るのかなあ」との期待感で満ちていました。冷蔵庫がうちの家に初めてきたとき、うちの母が周りの主婦を呼んできて「これが電気冷蔵庫よ、こういうふうに開けて、ここに放りこみ、これを今度は調整するのよ」と説明してました。それまで氷の冷蔵庫しか持たない奥様たちは「えー、おー、はー」とか聞いてました。さらにすごいのがテレビで、最初にご近所に導入されたのは柴山家でありました。理由は簡単で、うちの父が三菱電機に勤めておりまして、ボーナスが払えなくなった三菱電機は、売れ残ったテレビを現物で渡してくれました。何が起こるかというと、突然、私は小学校で人気者になるわけです。「柴山くん、今晩、君のとこ、あそびに行ってもいい?」とか言って、一人ではすまないわけです。もうガンガン来て、うちの小さな居間は、座布団が8枚、9枚。ドラマ『ミイラ男』ってありましたよね。憶えてます?

久保田　私らは『月光仮面』なのですよ。

柴山　『月光仮面』は私も見てましたよ。『月光仮面』の前に『ミイラ男』があったんですよ。『ミイラ男』放送開始前ぐらいに友人が来はじめ、いっぱいになるのです。が、やがて、昨日まで9人だった人が、8人、7人、6人と柴山家への日参組が減り始めます。要するに自分の家でもテレビが入ったということでありました。

このように、冷戦とともに日本の経済的成功はあったわけですが、同時に私たちの知らないところで、重要なことが決まっていったことも否定できないわけです。つまり西側の中では、日本は戦略的重要性では非常な上位国なのだけれども、扱いにおいては下位国でありまして、重要なことは相談されませんでした。イギリスやカナダは、冷戦中ズッと、アメリカとすべての情報を共有していましたから、まったく違う地位です。ということは、例えば、安全保障上の密約、実は、密約はまだ良いほうです。密約以上に重要な決定事項は、基本的に英米カナダの間でしか決まらないので、その決定後に、日本に内容を知らさずに執行する状況でありました。その意味では、われわれがこの冷戦構造・決定を知ることは、隠れている大きな構造・決断をよく把握して、自らの生き方を確認すること、さらにそれを次の世代に伝えるという問題でもあります。いわば冷戦構造・決定を理解することで初めて、ほんとうの意味での日本の成功を理解することが可能となり、戦後日本とは何かと答えることができるのではないか。日本しか知らない、日米関係しか知らない理解で満足することは許されないのでないか。

もう一つの重要な問題として、私たちの世代とって、学生運動とか、日本の中にあった左翼運動の問題があります。私が20歳だった頃、もう37年前になります。驚きですが、同志社大学のランチタイムは、革命歌『インターナショナル』で始まるのです。国際共産主義運動のあの『インターナショナル』です。

当時の同志社大学学友会はブント派です。赤ヘルメット、覆面、樫バット（つるはしの樫の柄）、または角材のスタイルで、警察機動隊の盾の部隊をぶっ倒すための軍事訓練をキャンパス内でやっておりました。3段に並べた太い孟宗竹を一番下、二番目、上の型で、シャッシャ、シャッシャ、シャッシャと、盾をバタバタと倒せるように、前進して行く練習です。日常茶飯事ですよ。あげくのはてには、うちの師匠である麻田貞雄先生は、学友会からその親米的講義が問題になりました。「先生はどういうような意図をもって外交史を教えているのか」。「そんなもの君たち、授業に出てきたまえ」と抗弁したら。次の日、彼の研究室は、江戸時代ではありませんが、竹で×の字に封鎖されました。まだこれは良いほうで、教室で殴られた先生もたくさんいた時代です。

客観的には、日本の左翼運動の過激な人たちが大学に逃げ込んだ時代でもあった。かつては日本国内でも深刻な東西対決があったことを確認しておきたい。今日の発表はその東西対決のもっとも盛んだった頃の1945年～55年を対象としています。はっきり言って、日本共産党はもっとも早く、この国内冷戦に敗れた政党です。フランス共産党は最後までがんばり続けましたが、日本共産党は1955年に暴力路線を完全に捨てました。それからソ連や中国共産党との関係を切ったと主張し、中立路線を選んでチトー化しました（ユーゴスラビア共産党は1947～8年にソ連共産党から捨てられましたが、完全に屈するかと思いきや、チトーががんばりつづけて、西側との関係を構築し、中立国として生き残りました）。その意味で、東欧ではチトーがソ連から独立化＝チトー化し、次は日本共産党がチトー化し、最終的には中国共産党もチトー化した展開であったと思います。

で、北大のウルフ先生に言わせれば、「なぜ、こういうことを研究しないのだ」との疑問に行き着く。彼によれば、日本の大学の多くの先生は左翼運動に入っていた、すね傷がいっぱいあるわけです。要するに、あれほど鉄パイプで人を殴っていたヤツが、大きな顔をして大学で平和を語っているとかがあるわけです。そのページは記憶の中で、プッツンと消えている。彼の講義では「太平洋戦争の戦争責任は」と話すが、あなたの責任はどうなっているのか、を問題にしたいわけです。これは重大でありながら、看過されようとしている。それははたして、日本にとって正しいことであろうか。構造としての第二世界の冷戦がどうだったかという大きな問題と、日本人のアイデンティティとして冷戦のなかでいかに自らを位置づけるかということは、そんなに軽い問題ではないのではないか。

2　日本の国内冷戦研究の現状

それで、今度は国内冷戦の研究についてですが、基本的に国内冷戦という言葉をつくって日本の学会に紹介したのは、東京大学の坂本義和先生です。論文名「日本における国際冷戦と国内冷戦」『岩波講座現代（六）』です。ただ論文としては短く、コンセプトを提出したところに大きな意味があります。それから本格的な研究といいますと、和田春樹先生と五十嵐武士先生です。特に国際冷戦、国内冷戦の観点から、五十嵐先生が書いたのが『対日講和と冷戦』で名著ですが、後で問題が起こるのです。具体的には、特定の史料の使い方をめぐり、和田先生が五十嵐先生を批判され、激しい論争となりました。お二人が東京大学の先生なので、博士課程の学生とかだと、国内冷戦の研究で史料の使い方を一歩でも間違えたら、その瞬間、学究人生は終わるという展開になり、ここしばらく、国内冷戦研究は事実上ストップしてしまいました。

でも和田先生の研究は立派な内容で、『歴史としての野坂参三』など良く書けていると思います。ただ他の人の国内冷戦の研究が進まないということで、私なんかは、ひそかに不安をおぼえておりました。拙著『日本再軍備への道』では、最重要課題を日本再軍備の原理といいますか、どのような戦略的理由で日本再軍備は必要になって可能になったのか、を問いました。そこでは、はっきり言って、一番大事なのは、米英の戦略的必要なのですが、それと同時に、もう一つの隠れた目的といたしまして、この停滞している日本国内冷戦の研究を、もう一度ちゃんとしたコースに乗せる必要があるのではないかと考えました。つまり米国側史料の使用方法でトラブルとなりましたが、やはり米国側の史料を徹底的に研究し、これだけは信じられるという史料を中心に、再度、歴史像を組み立てたいと思いました。もう一つは、戦後日本の軍事力は、けっして対ソ連用だけではなくて、国内の日本共産党と在日左派朝鮮人に向けられたものであり、治安用の軍隊でもあったことを指摘したかった。その側面をおさえないと単に、対外向けの軍隊ということになります。むしろ当初にいたっては、治安のほうが大きい任務だったことは避けて通れない。それで再軍備に関して、信頼できる議論をするなら、国内冷戦の問題は避けて通れないと提示したかった。ここから先、論争とか研究を始めましょうというのが、私の意図であったわけです。

明くる年に法政大学の下斗米伸夫《しもとまいのぶお》先生が『日本冷戦史』を出版されました。東側中心の研究です。これも助かりました。違う観点から、自らの観点を相対化できますから。私の守備範囲が基本的に英米ですから、ソ連を含む東側では、どのように日本国内の治安問題あるいは日本共産党問題を取り上げたかがわかれば、大変、助かります。

観点を変えて、私が新たに読めた史料に触れますと、楠綾子・井上正也両先生に教えていただいた、米国ナショナル・アーカイブⅡ所蔵のレコードグループ２６３（RG263）、Central Intelligence Agency（ＣＩＡ）関係文書があります。これは非常に助かりました。それと、私がよく使っているRG554です。これがアメリカの極東軍（Far East Command）、だから占領軍の史料です（１９４７年以降、米軍内部の再編により、日本占領の米軍部隊は極東軍へと再編された）。それからマッカーサー・メモリアル・アーカイブのさまざまな史料、ヴァージニア州のノーフォーク市にあります。

それで日本側の史料ですが、重要なポイントは、日本共産党内部史料の一部は利用可能であり、公安関係の史料も存在します。まず「水野津太《みずのつた》資料」があります。日本共産党の党内史料です。水野津太さんは、かつて日本共産党の文書番でした。しかし途中で日本共産党を辞めたのです。それで辞めたときに、彼女が管理していた文書の中の一番主要部分を、日本共産党が持って帰ったのです。だから彼女の史料は、真ん中がスッポリ抜けて、大穴が開いている状態の史料です。でも周りが残っているので、非常に助かります。なぜ重要かといいますと、ＧＨＱ側

＝米国側がはりめぐらせた日本共産党内部のスパイネットワークが獲得した日本共産党の文書が本物かどうかを検証するのに使えるのです。それを通じて、日本共産党の命令文書がそのまま、ＧＨＱに写真の形で渡されたことが判明しました。ＧＨＱ内部では、それを訳して、マッカーサーらの首脳に報告しておりました。その意味で、現在は史料状況が非常に良好になっております。

それ以外では、ややこしいのが『復刻版「特審月報」』です。これは今日の公安調査庁の前身、法務庁の特別審査局が内部連絡用につくった月報です。そのなかで、共産党関係とか、後の朝鮮総連の前身にあたる当時の朝聯《ちょうれん》とか民戦に属する人たちの動向を調べて、その情報を共有するために流していました。感触的に言いますと、米軍の情報を、３カ月遅れぐらいで流している感じです。当時、治安情報に関して、米軍は独占状態に近かった。つまり米軍が占領している間は、警察、法務庁関係、そして米軍独自のスパイネットワーク、それからＧＨＱのＧ２（情報部）関係のところから、全部情報を吸い上げ、一元的に分析していたわけです。自分ところが一番もっているわけです。他方で、日本側には必要な部分だけを渡すというかたちであったと思います。１９５２年になり日本が独立すると、基本的に日米関係が平等に、上下関係から横の関係になりますので、たぶん横に治安情報を渡すようになったと思います。特審局月報を支える史料が、光永史料ですね。この人は１９５２年まで公職追放対象者で、52年以降の史料しかありません。ただし「月報」はいわば雑誌みたいな話なのですけれども、光永史料は特審局の現物史料を含んでおります。ただ現物史料だけ読んでも、内容はわかりにくく、確認史料として使うことに意味があります。

そこで、本発表では、まず国際関係史としての国内冷戦を基礎としてお話ししたい。もう一つは政治史としての国内冷戦をお話ししたい。さらには、博士論文で政治思想を書いた私としては、政治思想史として国内冷戦をお話ししたい。でも最後の課題は、皆様の関心外なので、割愛させていただきます。

それで私が今、考えている国際関係史としての国内冷戦を書けば、こうなると思います。まず、これまでの研究では、国際共産主義運動のいやらしさとか、すごみとかいうのは、読んでいても伝わってこない。あの運動の深い闇を、やはりえぐらないとその本質の理解が難しいのではないか。ソ連外務省史料に大きく依存していた研究では、そこはわかりにくいし、外務省からの情報は、西側諸国のように大きな地位を占めていない。北大のウルフ先生も認めていますが、基本的にこの時代、スターリンの机の上には、かなり多くの情報源から高度な情報が集まっていた。外務省の史料もあったが、間違いなく党関係者の情報・文書もそれ以上の意義をもって渡された（党関係とは、各国共産党の党本部やソ連のエージェントが、モスクワ特にスターリンに直接伝える情報・報告のことです。党が国家になった国柄なので、この党ラインの情報・報告が大きな役割をもちます）。スターリンとその側近はそれらを真夜中まで議論して、それからスターリンはそれら全部を持って自室へ行き、午前3時ぐらいに自分で政策決定して、それで昼12時になったら、外務省関係者と党関係者のところに、指令書がならんでいる。それが日常だった。そのうえスターリンは、暗号名を多用した。人によっては、自分の文書にスターリンとか書かない。だから、この人に対しては暗号名ポポフだったら、ほかの人にはジョーゼフとかです、すさまじいというか。外務省関係者の議論に集中すると、欠け落ちる部分があるのではないか。

それで、ロシア語がたどたどしい私が、なんでこんなにエラそうなことを言っているかといいますと。アメリカ側が出している資料に、“Woodrow Wilson International Center for Scholars, Cold War International History Project Bulletin Issues”があります。これはウィルソンセンターがやっている、東側陣営の主要史料を英訳・解説したものです。非常に助かります。これだけを利用しても、研究レベルでは、史料的には圧倒的に劣っているとは思いません。なおかつロシア語が読めれば、米ソ関係史料はそれなりにありまして、簡単に買えます。

ただソ連共産党－日本共産党の関係、それからソ連共産党－朝鮮労働党－南朝鮮労働党、そして日本共産党への指令・情報の流れを追える史料は、なかなかない。にもかかわらず、国際共産主義運動を理解するうえで一番大事なのは、相手の国家体制の転覆、大きなクーデターやゼネラルストライキなどは、基本的指令のかたちで、党を通じて基本的に流れますので、外務省ばかりに頼っているとみえなくなると思うわけです。それで、私が考えている研究の大枠を西側資料中心に申し上げ、それを補完するものとしてソ連側資料にも触れたいと思います。

3　冷戦の開始としての勢力圏争い

ここからが発表内容です。1945〜46年の冷戦開始についてですが、スターリンが第二次世界大戦直後に目指したものは、超大国ソ連の実現でした。千載一遇のチャンスだった。戦争が終わりますと、米国はすぐに動員解除を行い始め、軍隊もどんどん縮小しました。その意味では、動員解除のスピードを遅くできるソ連は、それを圧力に変え、勢力圏拡張を行うチャンスを得たわけです。それで彼が考えていたのは、第一勢力圏＝東欧、もうすでに占領しております。それから第二勢力圏獲得を目指します。第二勢力圏は、英国勢力圏に属する東地中海・中東であり、具体的構成は一番大事なトルコ、二番目イラン、三番目ギリシャ、四番目イラクの順番だったと思われます。これらは英国からもぎ取るべき勢力圏であった。

第三勢力圏は東アジアですが、スターリンは東アジアでは米国に妥協して、その代わりに英米をうまく外交的に分離して、中近東の英国勢力圏を第二勢力圏としてソ連圏に組み込もうとしたと思われます。結果的には、彼は第一勢力圏以外の獲得には失敗いたします。武力による占領を行った地域では基本的に勢力圏の設定は成功したが、武力の誇示だけとか、あるいはそれ以外の手段しか使えないところでは失敗したといいうる。第二次世界大戦中に世界各国で、軍国主義とファシズムに徹底反対した共産主義者が得た威信とか名誉を、スターリンはあまりうまく使用できなかった。本来ならそこの地元の共産主義者たちが、実際、そこで自分たちの力で政権を得たりとか、いうふうなことをすれば良かったわけですが。スターリンはこの段階でむしろ、それとは逆の方向、つまりモスクワ主導でソ連軍や謀略等を使って、ソ連勢力圏の拡大を図った。結果として、あれほど献身的だったフランス共産主義者のレジスタンス運動が育成してきた、名誉とか威信とかがだんだん失われる結果になった。すべてはスターリンの個人的性格からであった。スターリンは自分の配下として育てた人間以外は基本的には信じない、そういうタイプの人でありました。もう一つの課題として、第二次世界大戦後、どのように国際共産主義運動を自分に向けたかたちで、再生・活動させるかという問題であった。つまり、現地共産主義者に自由裁量にまかせるのではなく、自分が直接支配して行う方針だったといいうる。

4 日本国内冷戦の概要

ここで日本共産党に関する重要なポイントに触れると、日本共産党を彩る主要メンバーには、ズーッと日本の刑務所で過ごし、『獄中18年』という有名な回想録のある沖縄出身の徳田球一がいた。その一方で、太平洋戦争中は中国で、岡野という名前で日本軍国主義批判のラジオ放送をやっていた野坂参三がいた。日本共産党が正式な政党として再生する以前に、これらの異なる二つの流れを代表するメンバーが存在していた。実は野坂参三は、東京に帰ってくる前に、モスクワに行っているのです。その内容は簡単です。「これから、日本革命を進めたいが、モスクワの意向としては、どういうような革命支援方針をもっていますか」と。彼は従属する家来のようにソ連、いやスターリンの方針を訊いたのです。帰ってきた野坂は、徳田球一とこの話はしてない。その意味では、日本共産党は始まった瞬間、地元志向の派閥と、ソ連共産党と直結する派閥とに分かれて、政治活動を再開したといいうる。

ここからは完全に推測ですけれども、1947年の2・1スト、2月1日のゼネストまでは、スターリンは日本共産党について、すごく高い評価をしていたと思います。極論すればスターリンにとって、この段階で、東アジアで最重要国は日本だったと思います。ちなみに下斗米先生は中国が一番で、日本が二番目とおしゃっておりました。そのへんは評価が分かれるところであります。スターリンは、国際共産主義運動の中で、日本共産党をどう位置づけていたのか、というのは大事な問題なのですけれども、誰もやっていない。

ここから先、スターリンのなかで、重要な日本共産党の地位はどんどんと下がっていきます。ズバリ言いますと、日本共産党があまり政治的に成功しないと、スターリンらしくて、重要性をどんどん下げて、今度は、手段あるいは駒として使う方向に変わっていきます。その意味では、世界の観点から、日本の左翼運動をどう捉えるかについて、スターリンの意向は非常に大きい意味があると思っております。

1947～48年の時期にはいると、スターリンは、米国主導のマーシャルプランによって大きな政治的挑戦を受けました。ご存じのとおり、一方で米国が経済援助を使用して西欧を米英勢力圏に組み込む。その結果、フランスの政界では共産党が与党に返り咲けない展開になる。スターリンにはかなりの打撃であったのですが、他方でこのマーシャルプランは、理屈上は、東欧諸国にも適用可能でありました。チェコスロバキアが最後の最後まで、諦めきれなかった話は有名です。ソ連からすると、自国勢力圏の行動もそれによって大きく後退してしまった。これに対するソ連の対応は、いわゆる反マーシャルプラン闘争です。1947年9月初め、スターリンはシクラルスカポレバというポーランドの古城に、各国共産党代表を集めまして「これから、マーシャルプランに対する反対運動を行う」と告げ、軍事力を動かす以外のすべての手段を使うことになりました。

1930年代のフランス政治をみますと、人民戦線、要するに社会党と共産党の連合によってファシズム勢力に対抗するという枠組みがありました。これを戦後日本に投影すると、日本社会党あるいは中間勢力と日本共産党が手を組んで、保守勢力を排除する可能性が考えられます。しかしスターリンは、１９４７年9月の時点では、この選択肢を選んでいません。ヨーロッパでも、日本でも、共産党と社会党との連合を考えずに、共産党とその配下だけで「人民民主主義革命」を成就するという方向に進みます（人民民主主義革命という用語には穏健な社会主義勢力を革命パートナーとしないというニュアンスがありました）。

なおかつ日本共産党は、２・１ストまで、日本共産党系労働組合をうまく使ってという政治方針があったようなのですが、それもスターリンの指導によって変更を強いられた可能性が高い。２・１ストは、ご存じかと思いますが、マッカーサーが直前に禁止命令を出して実行されませんでした。その結果、労働組合側と日本共産党の間にしこりが残りまして、最終的には、労働組合側が2分し、共産党を支持しない派閥と支持する派閥に割れてしまいました。それから、日本共産党は労働組合に重きをおかず、日本共産党党員、左翼在日朝鮮人、そしてソ連占領地域から帰ってくる引揚者だけを、革命実行主体として重視するようになる。ソ連占領地域からの引揚者は、ソ連によって洗脳されている場合も多く、日本共産党はひどく彼らに期待していました。つまり彼らこそが日本に「人民民主主義国」を樹立する勢力という位置づけでした。

真偽は定かではありませんが、ＧＨＱ側が把握したといわれているソ連からの指令には、日本共産党はヨーロッパでの反マーシャルプラン闘争を支援するために、陽動作戦をやりなさい、と書かれてある。さらにその陽動作戦は、米国に対して、欧州のことばかりにかまけていると、アジア特に日本で大変なことになると印象づけるかたちで行いなさい、と書かれてある。その意味では、日本共産党はソ連の欧州政策の道具にされたといいうる。

もう一つは、日本共産党が目指すべきは人民民主主義国樹立であると述べています。人民民主主義国は、東欧の、当時のソ連圏衛星国の国家体制であります。なんでこんなことに固執しているかというと、これが理由です。長い間、ハーバード大学の入江昭先生他がアジア冷戦と欧州冷戦には時差があったと議論されてきました。もともと欧州冷戦は、1947〜48年にあったかもしれないけれども、アジアでの冷戦は1950年に始まったのだという議論です。発表者の意見では、基本的にそれはない。まったくない。むしろ、ソ連の欧州政策とアジア政策は連結した政策であったというのが、学問的に正しいと思います。

ここから先、日本共産党はどんどん過激になっていきます。内部で武力闘争用集団をつくっていきます。重要なポイントは、この段階では、建前はともかく、日本共産党は性格的にマルクス＝レーニン主義政党ですから、革命家主導による武力革命を肯定している。ただし、日本共産党にとって、そのための武力をどうやって調達するかという問題が未解決であった。当時の日本では、普通の警察ですら十分な数のピストルを持っていない。ピストルも持っていないで、米軍の機関銃とか大砲に対決しても話にならない。つまり日本共産党の性格が、スターリンの指導により過激化するが、武器を獲得できないので、実体としては戦闘可能ではない状態でした。

ここで党内事情にもどりますと、スターリンが徳田をどうみていたかが重要です。共産党内部の権力関係では、徳田がトップで、野坂が二番目です。したがってスターリンからみると、1947年にユーゴスラビアがチトー化＝ソ連支配から独立に成功いたしますので、日本共産党は自分の支配下にない人間である徳田が仕切っているから、ソ連を裏切りかねないとみていたと思われます。ここでアジアでは、スターリンがまったく期待していない展開が起こります。それは中国共産党による早期内戦勝利です。ここで重要なことは、早期という側面です。成功はするけれども「あんなに早く蔣介石の国民党が負けるとは思わなかった」とかいうのが、たぶんスターリンの本音です。

こうなりますとスターリンにとって、アジアの主要国の日中両共産党が自分の息がかかっていない人間に指導されているとみえる。日本共産党のチトー化を避けねばならない。新たに出てきた中国共産党の毛沢東は、一回もモスクワに来た人間ではない。中国共産党のチトー化も避けねばならない。つまり当時のスターリンは、米英との冷戦がありながら、国際共産主義運動の中で、分裂の危機に直面しかねない、二重苦に苦しんでいた。ただ彼からみて、北朝鮮の朝鮮労働党は優等生で、基本的には認可していたと思います。

5 朝鮮戦争時の国内冷戦

それでスターリンの頭の中では、日本共産党はかつてトップであったが、ここから先、転げ落ちまして、中国共産党カッコ付きトップ、朝鮮労働党、それから日本共産党というふうに順番が大きく変化したと思っています。この地位変化を示すように、朝鮮戦争直前になりまして、スターリンは日本共産党を、朝鮮戦争用の陽動作戦に使用したと思われます（確証はないが確信しています）。彼の性格から言いまして、本命をやる前に、一番端からやるのです。まず彼は日本共産党に対して、これからはもっと積極的に、日本の占領政策に対して反対しなさいと批判する。考えたらすぐわかりますが、朝鮮戦争が勃発しても、日本で治安上の重大問題が惹起していれば、日本から占領軍＝米軍を容易に投入できない。そのための陽動作戦です。このスターリン批判は１９５０年1月の話で、戦争自体は6月25日に始まります。彼らしいやり方です。

ここから先、スターリンは日本共産党を、米軍の足を引っぱるように徹底的に利用しました。ここから先は私の本に書いてあることばかりですが。１９５０年7月8日にダグラス・マッカーサー米極東軍司令官は、日本政府に命令して、警察予備隊のちに陸上自衛隊につながる部隊をつくることになります。７５０００人の部隊でした。その命令が出た直後に、日本共産党の内部では、警察予備隊に自分たちのエージェントを送り込めという命令書が回覧されます。日本共産党には初めて武器を手に入れるチャンスでした。それまでは暴力革命肯定でも、日本に武器はないわけですから、やりようがなかった。武器を手に入れる唯一のチャンスというのは、警察予備隊にエージエントを送り込んで、米軍が武器を供給すれば、それを横取りして武力革命を強行するということでした。

その情報は、共産党を裏切ったスパイ網の人から、すぐにＧＨＱに伝わりました。裏切った人のコメントによると、警察予備隊入隊志願者をそんなにきれいにチェックできないから、最終的に何人かは警察予備隊に入ってくると心配していた。これは避けられないだろう。しかし、ＧＨＱ側はそう甘くはありません。ＧＨＱは共産党関係者を占領初期から徹底的に調べ上げていました。熊本のどの村に何人いて、どこの誰で、どこに住んで何をやっているかが、3、4行で叙述された文書がどんどん見つかる。手元にあるだけでも数万人分です。それで主要メンバーとなると、写真はあるわ、家の周りの地図はあるわ、住んでいる家の間取りまである。これでわかったかと思います。この情報にもとづくリストができていれば、どこの誰兵衛が試験を受けに来ましたかがわかります。戸籍をチェックして、日本共産党関係者なら、一発アウトとして排除しました。１００％ではありませんが、日本共産党関係の志願者をほとんど試験ではねております。

したがって日本共産党は、またも武器が手に入れられない。それで彼らはいろいろなサボタージュをやっているのですけれども、基本的には米軍による朝鮮戦争遂行を妨害できない。それどころか、日本共産党の機密がＧＨＱにどんどんもれてしまう。彼らのなかでは、もちろん指令書をまわすわけですが、重要なものは暗号を使っていた。ただし暗号の解読能力は、米軍のほうが優れていまして、米軍のほうが共産党の支部よりもよく解読できるという滑稽な話となります。例えば、その共産党のなかで「店」暗号というのがありました。共産党本部のことを本店、それで北海道の札幌支店というのが、札幌の地方委員会のことでした。それで米軍のほうが暗号を読む能力があるので、どんどん党本部が暗号を難しくするのです。難しくすると、支店のほうで読めなくなるのです。それでも情報が筒抜けになるので、ようやく自分たちの中にもたくさんスパイがいると気づきはじめて、「スパイに気をつけよう」キャンペーンを始める。疑心暗鬼になるという悪循環でした。ふりかえれば、日本共産党というは、最初の段階からＧＨＱからスパイを送られ、それもネットワーク化したかたちでした。政治闘争での情報戦で完敗しているのです。

6　まとめ

結論的にいいますと、日本共産党は、朝鮮戦争において、たいした対米サボタージュもできずに後退してしまったといいうる。むしろ米軍にとって、日本共産党よりも恐かったのは、たぶん在日朝鮮人の左派です。ただしこれに関しては、米国政府は重要な史料を解禁しておりません。

最終的には日本共産党は、スターリンに徹底的に利用されて、なおかつＧＨＱとの情報戦に敗れ、治安的に取り締まられて、最終的には自己崩壊した。そののち、チトー化＝中立的な勢力化して、再生して、今日にいたっていると一応の結論を申し上げます。

質問のところでは、服部聡先生から厳しい叱咤激励のご意見をいただきたいと思います。

コメント

服部　非常におもしろいお話をありがとうございました。実は、外交史研究、歴史研究で、１９４５年に、いわば万里の長城みたいなものがありまして、社会状況がガラッと変わって、思想状況もかなり変わってくるということで、実は、見えない壁があったりするわけです。それと連動するかたちで史料状況もガラッと変わりまして、いわば研究文化、それから、メソドロジーのうえで、断絶のようなものがあるわけですね。そうしたなかで、戦前プロパーの研究者が戦後分野にやってきて、どれだけ的を射る質問、それから、コメントができるかわからないのですが、機関銃みたいにバンバン撃てば、一つぐらい的を射るような質問、コメントになるのではないかと思いますので、いくつかコメント、質問をさせていただこうかと思います。

それで今日は、国内冷戦のお話で、日本共産党の動向とそれに対するスターリン、それからアメリカ側の動きのお話が中心と思いますけれども、言ってみると、冷戦というと一般的に西側の観点からすると、「敵」は外にいると。その外にいるソビエト軍に対して、どう備えていくかということで、話が基本的に進んでいたかと思うのですが、今日の話では、「敵」は外にいるだけでなく、内にもいるという話で非常におもしろいお話だと思いました。

で、このとりわけ敗戦国にとっては、第一次世界大戦のときのドイツなんかもそうでしたけれども、一つの政治体制の変革期になるわけですね。例えば、第一次世界大戦後のドイツの場合は、一方ではワイマール共和国に向かっていったわけですが、もう一方では、ご存じのとおり、スパルタクス団とか出てきて、左翼運動が非常に活発化します。ということで帝政ドイツ軍が、左翼運動を鎮圧する戦力として、実は温存されて、ドイツ軍の命脈を保っているというお話になったりするわけですが、日本もおそらく同じでありまして、戦後の軍事力は、すぐにソビエト軍向けというふうにほとんど意識しがちなのだけれども、実は、かなり治安向けを意識したものでもあったというのは、今日教わって非常におもしろいお話だったなと思います。

で、言ってみると、これは明治期の日本とまったく同じですね。つまり討伐運動で薩長政府ができあがっていくわけですが、その不満分子として、不平士族は九州でいっぱい反乱を起こしました。佐賀の乱とか、西南戦争とか、あるわけですが、これと同じで、まず治安向けの軍隊から出発して、国内情勢が安定したところで、外にどうつないでいくかという明治維新期の日本とまったくパラレルなストーリーが展開されているな、というふうに今日お話をうかがって思いました。

それで、いくつか質問をさせていただきたいのですけれども、まず最初は、初期の冷戦戦略との関連で、スターリンにおける各国共産党の位置づけですね。スターリンは完全に自分に手なずけた者しか信用しないというのは、まさにそのとおりだと思います。そのために赤軍の大粛清とかやったわけです。おそらく分類すると、東ヨーロッパの共産党、チトーは別格だと思うのですけれども、それから中国共産党、それから朝鮮労働党、それから日本共産党。共産党の支店が世界各国にあるわけですが、それらの支店にあたる「共産党」に対するスターリンの認識、位置づけというのはどういうものだったのかな、とちょっとおうかがいしたいです。つまり、どれだけスターリン、ソビエトの力を借りずに、自力経営ができたのか、フランチャイズでありえたのか。というのがおそらく、スターリンとの各「共産党」との関係決める要因だと思うのです。その点で言いますと、おそらく中共、それからチトーのユーゴは、かなり自立的な力をもっていて、あまりソビエトの援助を使わずに、日本を、あるいは国民党を追っ払うことに成功した、あるいはドイツを追っ払うことに成功したということに関係していると思うのですね。で、その冷戦戦略全体の中で、どういうふうな位置づけがスターリンのなかでなされていたのかというのを、もしご存じでしたら、教えていただきたいと思います。

それから、日本国内の話になってくるのですけれども、スターリンの日本共産党と日本社会党に対する認識と、対日冷戦戦略における位置づけは、どのようなものであったのかです。人民戦線のお話も出てきたわけですので。

それから、三番目として、日共が情報戦で完敗したというお話が、最後のほうで出てきたと思うのですけども、情報戦のノウハウというものをどこから手に入れたのか。つまり、第二次世界大戦のときの、対ソ情報機関としてドイツ軍には、ラインハルト・ゲーレンが対ソ情報をもっていて、このラインハルト・ゲーレンが実は戦後、赦免されて、西ドイツにゲーレン機関をつくっていくというのはよく知られたお話なのですけれども、同じように日本もかなり、中共、それからソビエトに対する日本軍を中心とした情報網があって、これはおそらく米軍よりもノウハウが優れていたのかな、とちょっと思っているのです。で、このノウハウをいかにして取り込んでいったのか、あるいはまったく断絶があるのかもしれないのですが、もし冷戦戦略のなかで、情報網、情報能力というものを取り組んでいったようなお話があるのだったら、教えていただければと思います。

で、それとの関連で、アメリカのお話に移りたいのですが、アメリカは1920年代に、対外軍事戦略を抜本的に見直していて、いわばカラーコードプランというのがあったと、よく知られているわけですね。これは対日戦は言うにおよばず、対ドイツ戦、さらには同盟的な立場にあった対英国戦、対フランス戦まで意識している。ところが、このカラーコードプランのなかで、対中戦争、対ソ戦争というのはまったく意識されてないと、抜け落ちているわけですね。こうしたなかで、戦争を一度も意識したことがない中国とソ連にガツンと向き合うはめになってしまった。ここでアメリカはおそらく、不安ないしはパニックがあったと思うのですけれども、そのなかで、ドイツの話は出ませんでしたけれども、日本軍事力の遺産、先ほどちょっと触れました情報能力の遺産というものを生かすという発想があったのかどうなのかということですね。あるいは生きてたら日共の情報戦の話にもからんでくるのではないかと思うのです。

それから、五番目になるのかな。結論として、日共はかなり革命路線のなんだかんだということで、がんばったというお話はおもしろかったのですけれども、やはり最終的な結論としていえるのは、所詮はスターリンの駒にすぎなかったことで、それはおそらく日共自身も認識していたことなのかなということなのですね。それが結果的に、日共のソ連離れ等の、その頃の日本共産党の去就動向にどのような影響を与えていたのか。これは後々のお話なので、柴山先生の見方、感想ないし印象のようなものをお聞かせ願えたらと思います。この程度でやめておきます。よろしくお願いいたします。

柴山　最初のご質問がもっとも難しい。要するに、スターリンは国際共産主義運動のなかで、各国共産党をどう運営していたかという非常に難しいポイントですね。

それで、チトー化＝中立化は、スターリンにとって一大ショックだったと思います。パルチザン出身とはいえ、チトーは、１９４５年のトリエステ危機とか、１９４６年のトリエステ危機の再燃でも、スターリンの意向にかなり従っている。それなのに、なぜ彼の忠誠を疑問に思いはじめるのだろうか。そのへんが、スターリンの一番深い闇でしょうが、彼は自分の言うことを聞きすぎる人間も不安視する。近すぎる人間と離れている人間、両方とも危険視する。スターリン支配の国際共産主義運動を理解するうえで、彼が１９２０年代、１９３０年代に党内で、どのように自分のライバルを蹴落としてきたか。その行動スタイルが重要で、そこでの成功体験を、戦後の国際主義運動にも投影しているのではないか、と思っています。

リーダーたるスターリンは、サブリーダーに昇格させる人物に必ず踏み絵をさせるのです。その踏み絵が非常に大切で、スターリンはチトーに対して、ユーゴ共産党内部の粛清をしなさいと命令しています。スパイなど紛れ込んでいないにもかかわらず。織田信長が徳川家康に対して、忠誠を示すために長男と妻を殺せと命じたのと近いものがあります。彼らと武田家の関係はほんとうにあったらしいですが。とにかくチトーはそれができなくて、ソ連自体を切る選択をした。スターリン自身は絶対に、このような展開になるとは思ってなかった。その結果として、彼は非常にパニックになったと思います。

そこから先に考えたのは、この失敗の後で、スターリンはどのように各共産党を自らの支配下に組み込んでいくかで苦慮することになる。それで「頼らせる」というのがキーワードだと思いますね。中国共産党にしても、北朝鮮の労働党にしても、基本的にスターリンに頼るシステムを作る。お金の面、政治活動の面、軍事的な面とか、そしてうまくいけば、その向こうに敵をつくって、自分から逃れられないようにする。

そのなかで、だんだんと地理的に近い、あるいは戦略的に重要な共産党の順位を高くしていった。唯一の例外はおそらくフランス共産党だと思います。イタリア共産党もあるのですけれども、フランス共産党に対する何か非常な不思議な思い入れがある。彼はグルジア人ですが、ロシア社会がもつフランス・コンプレックスの裏返しみたいなところが若干あると思います。

服部　フランス共産党のほうが本家本元だという意識があるのでは。パリ・コミューンとか、いろいろなものがあって。

柴山　それもあるでしょう。もしフランスで、ソ連の息のかかった共産主義革命が成功すれば、これでスターリン主義的革命は本物だといえる、というのが絶対あったと思うのです。それは非常に不思議なメンタリティですね。

今度は、日本社会党についてですが、GHQの文書をみますと、気にしているのは隠れ共産党です。特に隠れ共産党員を使って、社会党を内側から乗っ取る可能性を心配していました。だから、もしかして日本共産党は、人民戦線ではなくて、基本的に社会党を乗っ取ることに期待をかけていたのではないか。それで、GHQは社会党の中にもスパイネットワークを張っていました。共産党内部だけでなく、おそらく保守の陣営内部にもあったと思います。吉田茂が政権をとっていない時期なんか、スパイが彼の演説会にちゃんと行ってましたから。今日の演説はこういう内容でしたという報告書がちゃんとありました。共産党にいたってはすごいですよ。朝8時30分、徳田、○○駅前で演説、内容はこれこれ、電車に乗ってどこどこ駅へ移動、誰々さんに会って、飯を何時に食べて、参加者誰々、みんな書いてましたよ。もうプライバシーなどまったくない。名前があがっている隠れ共産党員といわれる社会党員の人たちも、もちろんいます。

情報戦の部分ですが、GHQの情報戦のノウハウは、イギリスからもらったものと確信しております。それは太平洋戦争中に日本軍から情報をとったとき、イギリスが全部テクニカル・ノウハウを教えています。それを援用しただけですね。それについてはNHKのドキュメンタリー番組があります。

それから、ＧＨＱが日本を占領すると、強制的に日本の治安システムを自らの情報システムに組み入れている。それで、警察とか特高のときにつくりあげた情報のネットワークや情報を取るやり方を、全部ＧＨＱがそのまま取り込んでいきます。だからＧＨＱ側からは、イギリスのテクニカル・ノウハウ、日本のテクニカル・ノウハウ、それらを併せもっている。テクニカル・ノウハウでは、日本共産党なんかでは相手にならない。ただしソ連側は別ですよ。ソ連は日本共産党だけが手先ではありませんからね。ありとあらゆるところに、彼らは彼らなりに情報ネットワークを張り巡らせてました。

それで、四番目の質問、米国は１９２０年代に対中国、対ソ連戦争の準備はしていなかったという話ですね。それで、１９４５年以降にパニックに陥ったのではないかという質問なのですけど、結論を言いますと、対独戦争の延長版みたいなのを考えていたのです。

第二次世界大戦でドイツを打ち破った、あのやり方を１９４５年以降のソ連に延用するというかたちですね。ジョージ・Ａ・リンカーンという作戦部門の少将は、それを見て「これってほとんど対独勝利の経験をそのまま延長しただけだ」と批判していました。つまり成功体験に溺れてはいけないと戒めたのです。そこで再考したが、やはりこの線に戻ってきました。その意味では、対独戦勝利体験にもとづいてソ連に対する戦争を考えていた、と言ったほうがいいと思います。簡単に述べると、戦略爆撃で徹底的にソ連の工業力・石油資源を破壊してから、陸上作戦で降伏を迫る。

それで、日本の情報能力については、米軍は最初来たとき、えらく期待していた。しかし米軍文書によると、日本側がもつソ連情報は大したものではなく、えらくがっかりした。ただし日本側の旧情報将校がもっていた基本データは重要でした。例えば、満州の地図とか、道路図とか、どこに工場がありましたとか、どういうふうに鉱山が展開していますかという基礎情報は役に立っていた。しかし具体的にソ連軍の動向についてはわからない。それで、やったのが「タウンプラン」です。タウンプランというのは、ソ連占領地、あるいは中国から帰ってくる日本人の人たちを全員インタビューし、その情報を集めて綜合する一大情報計画でした。その数３００万人に対して、基本的に2時間から3時間のインタビューを行いました。そしてスクリーニングをして、そのうち１００分の1、有力な情報をもつ3万人を選びます。彼らを東京に呼び出して、基本的に3日間ぐらい、２泊３日の招待でした。それで「何を見ましたか？　そこの工場はどこにありました？」「戦闘機は何機駐機してましたか？　その番号は何番でしたか？　マークの色は何でした？」「ロシア語は読めましたか？　読めたのですか？」「こういうことは書いてましたか？　ああいうことは書いてましたか？」と、それを延々とやってるわけです。この情報のパズルを組み合わせて、対ソ戦争用の戦略爆撃目標の特定に使ったと思われます。すごい執念というか。これぐらい準備しないと、戦争なんか勝てないという凄みを感じました。

それで実際に、このGHQの動きは、ひょんなところで別のソースから確認ができました。市バスのなかで、教会に行くときにロシア語の聖書を読んでいたのです。そうすると90歳ぐらいのおじいさんが、ひょこんと隣に座ってきて「ロシア語だねえ、懐かしい」と話しかけてきて。「あっ、ロシア語がおわかりになるんですか」と言ったら、「僕は実は、戦争の終わったあとにロシアに長いあいだ、抑留されていたんですよ」と答えられて。ここはタウンプランの話を聞くべきときだと思いました。それで「帰られたときはどこでしたか。舞鶴でしたか、函館でした？」と訊くと、「舞鶴だったよ」と答えられて。「インタビューされましたよね？」「インタビューされたよ、2時間ぐらい」「それからどうなりました？」「それから、東京に呼び出されちゃってねえ」「へえぇーえ」。もうまんま、まんまという感じで「それって3日ぐらいのアレじゃなかったですか」「そうなんだよ」「それで、どんなことを訊かれましたか」「ねほり、はほり」と。そこらあたりになると、だんだんとその人の顔が、こいつ何を聞いてくるんだと変わってきて。それで、ちょっと話を換えて「インタビューのあと、神戸に帰ってきてどうなりましたか」「いやー、あれからも何度も、ズッと警察につけまわされてねぇ」とか言って、「それで、ちなみになんでそんなにつけまわされたのですか?」「実は入っててね、日共に」とか言われて。できればもう1回ぐらい、インタビューさせていただきたいのですが。

それで最後に、宮本顕治について、1950年代はいわゆる国際派でありまして、国際派はスターリンから非主流派として廃棄されていくわけです。国際派の主張は、ご存じかと思いますけれども、より暴力的に東側の人民民主主義を日本に樹立する立場でした。スターリンは、自分に近すぎる人間を信用しなかった。のちに国際派の宮本はコロッと変わって、独自路線を始めました。その意味では、共産主義者同志の忠誠心については、スターリンのほうが正しかったのかもしれません。

■■ フロアー・コメント ■■

久保田　1945年から1950年頃の時代というのは、実は、かなり危機的な状況で、あそこで一歩間違えたら、今とはまったく違う状況となりえた。日本もそうだし、アメリカでも、マッカーサー問題があって、アレが「過激だ、過激だ」と言われてきたけれど、新しい首相が出てきたら、「あれはあれで正しかったのだ」というような意見も出てきつつありますね。ですから、1945年から1950年のあいだ、世界がそれこそ、Aにいくか、Bにいくか、どちらかという、そこのところをもう少し、きちんと押さえれば、おもしろい英語の本になるのではないかと思うのです。けれども、その当時の日本の実感として、ほんとうに日本で共産革命がありえたのだというような、そういう感覚で、ちょっと柴山さんの発表からは聞き取れなかったのだけれども、そのへんの実感としてはどうなのですか。

柴山　実感としては、徳田とか野坂というのは、頭でっかちの人であって、やはり政治家としての力量は落ちると思います。先導者としてやることは良いのですけれども、実際に革命を成し遂げて、プラクティショナーといいますか、リアリストとしてのプラクティショナーの力量はやはり足りなくて。だから、変な話、党員のほうは、一生懸命やっているのだけれど、指導部がやはりちゃんとしていない。その意味では、共産党の中では、ご存じのとおり、指導者をもちあげる悪いくせがついていて、誰が指導者になったとしても、ほめてほめてやるのだけど、でもやはり能力不足があったのではないか。私が尊敬しているソ連外交の大御所の先生などは、所詮、彼らは知識人あがりであって、その枠から抜け出れなかったとおっしゃってます。久保田先生がおっしゃるように、革命実現のポテンシャルはあったと思うのですけれども、それを活かせるだけの政治能力がなかった。それが正しいと思いますね。

久保田　経済学者ですから、経済学のほうから言いますと、戦後、不幸だったのは、戦前に三つの系列の経済学があったわけですけれども、いわゆる日本の神がかり的な部分、これは当然、その戦後に消えていって、しかしながら、もう一つ、いわば穏健なアメリカやイギリスの、いわば今、本道になっているような経済学をやってきた人たちが、実は、一時的とはいえ、学界から放り出されているのですね。で、結局、マル経（マルクス経済学）の人たちが指導するようになって、はっきりいえば、経済学はあそこで、そちらへ歪んだわけですね。その影響というのは実は、大学紛争という形で続いているのですね。正直、関学と神戸大と一橋はそのなかで、それに早くから対抗したほうで、念のために申し上げておきます。私どもはそのときに、それに対抗する経済学を学んで、維持してきた牙城ですので、ですから……。

柴山　京都大学の経済学部とかもマル経中心でしたね……。

久保田　そう、そう、今でも京都大学はそうですし、それから大阪市大がそうですね。というようなことで、やはり思想的にはものすごく大きな影響を与えている。そのことをちょっと押さえておかないと。

柴山　実は、ＧＨＱは岩波書店を調べているのです。それで、岩波の吉野源太郎さんはコミュニストではないかという疑いをもち、調査までしています。さらに三一書房に入ってる人は全員、マークされて、どこに住んでいて、どういうふうなバックグラウンドであるかまで調べています。

田中　関西学院大学総合政策学部3回生の田中俊行です。柴山先生に質問なのですけれども、ＧＨＱが日本共産党の中にスパイを送って、情報を得ていたという話に関してなのですけれども、よくスパイだとか、そういうインテリジェンス機関が情報を集めるという話はよく聞くのですけれども、その得た情報というのを政策決定する立場の人が、具体的にその情報をどう活かして、具体的にこういう政策をつくりましたというところが、けっこうはっきりできない部分だと思うのです。具体的に例えば、今回の日本共産党の話でしたら、政策決定者はＧＨＱだと思うのですけれども、そのＧＨＱが集めた情報というものは、具体的にこういう政策として現れたという証拠でなくても、文書みたいなものというのは存在しているのでしょうか。

柴山　情報というのは、この情報があって、あの政策になったという場合もあるし、発表したとおり他の使用法もあって。共産党の人たちが警察予備隊の試験を受けに来ます。共産党系志願者をうまく排除した。これで情報としては使われたことですよね。そのことによって、共産党による警察予備隊乗っとりのプロットを完全に排除したわけです。

もう一つはタウンプランのとき、３００万人にインタビューして、3万人を東京に来させてという話は、その後どうなったかというと。衛星がない時代なので、アメリカ側としては、対ソ戦争が始まるとなると、原爆を使う場合もあるのですが、通常爆撃の場合は基本的にＢ29のエンジンを少し良くしたＢ50という爆撃機を中心に、Ｂ36

という世界一大きな重爆撃機もソ連側に向かうわけです。その時、爆撃のターゲットに関する情報がないと困りますよね。つまり、どこに軍事工場があるのか、どこに石油プラントがあるのか。そのターゲットの情報に、この3万人の日本人から採られた情報がいっているのですね。

さらにもう一つ、アメリカは日本人でソ連領内に入った人のインタビューをやっていると同時に、実はドイツのアメリカ占領軍を通じまして、ソ連に中にいたドイツ軍捕虜とか、そういう人たちにもインタビューをやっているわけです。それによって、ヨーロッパ・ロシア、シベリアから極東方面の情報を合わせて、ソ連領内の工業施設とか、あるいは軍事基地がどういうことになっているかを情報上、積み上げて、それにもとづいて戦争計画の一部としての爆撃計画をつくった。そういうふうになってます。それで、メリーランドにはそれらの情報を集めて、実際に爆撃計画の策定とか、そのターゲットを特定する、そのための場所があるのです。アメリカはしたたかですよ。ちゃんとやるべきことはみんなやっている。

――参考文献――

五百旗頭真『米国の日本占領政策』上・下　中央公論社　1985

五十嵐武士『対日講和と冷戦』東京大学出版会　1986

David Wolff, "Japan and Stalin's Policy toward Northeast Asia after World War II," *Journal of Cold War Studies*, Vol. 15, No. 2 (Spring 2013) pp. 4-29.

菅英輝『米ソ冷戦とアメリカのアジア政策』ミネルヴァ書房　1992

楠綾子『吉田茂と安全保障政策の形成 ― 日米の構想とその相互作用 ― １９４３年～１９５２年』ミネルヴァ書房

2009
坂元一哉『日米同盟の絆』有斐閣　2000
坂本義和「日本における国際冷戦と国内冷戦」『岩波講座現代六　冷戦―政治的考察』岩波書店　1963
柴山太『日本再軍備への道―１９４５~１９５４年』ミネルヴァ書房　2010
下斗米伸夫『日本冷戦史―国の崩壊から55年体制へ』岩波書店　2011
ヴォイチェフ・マストニー　秋野豊・広瀬佳一訳『冷戦とは何だったのか―戦後政治史とスターリン』柏書房　2000
和田春樹『歴史としての野坂参三』平凡社　1996
同『朝鮮戦争全史』岩波書店　2002
渡部富哉『偽りの烙印―伊藤律・スパイ説の崩壊』（新装版）五月書房　1998

関西学院大学総合政策学部リサーチプロジェクト講座
「日米関係史研究の最前線」第6回

日米同盟研究
——外交史の観点から

◆楠 綾子

1　日米同盟研究

柴山　報告者は関西学院大学国際学部の楠先生で、報告タイトルは「日米同盟研究―外交史の観点から」です。コメンテーターは、総合政策学部の小池先生にお願いします。

楠　本日は日米同盟について、私自身の頭のなかを整理するような内容になってしまうかもしれませんが、いま考えていることをお話しさせていただきます。

同盟研究は、一つは国際政治学のなかで、同盟理論の研究として進んでいるのだろうと思います。もう一つは国際法の分野です。同盟はたいがい国連憲章

5月30日	人民広場事件
6月25日	朝鮮戦争勃発
6月26日	GHQ、『アカハタ』の30日間発行停止を指令（7月17日に無期限停止を指令）
7月　8日	マッカーサー、警察予備隊の創設と海上保安庁の増員を指令
7月11日	日本労働組合総評議会（総評）結成
8月10日	警察予備隊令公布・施行
9月　8日	トルーマン大統領、対日講和交渉を進める条件を記した政策文書を承認
11月24日	米国政府、「対日講和7原則」発表
1951年　1月25日～2月11日	米講和特使ダレス来日。日本政府と講和・安全保障問題について協議
4月11日	トルーマン大統領、マッカーサー解任
9月　4～8日	サンフランシスコ講和会議
9月　8日	対日講和条約・日米安全保障条約調印
1952年　2月28日	日米行政協定調印
4月28日	対日講和条約・日米安保条約発効。海上警備隊発足
1955年　8月29～31日	重光葵外相訪米、ダレス国務長官に安保条約改定を申し入れる
10月13日	社会党統一大会
11月15日	自由民主党結成
1957年　1月30日	相ヶ原演習場で米軍兵士が農婦を射殺（ジラード事件）
6月16日	岸信介首相訪米、アイゼンハワー大統領との共同声明で「日米新時代」を強調
8月　1日	米国防省、在日米地上軍の撤退発表
1958年10月　4日	東京で日米安保条約改定交渉開始
1960年　1月19日	新日米安保条約調印
5月20日	新日米安保条約強行採決
6月23日	新日米安保条約批准書交換、発効
1967年11月12日	佐藤栄作首相訪米、日米首脳会議。15日、小笠原返還と沖縄の「両三年内」返還合意を共同声明で発表
1968年　1月27日	佐藤首相、施政方針演説で非核三原則を明言。30日、衆議院本会議で核四政策を発表
1969年11月17日	佐藤首相訪米。21日、共同声明で安保条約継続、韓国と台湾の安全重視、1972年の沖縄返還を発表

第51条にもとづく条約を結ぶわけで、そうした条約の観点から同盟を分析する研究もあるのですが、本日は私が専門にしております外交史、日本政治外交史という分野で同盟がどう扱われてきたのか、今後どういう研究の可能性があるかということをお話ししたいと思います。

戦後日本が結んだ同盟、すなわち日米同盟に焦点を当ててお話しいたします。１９９０年代半ばごろまで、外交史研究の主たる関心は、おそらく同盟そのものというより同盟を基盤とする日米関係にあったように思います。同盟の中身であるとか、同盟自体というよりは、それを

■関連年表

1945年	9月 2日	米艦ミズーリ号上で降伏文書調印式
	9月27日	第1回天皇＝マッカーサー会談
	10月 2日	連合国軍最高司令官総司令部（GHQ/SCAP）発足
	10月 4日	GHQ、「自由の指令」発出
	10月 6日	徳田球一、志賀義雄など共産党員16名釈放
	12月 1日	日本共産党再建大会
1946年	1月 1日	「人間宣言」発表
	1月 4日	GHQ、公職追放を指令
	2月13日	GHQ、日本政府に憲法草案を手交
	3月 6日	日本政府、憲法改正草案要綱を発表。11月3日、日本国憲法公布（翌年5月3日施行）
1947年	1月31日	GHQ、「2・1スト」中止を指令
	3月12日	トルーマン大統領、「トルーマン・ドクトリン」宣言
	6月 5日	米国政府、「マーシャル・プラン」発表
	12月17日	警察法公布。警察機構の分権化
1948年	1月 6日	ロイヤル米陸軍長官、対日占領政策転換を演説
	3月 1日	官公労組による労働攻勢開始(GHQの指令により3月末のゼネスト回避)
	7月22日	マッカーサー、公務員の争議権制限を指令。7月31日、政令201号(公務員の争議行為禁止、団体交渉権否定)
	12月18日	GHQ、「経済安定9原則」発表
1949年	1月23日	第24回衆議院議員総選挙。民主自由党単独過半数獲得、共産党35議席獲得
	4月20日	超均衡予算の1949年度予算成立
	4月23日	1ドル＝360円の単一為替レート設定
	5月31日	行政機関職員定員法成立（行政整理）
	7月 4日	国鉄、第一次人員整理通告
	7～8月	下山事件、三鷹事件、松川事件
	9月25日	ソ連のタス通信、原爆保有を報道
	10月 1日	中華人民共和国成立
1950年	1月 6日	コミンフォルム、野坂参三の平和革命理論を批判
	2月 6日	野坂、「私の自己批判」を『アカハタ』に発表
	2月14日	中ソ友好同盟相互援助条約調印
	5月 2日	マッカーサー、憲法記念日に向けた声明で共産党の非合法化を示唆

基盤とする日米関係が研究のメインテーマでした。それらは大きく三つのパターンに分類できるでしょう。一つは、日米の安全保障関係における主要な事件に注目して、その政策決定過程を明らかにするというスタイルです。日米安保条約が成立するあたり、１９５０年から５２年ぐらいまでですね。次に１９６０年の安保改定にいたる過程。それから１９６０年代末の沖縄返還交渉、そして１９７８年のガイドラインですね。史料公開の制約から、歴史研究として可能なのは今のところ、このあたりまでだと思います。そういうなかで、日米関係の非対等性や非対称性をどう考えるか、あるいは吉田茂の選択が賢明だったか否かを論ずる。代表的な研究としては、細谷千博『サンフランシスコ講和への道』（中央公論社　1984）や渡辺昭夫・宮里政玄《みやざとせいげん》編『サンフランシスコ講和』（東大出版会　1986）、五十嵐武士『対日講和と冷戦——戦後日米関係の形成』（東大出版会　1986）、これらは米英や外務省の外交文書を用いて、講和条約と安保条約が成立する過程を実証的に明らかにしたものです。豊下楢彦『安保条約の成立——吉田外交と天皇外交』（岩波新書　1996）は、議論はこの三つとはかなり異なりますが、実証研究の一つに挙げられるでしょう。河野康子『沖縄返還をめぐる政治と外交——日米関係史の文脈』（東大出版会　1994）は沖縄返還の実証的研究です。

二つ目は、不平等性の実体がどういうものか、なぜ生じたのかというところをギリギリと追究していくというパターンです。多くは基地問題や基地闘争に注目する研究です。明田川融《あけたがわとおる》『日米行政協定の政治史——日米地位協定研究序説』（法政大学出版局　1999）などがその代表です。第三に、国内政治上の争点としての日米安保に焦点を当てる研究で、憲法第九条の理念や「自主」「独立」の追求をめぐる保革対立がテーマとなります。安保改定を扱った原彬久《はらよしひさ》『戦後日本と国際政治——安保改定と政治力学』（中央公論社　1988）などがこれに当たるでしょう。

近年、外交史の分野においても、同盟そのものの研究が進んでいます。こちらも三つのパターンを挙げたいと思います。一つは条文が成立する過程を明らかにするもので、たとえば相互防衛に関する条文や事前協議制度がどのようにできたのかが対象となります。坂元一哉『日米同盟の絆――安保条約と相互性の模索』（有斐閣　2000）、中島琢磨『沖縄変換と日米安保体制』（有斐閣　2012）などの研究です。客観的な評価はともかくとして、拙著（『吉田茂と安全保障政策の形成――日米の構想とその相互作用、1943～1952年』ミネルヴァ書房　2009）もここに分類しておきます。拙著は極東条項がどういう経緯で生まれたか、あるいは共同防衛が旧安保条約の成立する過程でどう扱われたのかを詳細に検討しております。

より最近では、同盟の制度化に注目する研究も現れています。ある理由で同盟が形成され、それが存続する過程で、同盟が制度的に進化していくわけです。締約国間で公式、非公式さまざまな協議のチャンネルが形成され、取り決めができ、いろいろなかたちで協力関係が強化される。これらをひっくるめて制度化と呼んでおります。では、日米同盟がどのように制度化したか。吉田真吾『日米同盟の制度化――発展と進化の歴史過程』（名古屋大学出版会　2012）は、60年代から日米間で徐々に安全保障協議が進んだことに注目し、日米同盟の制度化を考察する研究です。

ご記憶に新しいのは、いわゆる「密約問題」だろうと思います。民主党政権になって、いわゆる「密約」といわれていたものの調査が進んで関連文書が公開されました。要するに、日米安保条約の中の事前協議制度をめぐって、実際にはどのような合意が存在したのかという話です。この点に注目するのが、たとえば豊田祐基子『「共犯」の同盟史――日米密約と自民党政権』（岩波書店　2009）や太田昌克『日米「核密約」の全貌』（筑摩選書　2011）などで、根本的な問題意識としては、密約がある同盟というのは何かおかしいのではないか、日本政府が国民に嘘をついているのは、国民にとっては重大な不利益になるのではないかという点にあるのだろうと思います。この「密約」問題については、外務省の「『密約』問題に関する有識者委員会」の調査成果も外務省のホームページからダウンロードできます（http://www.mofa.go.jp/mofaj/gaiko/mitsuyaku/pdfs/hokoku_yushiki.pdf）。

2　日米同盟における共同防衛

では、私がどういう関心をもって同盟研究をしようと考えているのか。

グレン・シュナイダー（Glenn Snyder）の定義を使いますと、同盟とは「契約国以外の国家に対して、特定された状況において武力の行使（または不行使）を定めた正式の諸国の連合」となります。「特定された状況」とは、締約国がもう一方の締約国の救援のために武力を用いる事態を意味し、通常は同盟条約のなかにきちんと定められています。条約該当事由といってもよい。日米安保条約では第5条がこれに相当します。もちろんＮＡＴＯもＡＮＺＵＳもそうした条項をもっています。国家間の協力関係には同盟には至らない、もっとゆるやかな「提携」であるとか、第一次世界大戦前にしばしば結ばれた「協商」といった形態があるわけですが、それらと同盟との大きな違いは、締約国以外の国家もしくは国家群を対象として武力を行使する（もしくはしない）条件がはっきりと規定されているか否かという点にあります。

同盟とはつまり、武力を行使するということがそのもっとも本質的な部分を構成します。ですから、締約国が共同で武力行動をとる条件とその手続が同盟の中心になるのだろうと思います。まず、どのような場合にその同盟が発動されるのか。これはもちろん締約国間に合意がなければなりません。そして、有事が発生したときにどう協力するか。実際に同盟を発動する段になって締約国が協力するシステムがなければ、同盟はあまり意味がないわけです。その協力の仕組みについてどのような取り決めがあるかという点も重要です。

日米同盟においては、それらはどのように合意されたのでしょうか。

1951年に成立した旧安保条約では、武力を行使する条件はいま一つはっきりしておりません。第1条には「平和条約及びこの条約の効力発生と同時に、アメリカ合衆国の陸軍、空軍及び海軍を日本国内及びその附近に配備する権利を、日本国は、許与し、アメリカ合衆国は、これを受諾する。この軍隊は、極東における国際の平和と安全の維持に寄与し、並びに、一又は二以上の外部の国による教唆又は干渉によって引き起された日本国における大規模の内乱及び騒擾を鎮圧するため日本国政府の明示の要請に応じて与えられる援助を含めて、外部からの武力攻撃に対する日本国の安全に寄与するために使用することができる」とあります。これをみると、日本に武力攻撃があった場合には、駐留米軍を使用することができるという話が書いてあります。「使用することができる」とされているのがポイントで、条文上は米国に日本の防衛義務はありません。この点は、日本国内では条約の非対称性として理解され、大いに問題視されます。そして、「極東における国際の平和と安全の維持に寄与し」とありますので、極東有事のときにも用いられる。それから大規模の内乱が発生したときにも使用される可能性がある。

実際に日米がどう協力するのかは、行政協定第24条に規定されております。「日本区域において、敵対行為又は敵対行為に急迫した脅威が生じた場合には、日本国政府及び合衆国政府は、日本区域の防衛のため必要な共同措置を執り、且つ、安全保障条約第1条の目的を遂行するため、直ちに協議しなければならない」。これは「集団防衛措置」と呼ばれましたが、非常に原則的な規定です。

もともとアメリカの原案では「敵対行為、もしくは急迫した脅威が生じたときには日米の統合司令部をつくる」「その司令官は米軍人が任じられる」、それから「統合司令部が日本のすべての保安組織に対して指揮権をもつ」というところまで書いてありました。ところが、これに日本政府は猛反発します。日本政府が共同行動をとることを否定したというのではありません。安保条約を結んだ以上、共同行動をとることは当然で、実際にもし共同行動をとる場合には、アメリカが指揮をとるだろうということも自明でした。日米では軍事力――日本は当時、軍事力をもっていないというのが建前でしたが――に大きな差がありましたから。ただそれを明文化するのは、日本政府としては非常に困るわけです。占領がようやく終わろうかというところに「統合司令部」だのアメリカ軍の司令官の指揮下に入るだのといわれますと、占領的な臭いがプンプン漂うわけで、国民の反発がかなり予想される。しかも、「日本のすべての保安組織」と書かれますと、再軍備をするのかという話になりかねない。当時、再軍備はしないというのが吉田内閣の建前ですから、これまた困ります。ですから、共同行動の具体的内容を明文規定にはしてほしくない、というのが日本政府の考え方でした。

日米交渉は相当難航しました。結局、アメリカが妥協しました。日本政府の要求を呑んで、原則のみ記した規定に落ち着きます。それが行政協定第24条です。アメリカ側の交渉当事者に、吉田を困らせて保守政権を窮地に陥れるのは望ましくないとの判断が働いたことが大きかったと思います。ただ、共同措置をとるために協議しなければいけないというだけでは、実際の危機の局面においてはあまり意味をもちません。いざ有事が発生したときに、これではなにもできないわけで、アメリカとしては非常に不満が残ったわけです。そのため、1952年8月に吉田首相は戦後初代の駐日大使マーフィー(Robert D. Murphy)、クラーク(Mark W. Clark)極東軍司令官に対して、有事の際に統合司令部をつくることについて、一応の同意を与えました。これは国内には公開されておりませんので、一種の密約です。

アメリカはここから徐々に協力の仕組みをつくっていくことを考えていたのですが、明示的なかたちではあまり発展しませんでした。日米の共同行動について、それ以上の取り決めがつくられた形跡はありません。航空管制システムの協力や北海道の防衛など、部分的には少しずつ協力体制が強化されたようですが、有事の際に日米がどのように協力するかという問題が、全体として真剣に検討された事実はないと思われます。

安保改定に際して、もう一回この問題が出てまいります。外務省内の検討作業では、実体としては日米間で個別的に少しずつ協力関係が深化していたものですから、それを明文規定にしたほうが良いのではないかとの議論がありました。抑止の観点もあります。同盟に抑止効果をもたせようと思えば、同盟が確実に機能するということを条文で示したほうがよい。その意味でも、日米が協力することを明文規定にすることが望ましいのではないかと考えられました。

3　安保改定

そこで、安保改定についてお話しします。新安保条約は1960年に成立しますが、実は1955年に一度、日本政府が安保条約を改定してほしいと米国政府に要請しています。1954年末に発足した鳩山一郎内閣の外務大臣、重光葵《しげみつまもる》がアメリカを訪問し、アイゼンハワー（Dwight D. Eisenhower）政権に対して安保条約の相互防衛条約化を提案したのでした。吉田の結んだ安保条約には、アメリカが日本を防衛するとはどこにも書いていない。また国連憲章第51条との関係も明確ではなく、非対称的だという根強い批判がありました。特に外務省はこの点を非常に問題視していました。

実際にはアメリカ政府に提示してないのですが、重光が考えていた相互防衛条約案は大変おもしろい内容をもっております。*1 一部だけ紹介しますと、「各締約国は、西太平洋区域においていずれか一方の締約国の領域又はその施政権下にある地域に対して行われる武力攻撃が自国の平和及び安全を危くするものと認め、かつ、自国の憲法上の手続に従って共通の危険に対処するため行動することを宣言する」との規定があります。条約の対象とする範囲が西太平洋区域とされ、この区域にあるアメリカ、もしくは日本の領土が武力攻撃を受けた場合には共同で行動する。これをもって相互防衛条約にすることが考えられたわけです。

重光訪米に先立って、東京のアメリカ大使館と外務省の条約担当局長の下田武三《しもだたけぞう》とのあいだで行われた協議で、この条約案は取り上げられています。ですから、おそらくこの条約案はアメリカ政府に伝わっていると思います。文書にはっきり表れているわけではありませんが、アメリカ大使館の担当者の反応からみて、アメリカ側がこの条約案を警戒していたことがうかがえるのです。とにかく、相互防衛条約といっても問題はその実体です。憲法第9条の制約があり、しかも自衛隊の海外派兵を禁止するという国会決議もあるなかで、実際、日本は西太平洋区域でいったい何がどこまでできるのか。「憲法上の手続に従って」とありますから、西太平洋区域のアメリカの島嶼が攻撃された場合に、自衛隊が米軍と共同行動をとることは想定されていないのです。それに、西太平洋を航行中の米艦船が攻撃された場合でも、自衛隊が出動することは考えられていません。

アメリカにとってより大きな問題は、西太平洋区域から朝鮮半島が外れていたことだろうと思います。話は前後しますが、1951年に日米安保条約を結ぶにあたって、アメリカ政府が非常に重視していたのは朝鮮半島の問題です。朝鮮戦争の真っ最中に日米安保条約は成立しておりますから、朝鮮半島での国連軍（実質的には米軍）の戦闘作戦行動に在日米軍基地を使用することが条約で保証されねばならないと考えられました。それから、もし朝鮮半島を越えて戦線が再び拡大した場合でも、日本政府は国連軍の活動を支えてほしいというので「吉田＝アチソン交換公文」が取り交わされております。「……将来は定まつておらず、不幸にして、国際連合の行動を支持するための日本国における施設及び役務の必要が継続し、又は再び生ずるかもしれませんので、本長官は、平和条約の効力発生の後に一又は二以上の国際連合加盟国の軍隊が極東における国際連合の行動に従事する場合には、当該一又は二以上の加盟国がこのような国際連合の行動に従事する軍隊を日本国内及びその附近において支持することを日本国が許し且つ容易にすること、また、日本の施設及び役務の使用に伴う費用が現在どおりに又は日本国と当該国際連合加盟国との間で別に合意されるとおりに負担されることを、貴国政府に代って確認されれば幸であります」

という内容の書簡を、吉田首相とアチソン（Dean Acheson）国務長官が交換したという形式になっております。とにかくアメリカは、日米安保条約を極東情勢、なかでも朝鮮半島情勢との関係で考えているのです。

ところが、重光案では西太平洋区域に朝鮮半島が含まれていない。では、朝鮮半島でもう一度米軍が戦闘行動に入るときにはいったいどうするのか。「吉田＝アチソン交換公文」を使うか、もしくは、条約案には「…いずれか一方の締約国が、西太平洋においてその領土保全、政治的独立又は安全が外部からの武力攻撃によって脅かされたと認めたときは、何時でも協議するものとする」として協議に関する条項が設けられておりましたので、その協議の制度を使うか、そのどちらかを使うしかないという話で、要するに日本側には朝鮮半島がほとんど念頭にありません。アメリカ大使館の担当官はそのあたりに非常に不満をもった様子がうかがえるのです。おそらくそれがアメリカ本国政府にも伝わっているのですね。

ですから、重光が55年にアメリカを訪問し、ダレス（John Foster Dulles）国務長官との会談中に安保改定の話をもち出すと、かなり冷たい反応が返ってきます。ダレスは日本の自衛力が「アデクエート〔適切〕ではない。従って〔相互防衛〕条約は充分な自衛力ができた時に考慮すればよいではないか」といなし、さらに重光が、共産党に対抗するための「武器」として相互防衛条約化が必要であると食い下がると、「条約を改変することによって共産党の宣伝が変ってくると考えるのはイリュージョンと考える」と突き放しています。同席したラドフォード（Arthur W. Radford）統合参謀本部議長も、このとき日本側が携えてきた防衛力整備計画は「日本の安全保障のためには充分でない」と手厳しい言葉を浴びせております。[*2] 会談後に発表された共同声明は、相互防衛条約化の可能性を認めつつも、その条件を「日本が、できるだけすみやかにその国土の防衛のための第一次的責任を執ることができ、かくて西太平洋における国際の平和と安全の維持に寄与することができるような諸条件……が実現された場合」として、この段階での条約改定を否定したのでした。[*3]

ましてや、在日米軍の撤退などはとても受け入れられないという話だったでしょう。会談で議題に取り上げられたわけではありませんが、実は重光案は米軍――陸上部隊に加えて海軍、空軍も――の全面撤退がセットになっています。陸上部隊は1950年代末までにほぼ撤退しますが、海・空軍を含めた全面撤退はアメリカにとっては論外です。日本国内の基地は、極東有事の際には後方支援や補給、前方展開を支える重要な基地として機能することが期待されています。特に海・空軍基地は重要です。重光はダレスに直接提起したわけではありませんが、日本政府に米軍の全面撤退構想のあることは米大使館を通じて伝わっていたと思われます。重光が冷たくあしらわれたのはそうした事情もあったでしょう。

細かい話をしましたけれども、外国の軍隊に守ってもらうことは主権国家としては受け入れがたい、米軍はやがて撤退すべきだという感覚が外務省内でも相当強かったということです。だから、自衛隊をしっかり増強しなければいけないという話もある程度はあるのです。現実には自衛隊の増強の規模もスピードも、アメリカの要求水準の半分程度にしかならない。それでも米軍には海・空軍含めて全部撤退してもらうのが理想であると考えられていたわけです。言い換えれば、50年代半ばの日本は、米軍基地が東アジア地域の平和と安定にどういう役割を果たしているかということについては、非常に鈍感であったといえます。

岸内閣が発足して、安保改定が実現性をもちはじめます。それは、基地問題が非常に深刻化し、大きな政治問題に発展する可能性が生じていたことが背景にあります。基地問題を放置すれば日本国内に反米感情を生み、日本がアメリカから離反するかもしれないという懸念をアメリカ政府はもつようになった。そこで地上部隊の撤退時期を前倒しするとともに、条文上あきらかに非対称的、非対等な安保条約の改定へと動き出すわけです。一方、岸内閣のほうは、重光のような、いわば非常に背伸びした相互防衛条約は、結局考えません。最終的には、憲法の範囲内で相互防衛条約化が図られ、そうしてまとまったのが現在の日米安保条約です。

新安保条約第5条をみると、相互防衛条約の形式は一応とっています。「各締約国は、日本国の施政の下にある領域における、いずれか一方に対する武力攻撃が自国の平和及び安全を危うくするものであることを認め、自国の憲法上の規定及び手続に従つて共通の危険に対処するように行動することを宣言する」。「日本国の施政の下にある領域における」というところがポイントです。日本国内のいずれかの地点もしくは米軍基地が攻撃を受けた場合、日米は共同行動をとることになりますが、いずれにせよ日本の領域内での武力行使ですので、日本政府は個別的自衛権の行使であると説明する。しかしアメリカは、条約の範囲は日本の領域に限定されてはおりますが、これを集団的自衛権の発動とみなすわけです。非常に工夫したというべきか、「日本国の施政の下にある」という文言で形式的には相互防衛条約というかたちをとりつつ、でも憲法違反ではないというのが、現在の日米安保条約です。

安保改定でもう一つ重要だった点は、事前協議制度が導入されたことです。1951年の旧安保条約においては、極端にいえば、米軍は基地を好きなように使うことができます。しかし、日本の主権の範囲にある米軍基地が、日本の意思とはかかわりなく使用されるのはやはり問題ではないか。したがって、基地の使用については日米間で事前協議の制度を設けたいというのが外務省の切なる願いでした。この問題に関する交渉が非常に難しかったのが安保改定で、そのあたりの話は外務省が2009年に公開した文書に相当出てまいります。相互防衛条約化も一つの焦点でしたし、ほかにも、例えば沖縄を安保条約の適用範囲に含めるかどうかという点も議論になりましたが、事前協議制度はもっとも大きなポイントだったと思います。

事前協議制度は、アメリカ軍が日本本土の基地を運用するのに際して、日本の意思を反映させるための枠組みです。それは一つには、基地の存在によって日本が自らの意思と関係なくアメリカの戦争に巻き込まれるおそれがあるという、国内に根強かった議論への対応策という側面があります。基地があるから安全だという理屈がある一方で、基地があるがゆえに危険だという議論も成り立つわけです。同盟理論でしばしば使われる「巻き込まれる恐怖」

です。これを緩和する、すなわち、日本の意思と関係なく基地を使わせることはないといえる仕組みが必要だという観点から、事前協議制度の必要性が出てまいります。

もう一つの側面として、日米の対等性を確保したいという希望があったことも指摘しておきたいと思います。日本の意思とかかわりなく基地が使用されるというのはやはり主権の侵害に等しいという感覚がある。二国間の対等性を確保するには、日本の意思を基地の運用に反映すべきだということになります。そうした観点に立って事前協議制度を導入したいと主張したのが外務省です。

日本の立場としては、事前協議ですから、イエスもあればノーもある。しかしアメリカからみると、事前協議によって手を縛られてしまうという話になります。アメリカにとっては、日本国内の基地を自由に使用できる、つまりいかなる装備でも自由に持ち込む、部隊を自由に配備し出動させることができる、というのが一番望ましいわけで、事前協議制度を事実上の拒否権とみております。そこで持ち出されるのが、事前協議制度でガチガチに米軍を縛ってしまうと抑止力が損なわれる恐れがあるという論理です。そこで、抑止力の維持という要請と、米軍の基地使用に日本の意思を反映するという要請の間で衝突が起こります。いわゆる「密約」は、このようなジレンマから生まれてきたものです。

4 「密約」――事前協議制度の意味と意義

時間があまりありませんので、簡単に申し上げますが、「密約」の一つは朝鮮半島出撃に関するものです。これは「朝鮮議事録」という、はっきり「密約」といえるものがありまして、明らかに事前協議の適応除外を約束した文書です。「在韓国連軍に対する攻撃によって発生した緊急事態における例外的措置として、停戦協定に違反する攻撃に対して国連軍の反撃が可能となるように、国連統一司令部のもとにある在日米軍が直ちに行う必要のある戦闘作戦行動のために日本の区域・施設が使用されうる、というのが日本政府の立場であることを、岸総理からの許可を得て発言する」。当時の藤山愛一郎外務大臣とマッカーサー（Douglas MacArthur, III）大使の往復書簡というかたちをとっております。朝鮮半島で有事が発生した場合、アメリカは事前協議なしに出撃することがありうる、それを日本政府は認めますという了解です。これは文書のかたちで存在している約束だと思われるもので、なおかつ国民にはいっさい公開されませんでしたので、「密約」と呼ぶとすれば、これは密約なのですね。

安保改定時の「密約」としてもう一つ問題になりましたのが、核兵器の持ち込みです。公開されている文書としては「岸＝ハーター交換公文」がありますが、これは何が事前協議の対象になるのかを示した文書です。つまり、「日本国への配置における重要な変更、同軍隊の装備における重要な変更並びに日本国から行われる戦闘作戦行動のための基地としての日本国内の施設及び区域の使用は、日本国政府との事前の協議の主題とする」。では、「配置における変更」とはどの程度の規模の部隊の、「装備における重要な変更」はどのような装備が対象となるのか。

おおよその基準は合意されております。新条約が調印される直前、藤山外相とマッカーサー大使が署名した「討議の記録」で、これは公開されていない文書です。「装備における重要な変更」についていえば、核弾頭及び中・長距離ミサイルの持ち込み、ならびにそれらのための基地の建設を指すとされています。[*4] 問題は「持ち込み」が何を意味するかです。たとえば核兵器を搭載した艦船が日本のどこかに入港するときに、それははたして「持ち込み」に該当するのかどうか。日本政府の説明では、それは「持ち込み」です。ですから当然、事前協議の対象になる。でも今のところ事前協議の申し入れはないから、アメリカの艦船は核兵器を搭載していないものと理解するというのが、日本政府の立場です。

これについてアメリカは何もコメントしません。けれども、アメリカの理解としては、核兵器を搭載した艦船の入港は「持ち込み」にはあたらない。「持ち込み」とは、核兵器を陸上に揚げて日本国内のどこかの基地に据えつけることを意味するのであって、核兵器を搭載した艦船の入港は「通過（トランジット）」だという理解です。ただ、日本政府の公式見解に対してはなにも言わない。

日本政府のほうも、アメリカが「持ち込み」について、そうした理解をとっていることをわかっています。安保改定後に判明したというのではなく、交渉段階から、日本側はどうも日米で「持ち込み」の理解が違うかもしれないとうすうす感づいてはいたと思われますが、曖昧にしたまま交渉を進めた。わかってはいますが、知らない振りをしているわけです。

ですから、お互いに理解が違うということを知りつつ、ただそれを認めないというのがこの核持ち込みの話です。したがって、核兵器を搭載した艦船が日本の港に入る場合については事前協議の対象から外す、といった明確な合意が存在したわけではなく、そういう意味では「密約」はなかったと思われます。ただ、お互いに核兵器の持ち込みについては理解が異なることを知りつつ、相手の立場を特に否定はしない、共通理解が存在しないことを知りつつ、それを認めないということです。

そうでもしないと、たぶん安保改定の交渉はまとまらなかったでしょう。それに、核搭載艦船だけではなく個別具体的な、たとえば航空機に積んだ核兵器はどうするかとか、いろいろな問題があるわけです。それを全部個別に詰めるとなると煩雑で際限がない。交渉全体を破綻させるよりは、このあたりは曖昧にしておいて、とにかく事前協議制度をつくってしまったほうがよいという、たぶんそういう判断だったのだろうと思います。

実際問題として、米国政府は米海軍の艦船に核兵器を搭載しているか否かは、いっさい明らかにしないという方針をとっています。事前協議をすると核兵器を搭載していることが露見してしまう。そうかといって、日本の領海に入る際に核兵器をいちいち外すことも難しいわけで、事前協議はできないということになります。そういう事情がありますから、たぶん日米で理解が違うことは間違いないのだけれども、これはそのままにしておく方がよいというところで何とか成立したのが、この事前協議制度だろうと思います。適用除外事項は事前協議制度の抜け道といえば抜け道です。けれども、密約もしくは曖昧な部分があったことで、アメリカは安保改定に応じられたという側面がおそらくあったのだろうと思います。

沖縄返還交渉でも問題になったのは事前協議制度です。焦点は、沖縄に配備されていた核ミサイルと沖縄の米軍基地の自由使用です。佐藤栄作首相は最終的に「核抜き本土並み」返還の方針を決断します。すなわち沖縄からは核兵器を抜くとともに、沖縄に対しても本土と同じように事前協議制度を適用する。したがって、沖縄の基地からの戦闘作戦行動や沖縄への核兵器の持ち込みには事前協議の対象としたい。これに対してアメリカ側は、沖縄を返還にするにしても戦闘作戦行動の自由は確保したいわけです。朝鮮半島と台湾海峡、それから当時はベトナム戦争の真っ最中でしたので、ベトナムも念頭においています。そして、核ミサイルは撤去するにせよ、核の持ち込みについては好意的に対応してほしい。そこでどう折り合いをつけるかが難しい問題になりました。

では「密約」をつくるか。実は、外務省は密約を非常に嫌がります。「朝鮮議事録」は一種の失敗という扱いです。こういう密約はつくりたくない。なぜかといいますと、秘密の協定や約束は必ずバレる。どこから漏れるかというと政治家で、秘密保持が苦手というのか、政治家がペラペラしゃべってしまう。だから密約は絶対にないほうが良いという、一種の政治家不信といいますか、そういう感覚が外務省にはあります。それに、イエスとわかっている事前協議などは意味がない。イエスもあるしノーもあるから日本の主権が保てるわけで、沖縄についても当然、イエスもノーもあるという立場をとりたい。そういうわけで、密約は結びたくない。

結局、日米間では次のように合意されます。佐藤首相とニクソン大統領の共同声明です。「……総理大臣は、朝鮮半島の平和維持のための国際連合の努力を高く評価し、韓国の安全は日本自身の安全にとつて緊要であると述べた。……総理大臣は、台湾地域における平和と安全の維持も日本の安全にとってきわめて重要な要素であると述べた。……総理大臣と大統領は、……万一ヴィエトナムにおける平和が沖縄返還予定時に至るも実現していない場合には、両国政府は、南ヴィエトナム人民が外部からの干渉を受けずにその政治的将来を決定する機会を確保するための米国の努力に影響をおよぼすことなく沖縄の返還が実現されるように、そのときの情勢に照らして十分協議することに意見の一致をみた」。台湾については、将来的には中国との関係正常化を考える必要がありましたので、朝鮮並みに扱うというのは、ちょっと日本には難しかったのですね。ですので、朝鮮半島よりやや落とした表現をしています。いずれにしても、朝鮮半島有事、台湾海峡有事のときには、アメリカ軍が沖縄を含む日本の基地から戦闘作戦行動を展開することを支持しますという表現になっています。

一方、核持ち込みについては「総理大臣は、核兵器に対する日本国民の特殊な感情およびこれを背景とする日本政府の政策について詳細に説明した。これに対し、大統領は、深い理解を示し、日米安保条約の事前協議制度に関する米国政府の立場を害することなく、沖縄の返還を、右の日本政府の政策に背馳《はいち》しないよう実施する旨を総理大臣に確約した」とされました。微妙な表現ですが、アメリカが沖縄の核ミサイルを撤去すること、核持ち込みの際には事前協議が行われることが合意されたことになります。

しかし、有事の際の核持ち込みについては密約が存在したことが明らかになっています。佐藤首相の密使であった若泉敬《わかいずみけい》氏が『他策ナカリシヲ信ゼムト欲ス』（文藝春秋　1994）で告白しましたが、日本政府は否定しつづけ、先年の密約調査でもわかりませんでした。ところがその後、証拠書類が佐藤首相の書斎の机の中から出てきてようやく確認されたしだいです。この密約については、外務省は関与しなかったようです。

密約をどう考えるかについてはいろいろな立場があります。密約があるがゆえに日米安保条約は非常に問題だ、という立場をとる人ももちろんいらっしゃいます。それはそれで一つの議論だと思います。が、私は、おそらくこの当時は「密約」というかたちが必要だったのだろうと考えています。そういう意味では、一種の歴史的文書でしょう。実際、佐藤首相が若泉さんを通じて結んだ密約は、後々の内閣総理大臣には引き継がれていない。書斎の机に眠っていたわけですから、拘束性はまったくない文書だったわけです。日本の意思に反して米軍が基地を使用することはさせないという日本の国内的要請と、抑止力を維持したいというアメリカの戦略的要請を満足させなければならないというところで、いわゆる「密約」が必要になったのだと思います。

「密約」という、ちょっとおどろおどろしい響きをもつものは少し脇において、事前協議制度というものが日米間の安全保障関係でもった意味を考えてみたい。事前協議制度はアメリカを縛るものではあり、したがってアメリカの特に軍部はあまり歓迎しませんでした。他方で、この制度は在日米軍基地の運用に日本政府も責任をもつ、コミットすることも意味します。在日米軍基地の運用の関わることは、当然、極東の安全保障に日本が関与することを意味する。ですから、日本政府は無責任にノーとは言えません。非核三原則がありますから、核兵器を持ち込んでよいですかと言われて、非核三原則の手前、イエスと言うのは難しい。しかし、ノーと言ってしまえば、日米同盟が危うくなるかもしれない。制度として事前協議を行うことになっている以上、日本は極東の安全保障にかかわり、基地の運営に責任をもたざるをえない。結果としての米軍の行動は、米軍基地が日米共同の意思でもって運用されることを示す。そういう意味で、日米安保を制度として強化するという意味をもったのが、事前協議制度ではないかと思います。

日米同盟は少なくとも1970年代までは、日米が共同で戦闘作戦行動をとることは、日本有事以外にはほとんど想定されていませんでした。そういう意味では、同盟としては特殊な同盟です。共同防衛に代わるものといえましょうか、基地の運用が1970年代末あたりまでは同盟の根幹だったのだろうと思うのです。共同で武力を行使するというより、基地を運用する。アメリカ軍の基地の運用を日本が支えるということが同盟の根幹だったのではないかと考えております。

5　問題研究の可能性

今後、外交史研究の分野で同盟研究がどのように進んでいくのかをいくつか、考えてみました。ここ10年ぐらいの研究の一つの方向性としてあるのは、第二次世界大戦後にアメリカの海外基地システムがどのように整備されてきたのかを明らかにするものです。"base politics" といわれますが、基地がどのように整備されてきたか、基地を受け入れる国との間にどのような合意があったのか、といった点が焦点になります。米国の基地システム全体のなかで、日本の基地がどう位置づけられていたのかという点は、考えるべき一つのポイントだろうと思います。

二つ目は、柴山先生のご研究の範囲ですが、冷戦期に西側の諸同盟がどういう連関をもって、どのように相互作用をしていたか。アメリカは日本だけではなく、韓国なり、オーストラリア・ニュージーランドなり、それからNATO、台湾、フィリピンなどいろいろな国／地域と同盟関係をもったわけですが、当事者の一方はアメリカですから、それぞれ無関係ではなく、同盟間の関係が当然あったでしょうし、その相互作用は調べる必要があるのだと思います。

もう一つ、同盟は本来、共同での武力行使をその中核としますから、軍事的側面をきちんとみなければならないだろうと思います。基地の運用について、どういうことが決まっていたのか。指揮系統や作戦計画、部隊の配置、あるいは基地の整備が実際にどのように進んだのか。条約や協定は同盟の枠組みでありまして、その枠の中がどうやって埋まっていたのか、をみていかなければならないと考えております。同盟の制度化という場合、締約国間の協議のシステムや慣行がどのように形成されたかを明らかにするのはもちろん重要ですが、現場――特に日米同盟の場合は基地——での運用の実態を明らかにしなければならないと考えています。私の話はこれぐらいで終わらせていただきます。

コメント

小池　世代的にいうと、冷戦のピークともいうべきキューバ危機のときに、ほんとうに核戦争が起こるのではないかと思ったのが小学校6年生ごろです。第三次世界大戦が起こる一歩手前まで行ったわけですけど。その翌年の1963年、中学校1年生のときに、ジョン・F・ケネディ大統領の暗殺の映像が日米で初めて開設された衛星放送で伝えられて、びっくり仰天しました。そういう世代です。

楠先生のお話をうかがって思い出したのは、1993年から4年間、私が日本経済新聞社のワシントン支局長をしていたときの国防長官、ウィリアム・ペリー氏があとで言ったことで、私の在任中に三つの危機があったというのですね。1994年の朝鮮半島の核危機、95年の沖縄の少女レイプ事件に発する日米安保の危機、そして、96年の台湾海峡における中国軍の軍事演習、これは一触即発の事態に近いところまでいったわけです。で、1995年の沖縄の少女レイプ事件について言われたことは、1989年末の冷戦終結宣言以降、冷戦が終わったという実感が強くなってきていた。だからこそ、少し抑えぎみにされていた日米経済交渉も本格化していたわけですね。そういう時代に、沖縄少女レイプ事件が起こった。この事件をきっかけに、冷戦を前提とした軍事装置であるところの日米同盟といったものの存在意義が失われているのではないかという指摘が双方に出始めたわけです。日本では反基地闘争が起こって「もう日米同盟も要らない、基地も要らない」と。アメリカ側は、アメリカ側で「日本は経済交渉で、アメリカの言うことを聞かないのだったら、もうアメリカが日本を守るような、そういう性格の日米同盟というのは破棄すべきではないか」という極論まで出たほどですね。専門家たちは「日米同盟の危機」などと表現したわけです。それが1996年、ビル・クリントン大統領と橋本龍太郎首相とのあいだで「日米安保共同宣言」が発せられます。これによって日米安保が再確認され、強化の道を進んでいったという流れがあります。

日米安保の歴史とは、ある意味で非対称性をめぐる歴史だったのではないかという気がしています。ちょうど1996年から翌年にかけて、アメリカのニューヨークにあるCouncil on Foreign Relations（外交問題評議会）に超党派の日米安保スタディ・グループができました。その共同議長の一人がハロルド・ブラウンというカーター政権の国防長官だった人で、もう一方の共同議長がリチャード・アミテージです。30名ぐらいの会合ですが、日本からは私と朝日新聞社の船橋洋一さんら4人が議論に参加しました。その結果は97年に英文と日本文でまとめられ、大統領と首相に提示されました。そのときのタイトルの原案が「ペーパータイガー」すなわち、「張り子の虎」です。さすがに刺激的で使われませんでしたが、つまり、日米安保同盟というけれど、実際は張り子の虎ではないか。そもそも軍事同盟として機能しないのではないかとも思われていた。

それで若干の質問ですが、重光提案にあるように、日本側には非対称性をなくそうではないか、つまり、主権国家である以上、主権国家らしい体裁をとっていこうではないかという意識があったと思うのですが、それがやがて、現在にいたるまでにどこかの時点で、日本側はその非対称性がむしろコンファタブルだと感じはじめたのではないか。そのおかげで経済発展に注力できたという側面もあるわけです。

今度はアメリカ側が問題にしはじめるわけですね。世界を相手にするアメリカの国力は、絶対水準では依然と高いのですが、相対的には低下してきます。そういうなかで同盟国の助けは絶対必要で、その意味では、日本にもっとやってくれよという話になるわけですよね。

したがって非対称性は、アメリカ側がより問題にするようになってきている。そこで、日米同盟の非対称性についての日本側の認識とアメリカ側の認識の変質についての研究はあるのでしょうか。この点は非常に興味深いと思います。

これに関連して、さきほど申し上げたように日本において非対称性の認識が強かった時代からそうでない時代になってきた、その転換点がどこにあったのか。また、その要因はいった何なのだろうか、という点をお聞きできればと思います。

さらに関連して、「ビンの蓋」論です。日本は軍事大国化する可能性があるので、日米同盟を結んでおけば、上からビンの蓋のごとく、軍事力が出てしまうのを抑えられるのでないかという議論です。さすがに今はそういう議論をする人はいなくなってしまいましたが、「ビンの蓋」論は、日米間の非対称性を是認してしまうことと何か関係しているのでしょうか。

もう一つは、1996年の日米安保再定義についてです。日米安保共同宣言が発表され、危機から再強化に向かっていったことが、いまだに私には奇跡のように思えてしかたないのですね。ワシントンにおりますと、95年は双方で危機だ、危機だといわれていました。それが翌年に、共同宣言が発表されるというのは、急展開のように思われました。ひょっとすると楠先生の研究対象外かもしれませんけれど、96年の日米安保共同宣言をどう評価していらっしゃるのか、ちょっとうかがえればと思います。

最近の話で、これはコメントしていただければというぐらいの話なのですけど、最近、野田佳彦首相が民主党政権下で、初めてホワイトハウスに入って、正式な日米首脳会談をやりましたよね。そのあと日米共同声明を発表したわけですけれども、その共同声明の文言は、けっこう強いですよね。「日本と米国は、アジア太平洋地域と世界の平和、繁栄、安全保障を推進するために、あらゆる能力を駆使することにより、われわれの役割と責任を果たすことを誓う」とありまして（日米共同声明：未来に向けた共通のビジョン、2012年4月30日。http://www.

mofa.go.jp/mofaj/kaidan/s_noda/usa_120429/pdfs/Joint_Statement_jp.pdf)、何か一歩踏み込んだかなという印象があったのですけど、もし、ご意見がありましたらうかがいたいと思います。

最後に、今後の展望ですね。この非対称性の問題については、やはり是正されていく方向にあるのか。私の印象では、条約とか、そういうものは変更がなくても、非対称性は事実上、たとえばガイドラインの強化や運用改善とかで、運用上はだんだんと薄れていくのかなと思います。今後の展望については、どんな感じでみていらっしゃるか、教えていただきたいと思います。以上です。

楠　1950年代は「自主独立」という言葉が飛び交っていた時代で、在日米軍は撤退すべきだという主張が非常に強い時代です。反吉田系の人たちが特にそういうことを言っておりました。日米間の安全保障上の非対称性をとにかく解消しなければいけないという感覚があったわけです。しかし、それが、非対称なほうが日本としては得なのではないかという感覚がしだいに生まれた。結果としてみたら、そういうお話として理解できるのかなという気もします。けれども、50年代、60年代は、日米安保を国内政治の中にいかに位置づけるかを模索しつづけている時代です。憲法第9条があり、米軍基地に対する反発もあるなかで、安保条約を維持していこうと思えば、厳密な意味で対称な条約をつくることはたぶん不可能なわけです。憲法第9条との両立をはかるというところで、実際には非対称性が続いたのかなという気がします。

そもそもアメリカと同盟を結ぶ国の関係がまったく対称であるということは、およそないわけです。何をもって対称とみなすか、非対称とみなすかは、かなりの程度、認識の問題であると思います。完全に対称にしようというのであれば、アメリカが攻撃されたときに、日本はアメリカまで救援に行くことが必要になってきますし、イラクでもどこでも一緒に出撃するという話になってくると思います。それにしても、軍事力に大きな差がある以上、まったく対称ではありえない。そこのところをどう認識するかという話だろうと思います。要は同盟をどう支えていくのかです。条約というものは文字にすぎませんから、中身をどういうふうに埋め、条約にもとづく関係をどういうふうに維持していくのかは、まったく意思と能力の問題です。問われているのはその部分だろうと思います。

「ビンの蓋」論がどこから出てきた議論なのかは、以前から不思議に思っていました。アメリカ側の発言としてそれらしきものを初めてみるのは、１９７２年にニクソン大統領が訪中したときの周恩来との会談で、ニクソンは、日本軍国主義の復活を防ぐために日米安保が必要です、といった趣旨の発言を残しています。米国政府が日本の軍国主義復活の可能性をほんとうに危惧していたというよりは、日米安保条約を中国に認めさせるために便宜的に使った議論という意味合いが強いのだろうと思います。

ただ１９７０年代に入るころのアメリカが、日本の国力がどのような方向に発展していくのが望ましいかと考えていたかといいますと、日本が核兵器を保有して米国から自立的な志向を強めることはまったく望ましくない。他方で、アメリカに安全保障をまったく依存している状態もうれしくない。それで、ＰＫＯを出すというかたちで国際的な安全保障にも多少参画しつつ、日米同盟を維持してアメリカを支えていく、という方向性が望ましいという結論に落ち着いています。ですから、「ビンの蓋」という露骨な言い方はしませんでしたけれど、日本が米国から自立的な軍隊をもつことについて、アメリカが否定的だったことは事実です。

96年の日米安保共同宣言については、新聞なり、船橋洋一さんの『同盟漂流』などを読んだ以上の知識はほとんどありません。野田首相の訪米についても、新聞以上の話はわかりません。２００５年の小泉＝ブッシュ会談で、日米安保の役割として国際安全保障のテロへの対応が言われはじめましたから、それ以来、方向性としては変わっていないのだと思います。政権が代わっても、日米安保は維持され、強化されることを確認し、また日米共同の意思として表明するという点においては、野田首相の訪米は非常に意味があったと思います。それに、オバマ政権はアジア太平洋戦略を重視すると言っておりますから、そのなかで日米安保は不可欠であるという話なのだろうと思います。

■■ フロアー・コメント ■■

久保田　核持ち込みの「密約」について、日本政府の立場は、事前協議の対象になっているから、持ち込むのであれば相談があるはずだから、持ち込んでいないと理解している。しかし、実際には核搭載艦船は日本に入港していて、それを政府が黙認している。これは、いうなれば「公然の秘密」で、みんな知っているけど、それは秘密だということをみんな守っている。日本の政治の世界ではしょっちゅう行われていることで、むしろこれが普通ですね。しかし、そういう高度な政治テクニックをアメリカがよく理解できたものだと思います。アメリカでもこういう文化がありうるのでしょうか。

楠　たしかな証拠があるわけではないのですが、要は、アメリカは日本に確実に核搭載艦船が入港できればそれでよいわけで、日本政府がどういう説明をしようがそれほど問題ではなかったのだろうと思います。

「密約」がらみの話で一つ思いだしたことがあります。中曽根康弘元首相にインタビューをした折に、「密約」についてお話をうかがったことがあります。外務省の文書を読んでおりますと、核搭載艦船の入港をめぐって日米間で理解と説明が異なることについて、大平正芳などは、これは国民を裏切る行為ではないかと真面目に悩んでいるのです。非常に誠実な人で真剣に悩んで、どこかの時点で事実を明らかにすべきではないかと考えていたようなのです。

ところが中曽根さんは、「まあ、そんなもんじゃないの、密約もまあ、それはそうでしょ」という感じです。アメリカの極東戦略において、核搭載艦船が日本の港に入ることは不可欠だし、日米同盟を維持するうえでも必要だという認識はあった。でも、非核三原則は日本の立場をはっきりさせるものとして必要だ。両者は必ずしも整合性はないのですが、両方とも必要だよねという感じで、そのへんが、大平とはぜんぜん違うのですね。そのあたりは非常におもしろいなという気がしました。

ディキンソン　私からみれば、こういう問題はいかにも日米関係がうまくいっている、ある種の印のような気がします。

私が1980年代に、戦後の日米関係について研究しはじめたとき、英語文献でも利用できるものはたくさんありました。ところが、柴山報告、楠報告の参考文献には2冊ぐらいしか出てこない。今日、アメリカのアカデミズムでは日米関係に対する関心が低下してきていることの表れだと思います。こういう状況になると、日本の研究者は日本語だけではなくて英語でも出版する必要がありますね。ただ英語で出版する場合には、ちょっと観点を換えなくてはいけない。一つ言えるのは、日米関係の歴史については、より大きな枠組みからみたほうがよいと思います。

たとえば、日米同盟の機能に関する研究は非常に重要です。けれども、冷戦も終わったし、日米同盟は以前ほど不安定でもないのに、普通のアメリカ人がこんなに細かく日米同盟についての機能を知らなくてはいけないのか、という疑問がすぐ出てきますよね。柴山さんのように、最近出てきた共産党関係の史料を使った研究にはほんとうに意義があると思いますが、普通のアメリカ人にそんな話をしても、しょうがないとはいいませんが関心はもたれない。

では、どういうふうに観点を換えたらよいか。広い視野で考えることです。日米同盟については、たとえば日米同盟が冷戦のなかでどういう意義をもっていたか。冷戦期の国際秩序のなかで日本がどのようなポジションを占めていたか。そういうクエスチョンから出発してみる。それで、対称ではない同盟は、50年代からみると大きく変わってきました。あえていえば、日本がアメリカの発想を変えざるをえない、そういう大きな役割を果たしたのではないか。そういう議論を展開したら非常におもしろいと思います。同じ史料を出しても質問をちょっと変えて、ちょっとポジティブにスピンすれば、「えっ、日本はそんな重要だったのですか」というので絶対にアメリカ人の注目を集めますよ。

柴山　アメリカのオーディエンスにインパクトを与えるために、問題設定を変える必要があるというのは確かです。

毛利（亜樹：筑波大学助教）１９５０年代の日本は、極東における米軍基地の役割に対して、非常に鈍感だったとおっしゃいました。そのあとで、中曽根元総理が「密約があることはわかりましたと。でも、非核三原則も大事です」と発言されたというエピソードを紹介していただきました。50年代の日本の政治家と中曽根首相の考え方にはかなり変化があるように思えるのですけれども、それはパーソナリティの違いでしょうか。それとも、アメリカの役割に対する理解が成熟したと考えることができるのでしょうか。

楠　中曽根さんは、実は非核三原則の形成の際に重要な役割を果たしています。佐藤首相の施政方針演説の最初の案は、非核「三原則」ではなく、核を「作らない」「もたない」の二原則でした。それに対して閣議で異議を唱え、「持ち込ませない」を三つ目の原則として入れさせたのは当時運輸相だった中曽根さんなのですね。そのあたりの経緯を聞くと、「やはり唯一の被爆国である日本としては、そういう立場を主張する必要があると思った」とおっしゃいます。それはそのときの彼の考え方なのですね。彼は50年代から、日本は対米従属ではいけない、対等でなければならないという信念をズッともっておりまして、非核三原則は、日本のスタンスをちゃんとはっきりさせるべきだという観点で主張したものです。

そのときたぶん、彼は１９６０年の安保改定時の「密約」は知らなかったと思います。そういう地位にいなかったですね。自民党の中で、だんだん偉い地位に就くにつれて、そういうものの存在を知ってきた。そして、成長するとともに、日米安保の重要性を深く理解するようになったということだと思います。

服部　密約に対する葛藤は、19世紀末あるいは20世紀初頭と比べて、外交が変わったことの表れという気がします。といいますのも、第一次世界大戦前は、条約を結ぶ際に秘密議定書を取り交わして、諸外国あるいは自国の国民に密約があるということを黙っているのはあたりまえだった。ところが第一次世界大戦後、密約を結ぶことに罪悪感がもたれるようになったのは、やはり20世紀に入ってからの外交の一つの変化なのだろうと思います。

ところで、日本にとって同盟というものはどういう意味をもっているのか。歴史を紐解けば、日本はドイツ・イタリアと三国同盟を、さらにその前は日英同盟を結んでいたわけです。日本にとっての同盟政策は、第一に外交政策の基軸となるということ。第二に、軍事力の保護を受けるということです。もう一つ見落とされがちなのは、技術と情報を手に入れるツールでもあるということですね。三国同盟にしても日英同盟にしても、あるいは日米同盟にしても、最新の軍事技術を手に入れられることのメリットというのは計りしれません。

したがって日本の立場からいうと、日英同盟についても、三国同盟についても、日米同盟についても、同盟は非対称な関係で、ジュニア・パートナーとシニア・パートナーという関係になる。日本は必ずジュニア・パートナーです。どちらにメリットがあるかというと、実はジュニア・パートナーのほうがメリットは大きい。逆にシニア・パートナーの立場からいえば、いかにフリーライダーを防ぐかという問題が生じるわけです。ジュニア・パートナーにとっては、いかに支払う代償を少なく抑えつつ、相手からいろいろなメリットを引き出すことが、おそらく同盟戦略になってくると思うのですね。そうした戦前からの一貫した観点で、日本にとっての同盟の意義を考えてみるのはいかがでしょうか。

柴山　戦前の同盟と戦後の同盟で決定的に違う点は、戦後の同盟は国内治安まで対象に入れたことだと思います。

つまり、戦前の同盟はイデオロギーを対象にしなかった。戦後、日本がいろいろな治安情報や治安上のテクニカル・ノウハウをアメリカからもらったことによって、ほんとうに助かったのは事実です。実際に自分でやるとなると、国内社会にかかる圧力はまったく違うので、これが軽減された。それは大きかったと思います。

楠　長期的なスパンに立った議論は、長期的な傾向を理解するうえで有益である反面、さまざまな因果の関係を捨象して乱暴になってしまうこともあるので難しいところです。同盟理論などでは、日本が結ぶ同盟がバンドワゴンの場合には成功するといわれます。日英同盟がそうであり、日米同盟がそうであると。三国同盟のようにバランスをとった同盟は失敗する。乱暴ではありますが、日本がとれる同盟政策には限界がある、イギリスなどとはパターンが違うのは事実だと思います。それから、服部先生がおっしゃったお話でおもしろいと思うのは、ジュニア・パートナーの側にメリットがあるというお話で、見捨てられる恐怖とか巻き込まれる恐怖だけでは説明できない部分が同盟にはあるということでしょうか。

田中　重光提案について、1954年に台湾海峡危機が勃発して、中台間に軍事対立が生じていたのにもかかわらず在日米軍の撤退が考えられたのは、ロジックが合わないように思います。当時の外務省などは、台湾海峡危機をどういうふうに捉えていたのでしょうか。また東アジア冷戦をどう捉えてこの提案ができたのでしょうか。

楠　台湾海峡危機が日本国内にどういうインパクトを与えたのか、実は外務省の文書をみてもよくわからないというのが実態です。日米安保においては重要だったと思います。自衛隊関係者のオーラルヒストリーをみますと、そのとき自衛隊は、という話がちらっと出てきたりするのですが、外務省の人に安保改定の過程で台湾海峡危機がどう関係したのですかと聞いても、「うーん、えーと、覚えてないな」という感じなのです。

柴山　ありがとうございました。

― 註 ―

＊１ １９５５年段階の外務省の安保条約改正案については、外務省公開文書（CD no. 0611-2010-0791-08）による。

＊２「外務大臣国務長官会談メモ（第２回）」１９５５年８月30日、外務省外交記録（外務省外交史料館所蔵）、CD-R（0611-2010-0791-08）。U.S. Department of State, *Foreign Relations of the United States 1955-1957*, vol. 23, part 1, Japan (GPO, 1991), pp.97-100. なお、この重光訪米については、坂元（2000）pp.140-179参照。

＊３「重光外務大臣とダレス米国務長官の共同声明」１９５５年８月31日『日本外交主要文書・年表』鹿島平和研究所編　第１巻　原書房　1983：pp.724-728

＊４ "Treaty of Mutual Cooperation and Security Record of Discussion," January 6, 1960（安全保障課「核兵器の持ち込みに関する事前協議の件」１９６３年４月13日付属文書）「いわゆる『密約』問題に関する調査報告対象文書」番号１－３

― 参考文献 ―

明《あけ》田《た》川《がわ》融《とおる》『日米行政協定の政治史 ― 日米地位協定研究序説』法政大学出版局　1999
五十嵐武士『対日講和と冷戦 ― 戦後日米関係の形成』東大出版会　1986
太田昌克『日米「核密約」の全貌』筑摩選書　2011
楠綾子『吉田茂と安全保障政策の形成 ― 日米の構想とその相互作用、１９３～１９５２年』ミネルヴァ書房　2009
河野康子『沖縄返還をめぐる政治と外交 ― 日米関係史の文脈』東大出版会　1994
坂元一哉『日米同盟の絆 ― 安保条約と相互性の模索』有斐閣　2000
豊下楢彦『安保条約の成立 ― 吉田外交と天皇外交』岩波新書　1996
豊田祐基子『「共犯」の同盟史 ― 日米密約と自民党政権』岩波書店　2009
中島琢磨『沖縄変換と日米安保体制』（有斐閣　2012

原彬久《はらよしひさ》『戦後日本と国際政治―安保改定と政治力学』中央公論社　1988
細谷千博『サンフランシスコ講和への道』中央公論社　1984
室山義正『日米安保体制』上・下　有斐閣　1992
吉田真吾「『パワーの拡散』と日米同盟の制度化―日米政策企画協議とSSCの設置、1962～1970年」『国際政治』160号（2010年3月）pp.79-93
渡辺昭夫・宮里政玄《みやざとせいげん》編『サンフランシスコ講和』東大出版会　1986

関西学院大学総合政策学部リサーチプロジェクト講座
「日米関係史研究の最前線」第7回

戦後日中関係史の再検討

◆井上 正也

1　戦後日中関係史の研究動向

私（井上正也：香川大学准教授）の専門は日本政府の中国政策です。２０１０年12月に博士論文を基にした単著（『日中国交正常化の政治史』名古屋大学出版会　2010）を刊行し、その後、さまざまなご批評やご批判をいただきました。本日はそれらを踏まえ、現在の戦後日中関係史研究の最前線がどのあたりまで進んでいるのかという研究動向・史料状況の紹介と、現在、私自身が戦後日中関係をどう捉えているのかについてお話しできればと思います。

私がこの研究テーマを定めてから今年（２０１２年）で10年になります。私は中国研究者ではなく日本外交史が専門です。なぜ中国政策というテーマを選んだのかについては事情があります。２００２年に大学院に進学した直後、五百旗頭眞先生の同門の先輩に連れられて、米国メリーランド州にあるナショナル・アーカイブス（国立公文書館：National Archives II, College Park）に行きました。まだ大学院に進んだばかりで急に誘われて、よくわからずについて行ったのですね。

ところが、アメリカの公文書館はものすごく規模が大きいし、いきなり放り込まれたので、なかなか勘所もつかめない。当初は石油を中心とした日本の中東政策か日米繊維摩擦でもやろうかと考えていたのですが、なかなかいい史料にも出会えず途方に暮れてしまったわけです。そのうち滞在日数もたってしまい、新しい研究テーマで悩んでいたら、外交

■ 関連年表

1951年	9月	サンフランシスコ平和条約締結
1952年	4月	日華平和条約締結
1958年	5月	長崎国旗事件（日中民間関係断絶）
1962年	11月	LT貿易協定締結
1966年	5月	文化大革命の本格化
1971年	7月	第一次ニクソン・ショック（米中接近）
1972年	9月	日中国交正常化

文書はだいたい30年が経過してから公開が始まるので、今から30年ぐらい前の出来事にターゲットを合わせたらどうかと先輩からアドバイスされました。そのときに１９７２年の沖縄返還交渉か日中国交正常化であれば、学術的関心も引きやすいのではないかということで、あまり深い考えもなしに日中関係のファイルをいろいろ開けだしたのが始まりであったわけです。

私が初めてナショナル・アーカイブスを訪問した２００２年当時は、日本の外交文書は今ほど公開されていませんでした。だから、日本外交史の研究者は、アメリカやイギリスの外交文書を使って研究していたわけです。つまり、日本の外交官がアメリカやイギリスに提供した情報や、アメリカやイギリスに残された会談録などを使って、日本外交を分析していたわけです。

日本の中国政策に関しては、その頃、英米の外交文書を使って１９５０年代を分析した陳肇斌《チェンヂァオビン》『戦後日本の中国政策』（東京大学出版会　2000）が出版されていました。学部生のときに陳先生の本を読んで、私も英米の史料を用いて日米関係以外の二国間関係史が書けないかどうかに関心をもっていたので、私も同じアプローチで日中国交正常化にいたる歴史を書けないかと考えたわけです。ですので、最初は史料ありきでテーマを選んだのですが、今から振り返れば、良いテーマを選ぶことができたと考えております。

私の修士論文は、そのときアメリカで集めた外交文書を中心に書いたのですが、結局、出版した単著では、最初に集めたアメリカの史料はほとんど使いませんでした。２０００年代に入って、日本側の外交文書と台湾側の文書公開が急速に進み、そちらを用いた方がはるかに細かい歴史が書けたためです。とはいえ、研究者として一歩を踏み出したときに、いきなり史料の海に投げ込まれて、がむしゃらに一次史料に向き合う習慣をたたき込まれたことは大きかったと思います。

さらに私が恵まれていたのは、30年前なので、まだ関係者がご健在だった点です。だから、史料の行間を当時の関係者にインタビューしながら詰めていく。当時の関係者の方々からいろいろなご指摘をいただきました。これは大変に贅沢なことでありまして、10年先に同じテーマをやる研究者はたぶん同じことはできない。仮に10年前だったら、今度は史料が開いていません。その意味では、今しかできない時代をやることも、戦後史研究の醍醐味の一つだと思っております。

次に研究動向の紹介に入りたいのですが、戦後の日中関係史は近年大きく進展しています。1980年代までの研究は、左翼イデオロギーの影響力が強いものでした。私はこれらを「友好史観」と呼びましたが、つまり、日中国交正常化にいたる道程を妨げたのは、「アメリカ帝国主義」と「日本軍国主義」にあるという構図です。そして、これらの障害をはねのけて日中友好を体現したのは政府ではなく、民間の「友好人士」であるとし、彼らの活躍が最後に日中国交正常化に結びついたという、一種の進歩史観にもとづく見方が主流でした。

これらの研究に対して、イデオロギーを排して、国際政治学の観点から日中関係を「分析」する研究が1980年代末から出てきました。緒方貞子先生、田中明彦先生、添谷芳秀先生らの研究が代表的です。[*1]これらの研究は、叙述のバランスがとれていて、あまり史料を見られない時代であったにもかかわらず、ほぼ正確な全体像が明らかにされています。だから私たちが、史料を見て詳細な歴史は描けても、大きな歴史像は簡単に塗り替えられないわけです。とりわけ、緒方先生の『戦後日中・米中関係』（東京大学出版会　1992）は、当時の外務省関係者にかなりインタビューをなされていて、当時の国際政治の大きな枠組みを提示しながらも、事実関係も非常に勉強になります。

その後、2000年前後に登場してくるのが、私を含めた日本外交を専門とする歴史家による研究です。2001年に情報公開法が施行されて、今まで非公開だった外交文書も情報公開請求の対象になりました。われわれの世代は、日本側文書がどんどん公開されるなかで、今まで海の向こうから見るしかなかった日本の中国政策をようやく内側から見ることができるようになったわけです。

さらにオーラル・ヒストリーという研究手法が広がったことで、政治家や外務省ＯＢへのインタビューも組織的に行われるようになりました。服部龍二先生が書かれた『日中国交正常化』（中央公論新社　2011）は、関係者へのインタビューを中心に国交正常化をめぐるドラマを巧みに描かれております。服部先生とは一緒にインタビューをさせてもらうことも多く、私の研究でも大変お世話になりました。

ところで、日本の中国政策を研究していると大きな課題となるのは、やはり中国側の史料状況とのアンバランスです。例えば、国際関係や二国間関係の歴史研究では、史料公開状況に偏りがあるのにもかかわらず、二国間を均等に論じようとすると、できあがった作品はバランスを欠くものになります。やはり史料レベルの面合わせが大切で、私もそう考えて、「日中関係史」を目指すよりも、日本の中国政策を分析して日本側の論理をしっかり固めることを重視したわけです。

ただし、こうした状況も、中国の外交部が文書を本格的に公開し始めたことで変わり始めています。今、中国研究者を中心に中国側史料を使った新たな研究が現れてきています。

私も現在「廖承志《りょうしょうし》研究会」という若手研究者のプロジェクトに入っており、共同研究の成果を近く出版する予定です（王雪萍《おうせつへい》編著『戦後日中関係と廖承志』慶應義塾大学出版会　2013）。このプロジェクトの中心は、第一に、中国側文書にもとづいて、中国の対日政策決定過程を歴史的に検証していくこと。さらに第二に、中国で対日工作を担当していた方にインタビューをすることです。インタビューは、私も何回かご一緒させていただきました。

中国外交研究は、毛沢東のイデオロギーに決定要因を求める傾向が一般的に強いのですが、必ずしもそれだけですべては説明できない。たしかに毛沢東が最終権限をもっていたにせよ、やはり、下部組織の人たちが上げる情報が、指導者が判断するうえでとても重要なのです。対日政策においてはこうした情報収集をして、判断材料を幹部に上げる役割を果たしたのが廖承志とその取り巻きの人びとでした。だから、彼らの動きから、中国の対日政策の変化を追えるのではないのかと考えているわけです。

以上が最近の研究動向ですが、史料状況も紹介しておきたいと思います。一番目が外務省文書で、先ほど言った情報公開法による開示文書が多く利用可能になっています。また民主党政権下で新しい外交文書の公開制度も始まりました（特定歴史公文書等の利用請求）。新しい制度は、その中からわれわれが見たいファイルをリクエストして、審査を終えたものから閲覧できる制度です。中国関係に関しては、私も以前から情報公開請求で文書を請求しておりましたが、新制度でも続々と新しいファイルが開いています。

このような制度が定着することで、今後、戦後日本外交史は研究手法が大きく変わるはずです。なぜなら、以前は外務省が定期的に公開していた外務省記録をメインに使い、後は米英の外交文書で補うのが一般的でした。公開文書が限られているため、日本外交史研究は文書公開が先行していた日本の東南アジア外交に偏っていたわけです。しかし状況は変わりました。次々と移管されてくる外交文書の山にどう向き合うかが若手の課題です。現制度にもいろいろ問題はありますが、外交文書に限れば、米英の状況に近づきつつあると思います。

今後は何を調べたかだけではなく、歴史文書を読み解いてどういう見方を提示できるか、という部分がいっそう重要になります。ただ政策決定を細かく調べるだけでは、研究として評価されない時代が来る。その意味では、戦後日本外交史研究はアプローチにおいて大きな転換期を迎えていると思います。

二番目は、台湾の公文書です。私の研究では中華民国、つまり台湾の外交档案《とうあん》をよく使いました。*2 台湾は民主化の進展にともなって、かなりの外交文書が公開されています。私の研究にからめていうと、日本外務省の文書は日本政府の政策しかわからない。しかし日中関係でほんとうに重要なのは政治家の動きです。台湾の外交文書は中国政策と自民党のかかわりを知るうえで不可欠です。特に岸信介を中心とする自民党の「親台湾派」と台湾とのつながりについては、私の本でも克明に描くことができました。自民党内部の権力闘争と中国政策がいかにからみ合っていたかを明らかにするうえで、台湾の史料は大変に有用です。

三番目ですけれども、政治家が個人的に残した文書です。多くは国立国会図書館の憲政資料室に保管されているのですけれども、戦後の史料はまだ未発掘のものがたくさんあります。私自身が現在整理させていただいているものの一つに「高碕達之助文書」があります。高碕達之助は戦後の対ソ・対中交渉、民間経済外交で活躍した人物です。彼の文書には日中関係に限らず戦後の経済プロジェクトをめぐるものも含まれています。私としては今後、日本の対アジア経済外交を分析していきたいと思っています。

また「古井喜實《ふるいよしみ》文書」のように戦後日中関係に携わったキーパーソンの個人文書も、徐々に発掘されたり整理されたりして活用可能になっています。[*3] これまで、戦後日本外交史といえば、外交文書が中心でしたが、これからは個人文書を活用する研究も増えていくのではないかと思います。

2 戦後日中関係史の研究課題

さて、近年の研究動向・史料状況を紹介しましたが、私の『日中国交正常化の政治史』で残された課題についても整理しておきたいと思います。

私の研究は、1952年のサンフランシスコ平和条約から、1972年の日中国交正常化までの約20年間の日本の中国政策の変化を追いかけたものです。内容をひと言でまとめるのは大変ですが、日中国交正常化にいたるまでの日本の中国政策の核心は台湾問題であった、というのが私のメッセージです。この台湾問題をめぐって北京側といかに折り合いをつけるかという模索が、戦後の中国政策の主要なテーマであった。もちろん日米関係や中ソ対立といった国際要因も背景にあったのですけれども、当事者の頭の中の多くを占めていたのが台湾問題だったという点を強調したかったわけです。

ただ、戦後日中関係において、十分に論じきれなかった視角もいくつかあります。本日は私の本で論じきれなかった視点から日中関係をいかに捉えることができるかをお話ししたいと思います。

私の本で論じられなかった第一点は中国側との相互作用です。これは中国側史料が完全に開いていないので、当然ありうる批判です。私の研究は突き詰めると日本外交の研究であるというのは先ほど申し上げました。日中関係史という、いわゆる日中双方から見た研究としてはまだ不十分です。それは今後の課題として残ります。

二点目は経済要因の軽視です。私の本はいわゆる政策決定者の判断や動きに焦点をおいて、台湾問題をめぐる日中両国のやり取りや葛藤を描いているけれども、日中関係を突き動かした経済的な要因を軽くみているのではないかというご批判です。これは重要な指摘です。戦後日本がなぜ中国と国交正常化しなければいけないのかと考えたときに、常に背後にあったのは世論の圧力でした。そして、この世論は財界や貿易に携わる人たちの声でもあったわけです。こんにち日本の最大の貿易相手国であることが示すように、中国は今も昔も魅力的な市場であった。こうした経済要因が日中関係を規定していたのではないのか。下部構造をしっかり押さえなければいけないのではないかという問題意識は重要だと思います。

三点目は歴史認識の問題です。戦争に対する日本人の贖罪《しょくざい》意識とか情念の問題をどう扱うかという点です。伝統的な日中関係研究は、こうした価値観を正面に押しだす傾向が強かった。日本人は中国に侵略戦争をやってひどいことをしたのだから、それに対する償いが必要であるという発想です。そして、贖罪という観点から、歴史への反省を欠いた日本を批判的にみるスタイルが一般的だったわけです。

私としては、こうした価値の当否は別として、価値観と政策決定は切り離して考える必要があると思います。ただ、こうした意識は確実に実在したのであり、当時の政策形成に無視できない影響力があったことは疑う余地もない。それゆえ自分の研究にどう織り込んでいくかは今後の課題であると考えています。

最後に四点目としては中ソ対立のインパクトです。日中関係の動きをみたときに、どうしても米中関係に注目が集まります。たしかに米中接近があって日中国交正常化ができたというのは事実ですけど、より長い時間軸でみたとき、根底から中国外交の変化を規定したのは、共産圏の仲間割れです。中ソ対立はアジア冷戦の構造変動という点では最重要の事件でした。もう一つ、つけくわえると、日本国内の日中友好運動がなぜ、最後まで団結できなかったかという問題を考えると、中ソ対立で革新陣営が割れたことも大きかったわけです。その意味で、中ソ対立のインパクトは国際的にも国内的にも大きな衝撃をもたらしました。国際政治と国内政治の接点ともいえるこのテーマは非常に重要であると思います。例えば、日中両共産党の党際外交なども、これから分析する必要があると考えています。

3　原点としての日華平和条約

戦後日中関係を考えるときに、原点となるのは1952年に締結された日華平和条約です。これは日本と台湾の中華民国との間で締結された条約です。1949年のいわゆる中国の国民党と共産党の内戦の結果、蒋介石政権は負けて台湾へ逃亡しました。しかし、その逃亡先で彼らは中華民国という看板を降ろさずにやってきた。つまりは、実際は台湾しか統治していないのに、中国の代表政府であることを主張し続けたわけです。

国際社会においても、台湾の中華民国政府は、国際連合での国連の安保理常任理事国の議席を1971年まで保持していました。その台湾の中華民国との間で日本は平和条約を結んだわけです。この条約については、当時、台湾を支援していたアメリカのダレス国務省顧問が吉田茂首相に締結を強要した結果といわれています。ダレスは吉田に対して、日本政府が中華民国を中国の政府として条約を結ぶことを約束した手紙を自分宛に送ることを要求したわけです。その結果、吉田からダレスに送られたのが「吉田書簡」といわれるものです。その後、日本政府は中華民国政府と交渉に入り、1952年4月28日に日華平和条約が締結されました。

しかしながら、この日華平和条約がそもそも何を意味するかは先行研究でも解釈が分れています。非常に単純化すると、日華平和条約というのは次の（A）と（B）の二つの見方が存在する。まず（A）は、日華平和条約は台湾の「地方政権」と結んだ協定である。だから、条約という名前を使っているけれど、実質はローカル・ガバメントと結んだ協定だから、中国と結んだ講和条約とは違うという解釈です。一方で（B）は、中華民国を中国の代表政府とみなし、日本が中国の国際的に認められた合法政府と締結した講和条約であるという解釈です。どちらの解釈が正しいかは先行研究でも一致しません。それぞれの論者の政治的立場や時代によって、この日華平和条約の解釈が読み替えられてきたために混乱しております。

例えば、最近の台湾の研究は、（A）が強調されます。なぜかというと、台湾の独立が念頭にあるためです。日華平和条約は台湾の地方政府と結んだ条約で、この条約が日台関係の始まりであるというようなストーリーにしたい。だから（A）が強調される傾向があるわけです。他方で、日本の中国政策の欺瞞性といいますか、北京寄りの立場から日本を批判したい立場は（B）に近づきます。日本は蔣介石の亡命政権を中国の代表とみなして、彼らの中国大陸へ戻る野望を手助けしたということになります。しかし、正直なところ、これらの解釈は最初から何かしらの政治的主張があり、そこから史料を見ている節も強いわけです。

それでは、歴史的にみて、どちらが正しかったのかというとこれも大変、難しい。なぜなら、日華平和条約というのは、最初、日本政府は（A）の立場で結びたかったわけです。ところが、当時の中華民国は絶対（B）の立場を譲りたくなかった。そのため、交渉の最初から最後まで曖昧なまま結ばれた条約なのです。日華平和条約の条文原文を一度ご覧になられたらいいと思います。本文の後に「議定書」やら「同意された議事録」などがついていて、読んでもさっぱりわからない。「同意された議事録」にいたっては、お互い同意しているはずにもかかわらず、双方が正反対のことを言っているわけです。

なぜ、こういった条約交渉が結ばれたのかは、やはりアメリカの圧力です。一国が内乱状態で分裂しているところで、一方の政府だけを認めて講和条約を締結するのは本来、国際法ではできないことです。ところがこれをアメリカのゴリ押しでやらざるをえなかったわけです。西村熊雄という当時の外務省条約局長は、日記に「ダレス顧問のごときインターナショナルローヤーといえども現実政治にかくまで法理をゆがめさせられるかと淋しく感じた」と書いております。その言葉がまさに象徴するように、日華平和条約は法律的には非常に無理のある条約であったわけです。

日華平和条約の交渉過程についてはいろいろな研究がありますが、残念なことに、政治学者や歴史学者の手によるものは政治的なバイアスが強くて、あまり理解の役に立たないというのが率直な印象です。こうしたなかで信頼できる議論を展開されているのが国際法学者でした。京都大学の淺田正彦先生の「日華平和条約と国際法」という大部の論文を書かれております。*4 この論文を通じて私もようやく条約の法理をめぐる本質がみえてきました。

あともう一つ重要な点は、この条約は締結交渉の過程のみをみていてはダメなのです。むしろ条約締結後、どういうふうに日本政府が条約を扱ったのかまで含めて評価しないとみえてこないところがあります。

結論だけ言いますと、日華平和条約というのは、もともと日本は（A）のつもりで交渉を開始して条約を締結して帰ってきた。しかし、その後に外務省で条約本文を検討した結果、（A）のつもりで結んできたけれども、どう考えても（B）としか解釈できない条文が含まれていたために、途中で日本が政府見解を（B）に変更したような

中国としての全体に適用	地域的に限定	地域的限定の有無に影響無
第１条（戦争の終了） 第２条（領土権の放棄） 第４条（戦前の条約の効力） 第５条（中国における権益の放棄） 第６条（国連憲章の原則の尊重）	第３条（台湾、澎湖諸島関係の財産・請求権） 第７条（通商航海条約） 第８条（民間航空） 第９条（漁業協定） 第 10 条（台湾、澎湖諸島の住民の国籍）	第 11 条（サンフランシスコ条約の原則の適用） 第 12 条（本条約に関する紛争の解決） 第 13 条（本条約の批准） 第 14 条（本条約の正文）
議定書 1b（役務賠償の放棄）	議定書２（通商航海）	議定書 1a（期間） 議定書 1c（適用排除）

表１　日華平和条約における各条項の法的性質
条約局法規課「日華平和条約の条項の適用の地域的限定 ── 従来の国会答弁より」1968 年３月 19 日、外務省情報公開（2005-372）より筆者が作成。

のです。

表１は、私が外務省文書から再構成したものですが、外務省の解釈では最終的に日華平和条約は（Ａ）として構成される要素と、（Ｂ）として構成される要素に二分されるという解釈をとったようです。

つまり中国との戦争状態は終わった、あるいは中国は賠償を放棄したといった条項に関しては、いわゆる処分的な措置というかたちで、支配する国土の大きい小さいとは関係なく、中華民国が中国を代表して決めた措置だから、これは中国全体に適用される。しかし、一方で台湾、澎湖諸島関係の請求権であるとか、いわゆる航空協定であるとか、漁業協定などの実務に関するものは、当事者は実効支配する領域でしか発効できないので、これは地域的に限定されるという立場をとったようです。

日華平和条約が大変ややこしいのは、条約を締結した当初は、すべての条項を（Ａ）として解釈していた点です。どうも外務省では、中国として全体に適用される条項も、当初は台湾だけにしか適用されないのだという「限定承認」という解釈をとっていたようなのです。しかし、条約局長の西村熊雄がフランス大使に転出して、下田武三が後任になります。後に外務次官、駐米大使を歴任して、プロ野球のコミッショナーになる大物ですけれども、彼が条約局長になったあたりで、先ほどの**表1**で示した政府見解をとるようになる。つまり、日華平和条約は講和条約の要素を含んでいるという解釈を固めたようなのです。それが、その後の日本政府の中国政策を基本的に規定していくことになります。つまり、日本は1952年の時点で、もう戦争状態は終了したし、賠償の放棄を受け入れさせたという解釈をとれるようになるわけです。このような複雑な解釈が国会での政府答弁として引き継がれたために、のちに日中国交正常化の際に困難な要素になるわけです。

しかし、この問題はまだ疑問が残っております。日本政府がいつ日華平和条約の解釈を変更したのかという点です。国会での政府委員答弁が「限定承認」を明確に否定する形に変化したのは1952年6月17日です。だからその前後に日本政府は平和条約の解釈を変えたのだろうと私は本に書きました。しかし、日本政府がその判断を固めたのはもう少し後ではないかというコメントをいただいたことがあります。というのは、表1の原型となった日華平和条約の法的性質を分類した文書は1968年に作られているのです。1968年以前に作成された文書はついに見つけられませんでした。もちろん、条約局の文書はまだ公開されていないものもあり、情報公開法でも非開示決定とされているところがあるので、私も全部見たとは言い切れないわけです。だから、いつ頃定着したかはまだ謎が残っている。

いずれにせよ確実なのは、1972年に日中国交正常化の交渉をする段階では、日本政府は、明確に日華平和条約は中国の代表として結んだものであるという解釈をとっていました。これは賠償放棄という大きな問題にもからんでくるわけです。もし日華平和条約を「地方政権」との協定であったなら、中華人民共和国は日本に対して賠償を請求する権利が発生する可能性があります。けれども、日本が日華平和条約の有効性を認めるかぎりでは、少なくとも中国政府には、賠償を請求する義務が法的には生じないわけです。もちろん、その論理を中国側が受け入れるかどうかは別の問題ですけれども。その意味では、日華平和条約の法解釈の問題は、その当初から日本政府・外務省内で賠償問題を視野に入れた政治的な思惑が混ざっていたのではないのかという疑いもあります。しかし、このあたりの内部事情を示す文書は結局、今のところ決定的なものは見つけられていません。

いずれにせよ、この日華平和条約は戦後日中関係の障壁になりました。中華民国と講和条約を締結したがゆえに、台湾との関係を維持したまま、北京とも国交正常化をしようとすると、日華関係の再定義、すなわち台湾の法的地位の問題を避けて通れないわけです。ちなみに台湾の法的地位はこんにちでも国際法的には未確定です。中華人民共和国に帰属するという中国側の主張は、国際条約などの裏づけがありません。だから、日本政府は日中国交正常化を結ぶ前に、何とかはっきりとした大国による国際会議を開いて、台湾の法的地位を決めてほしい。そうなれば、締結した日華平和条約も、若干曖昧な部分があるけれども、また再定義・再解釈し直せると考えていたのではないかと思います。しかし、いずれにせよ、それは最後まで実現できませんでした。戦後の日本の中国政策は法的な議論に偏りがちであるとしばしば批判されますが、これは最初にこのような条約を締結した特殊事情が影響しているわけです。

4　1950年代の日中関係

ここから戦後の日中関係を概観したいと思いますが、日中国交正常化までは以下の三期に分けることができます。第一期は1952～58年で、これは日中両国が民間貿易を通じて発展した時期です。1958年に中国政府が長崎国旗事件をきっかけに、すべての民間関係を断絶しています。第二期は1958～69年で、断絶後に再び中国側が日中民間貿易を復活させていく時期です。1969年までとしたのは中ソ国境武力衝突とニクソン政権の成立によって国際構造が変化するためです。そして、第三期の１９６９～７２年は日中国交正常化にいたる時期です。時期区分にはいろいろな議論があり、私のなかでもこれが一番だという確証はありませんが、ひとまずこのように理解することで大枠が理解できるのではと思います。

まず、第一期の１９５２～５８年がどういう時期かというと、東西冷戦を背景に、アジアでは日米同盟と中ソ同盟がきれいに割れて対立していた時期です。こうした状況のなか、日中両国の激しい駆け引きが行われていました。注目すべきは、この時期、日本も中国もまだ互いの同盟を確固たるものとみなしていなかった点です。例えば、日本では自由民主党が１９５５年に結成されて保守政権が続きますが、１９５０年代中頃はまだ、どう転ぶかわからない状況でした。アメリカとの安保条約があるけれども、日本人のナショナリズムをうまく喚起すれば、共産化は無理でも、日本の中立化は実現可能ではないかと中国は考えていたわけです。一方で、日本でも吉田茂首相などは、中国人は社会主義と相性が悪いから、いずれソ連と分かれると考えていました。うまく西側が一致して政策を組めば、中国を東側から引きはがせるというのが吉田の持論だったわけです。

この時期で重要であるのは１９５４年以降に、中国側が本格的に展開した「人民外交」です。これは日本の中立化を目的にしており、多くの民間団体との交流を拡大するやり方でした。この背景には中国側の「以民促官」という対日戦略がありました。これは「民間を以て官を促す」。つまり民間勢力をまず取り込むことで、日本政府に圧力を加え、最終的に日本政府の政策を変更させるという狙いがあったわけです。

ところで、中国の対日政策において、繰り返し登場する考え方が「対日二分論」というものです。これは日本人を一部の「軍国主義者」と多数の「人民」に分けることで、「人民」に働きかけて、彼らを取り込むことで「軍国主義者」を包囲するという発想です。そのためもあって、中国は「人民」への働きかけを非常に重視しました。その触媒になったのがいわゆる「友好人士」と呼ばれる人たちです。

1950年代をみるうえで、もう一つ重要な前提は、後の時代に比べても日中貿易への期待が高かった点でしょう。というのも、戦前、日本の貿易総額に占める中国大陸の割合は、日中戦争期の最大時で4割を超えていました。これは「満洲国」を含むのでそれを除いても4分の1ぐらいのシェアがあったわけです。1950年代の経済界は日本が経済復興するためには中国市場が必要であるとみていました。だから、アメリカが中心になっていたココム（COCOM：対共産圏輸出統制委員会）やチンコム（CHINCOM：対中国貿易統制委員会）にもとづく対中貿易統制を何とか打ち破りたいという考えが強かったわけです。

財界の熱気を示す一例として、日中貿易を推進するために1954年9月に結成された日本国際貿易促進協会（国貿促）が挙げられます。国貿促は1958年以降は反政府色を強めていきますが、初期の国貿促の発起人の顔ぶれをみると、政財界の有力者が名前を連ねています。石橋湛山とか高碕達之助といった後の自民党の「親中国派」もそうですが、他にも有力商社や東京電力の会長といった財界主流派が参画しています。国貿促の初代会長は村田省蔵という人物ですが、大阪商船（今の商船三井）社長や閣僚を務め、太平洋戦争のときは戦時海運体制を率いた商船界のドンです。国貿促の財界人の人脈としては東京商科大学、今の一橋大学のOBが強かったようですが、彼らがこぞって国貿促に参集したことは、日本政府にとっても大きな圧力になったと思います。

しかし、この日中貿易拡大が日中の政治的接近につながることを警戒したのがアメリカでした。アメリカは鳩山一郎政権が中国に接近するのを恐れて、駐日大使館経由で「口上書」を発出して圧力をかけています。よくアメリカが日中接近を阻んできたといわれますが、実際には、いつもアメリカが露骨なかたちで日本を脅していたわけではありません。アメリカが日本政府に「口上書」というかたちではっきり圧力をかけたのは、私の知るかぎりにおいてこの一回のみです。以降はむしろ、日本側のほうが米国の様子をうかがいながら、自主規制するようになるわけです。

このように日中貿易は拡大していくわけですが、中国側はもっぱら貿易を手段にして、日本を政治的に取り込みたいわけです。しかし、日本側は財界主導による貿易拡大そのものが目的です。この思惑の違いは徐々に出てきます。こうしたなか、日本側は「政経分離」という有名なフレーズを主張します。「政経分離」を日本政府が意識的に用いるようになったのはいつ頃からかという議論があります。吉田政権から「政経分離」路線だったという研究があり、吉田の「経済中心主義」とからめて論じる研究者もいます。ただ「政経分離」が公式な政策表明として初めて登場したのは、意外なことに石橋湛山政権のときです。日本政府の政策として、今は国交正常化しないけれども、それ以外の関係はやっていくというのを最初に言ったのは、実は石橋政権でした。

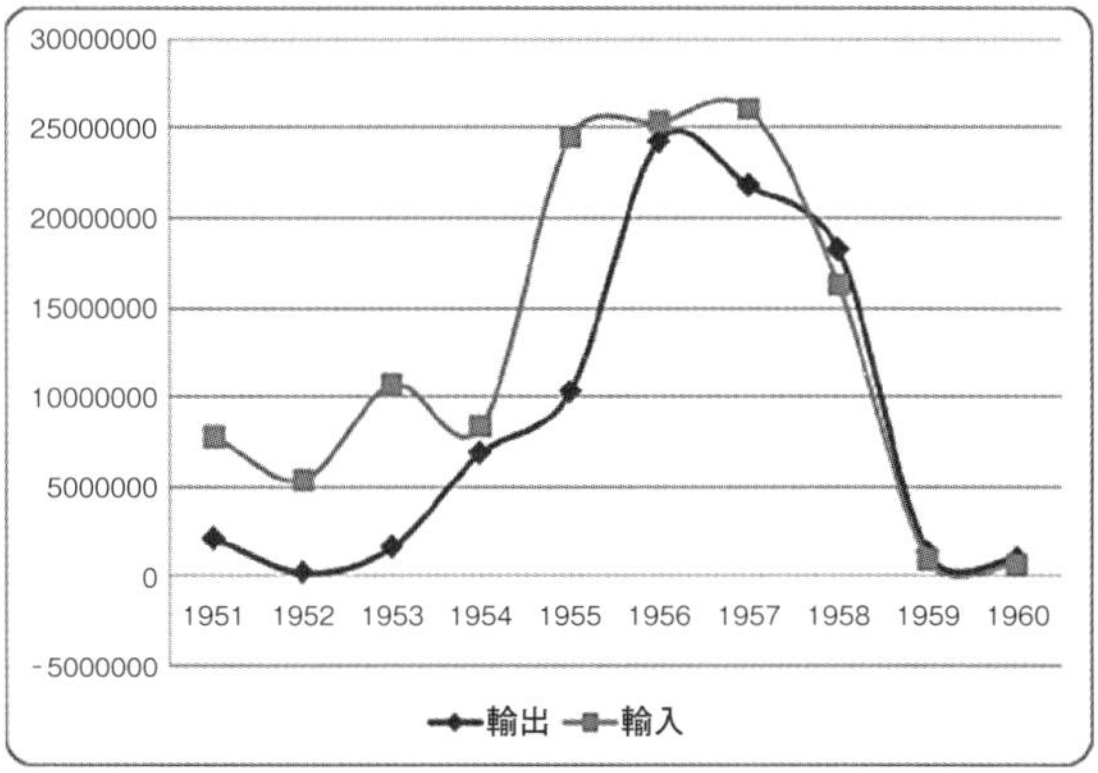

図１　日中貿易額（単位千円＝英ポンド）

しかしながら、貿易だけ増進して、一向に政治的に近づけない状況に中国側は焦りをつのらせます。岸信介政権が成立する頃から、中国側は貿易に政治条件をからめるようになり徐々に緊張が高まります。岸政権は当時、日米関係を強化しており、それが中国側の警戒を招いた側面もありましたが、実は日中両国の「政経分離」をめぐる矛盾は、石橋政権のときから種はまかれていたわけです。

ただ、ここで一点、指摘したいのは、当時の貿易統計をみていて感じるのは、アメリカが日中接近を阻止するために圧力をかけたことはたしかに事実ですが、仮に日中貿易がほんとうに経済発展に不可欠であったならば、おそらく日本はアメリカの圧力を振り切ってでも日中関係を進めたのではないかという疑問です。アメリカの圧力を振り切れなかった要因は、やはり日中貿易そのものに魅力が欠けていたからだと思います。

図1は、1950年代の日中貿易の額です。これは縦軸の単位が千円です。当時、1ポンド千円でしたから、ちょうど3千万ポンドがいわゆる天井になっていると考えてください。3千万ポンドをドルに換算すると約1億ドルです。この額がどれぐらいかというと最大時の1956年時点であっても、日本の総貿易額のわずか2・6%にしかなりません。実はこの日中貿易は、当初3千万ポンドを上限として始まっておりました。第4次日中民間貿易協定でも3千5百万ポンドぐらいです。さらに当時の日中貿易は現金取引ではなくバーター取引でした。当時は外貨規制も強いし、英ポンドは単に決済の目安に使うだけで、日本が何か輸出して同額のものを輸入してくる物々交換ですので貿易量が伸びないのです。中国でも5カ年計画などで自国の経済発展に資源を優先的に回している時代でしたので、昔のように日本に天然資源を輸出することもできず、結局、日中貿易は期待ほどでもないという空気が広がったのが1950年代後半でした。

こうした状況の決定打になったのが、1958年の対日断絶です。中国政府が突如として貿易を含めた民間交流すべてを断絶します。中国政府の行動は大躍進による国内の急進化が背景にありましたが、同時に「以民促官」から「断而不絶」といわれる対日戦略の変化があったとする指摘もあります。つまり、日中の民間関係者には政治的な踏み絵を強いるやり方に変更したということです。強圧的な方法で民間勢力を中国側に引きつけ、一気に岸政権に圧力を加えようとしたわけです。

しかし、これはまったくの逆効果で財界にも失望感が広がります。例えば、鉄鋼業界は予定していた取引が全部打ち切られて、損害を出しました。後に鉄鋼業界は、稲山嘉寛という後に新日鉄会長から経団連会長を務める人物を中心に、再び日中貿易に参入しますが、その際にも、このときの中国側の一方的措置に根強い不信感があったといわれています。

先ほど申し上げたように、1950年代初頭は、日中双方が互いに日米同盟や中ソ同盟を離間させることが可能ではないかという期待をもっていました。そのなかで同床異夢ながら日中貿易だけが拡大したわけです。しかし、政治的な矛盾が表面化することで最終的に断絶にいたります。1950年代中頃までは、まだ日中関係については左右イデオロギーの対立が、それほど固定的であったわけではありませんでした。実際、国貿促も保守から革新まで広い人たちをカバーしていたわけです。しかし1958年以降は、中国側の政策転換もあって、徐々に日本国内でも、いわゆる親中国と反中国で色分けされるようになったわけです。

5　1960年代の日中関係

戦後日中関係の第二期は、日米安全保障体制が1960年代を通じて定着していくことで、日米離間が可能性として消滅していった時代でした。当時の中国は社会党への期待が低く、彼らが政権を取れるとは思っていないわけです。ならば、野党や革新勢力への工作は展開しつつも、中国側は結局、自民党政権を相手にするしかなくなるわけです。

他方、日米関係とは対照的に、中国とソ連との関係は悪化していきます。ただし、吉田茂が言ったように西側との貿易を通じて引きはがしたというよりも、中ソ両国はイデオロギー対立で勝手に対立したわけです。さらに、西側の期待を裏切ったのは、ソ連と離れた中国はより資本主義に寄り添うと、予想に反して、キューバ危機の後にアメリカと馴れ合いになったのはソ連のほうでした。1960年代を通じて、中国は東南アジアに対する革命支援とか核開発とかで、いっそう過激になっていくわけです。

この頃になると、日本国内でも隣国中国との関係を真剣に考えるべきとする主張が強まってきます。1950

年代のような日中貿易への幻想は消えたとはいえ、建国から10年が経過した中華人民共和国を無視しておくわけにはいかないという風潮が強まるわけです。そうなると、日中国交正常化を阻む争点が意識されます。先ほど日華平和条約のお話をしましたが、国民党政権と日本との関係をどうするのかという台湾問題が日中関係においてクローズアップされてくるわけです。

１９６０年代は、日中両国が国交正常化を視野に入れながら、自国に有利な環境を整えるための外交戦が展開されました。中国政府は１９５８年の断絶以降、日本国内に中国側の政治的主張に賛同してくれる勢力の育成に力を注ぎます。彼らが期待をかけたのは日米安保闘争でした。安保改定に反対する社会党などの革新勢力の闘争支援を展開しました。その一方で、自民党の石橋湛山や松村謙三を中国に招待する。自民党内で彼らは反主流派であり、岸信介政権に対抗する勢力を中国に引き込むためです。訪中した石橋や松村を中心に自民党「親中国派」が形成されるのはこの頃です。「親台湾派」はもう少し後に形成されます。親中派・親台派は自民党結党のときからあったのではなくて、この時期の中国の対日工作の結果から生じたものでした。

日中貿易に関しても１９６０年以降、中国側は友好貿易という新たな制度を導入します。これは中国側の政治条件を認めた業者だけが中国と貿易ができるやり方です。もともと扱っている品種が少なく、中国への依存度の高い中小の専門商社などが友好貿易に参入します。また、大手商社もダミー会社をつくって友好貿易に参入する形を取る。しかしこれは、日本としては、貿易を政治の道具に利用されることで困った事態になるわけです。

そこで、友好貿易に対抗するために日本側から出てきたのが、１９６２年11月に廖承志と高碕達之助の間で取り決められた、両者のイニシャルをとったＬＴ貿易です。中国側が友好貿易を用いて対日攻勢をかけるのに対抗して、池田政権は松村謙三や高碕達之助を中心とするＬＴ貿易の成立を支援したわけです。その結果、中国側が受け入れるかたちでＬＴ貿易と友好貿易の両輪体制が成立することになります。

この時期、日本側も中国との関係をなにも考えていなかったわけではありません。日本側としては日中国交正常化に先立ち、台湾問題を何とか解決したいと考えていました。日本単独ではどうにもならないので、国際連合の総会で中国と台湾の双方に議席を与えて、台湾を独立国家にすればいいのではないか、というアイデアが出てまいります。これがいわゆる「二つの中国」論です。しかし、中国・台湾双方はこれに激しく反対しました。とりわけ、1958年の第二次台湾海峡危機後、中国大陸を分断して二つの国家をつくるのは、全中国人に対する挑戦だということで、共産党と国民党は意見が一致するわけです。結局、1964年にフランスが中国を承認し、台湾と断交することになった前後で、日本政府も「二つの中国」論を断念します。1960年代の後半になると、広く西側諸国の間で「二つの中国」論は実現不可能であるという認識が広がります。

1960年代後半になるとベトナム戦争の開始もあって、中国側は再び対日姿勢を硬化させます。ベトナム反戦運動と反佐藤政権をからめることで大衆運動の勃興に再び期待をかけたわけです。しかし、中国側の目論見は外れ、運動は1950年代のときほど盛り上がらずに終わりました。この背景にあった一つの要因は、中ソ対立で革新陣営が分裂してしまったことが挙げられます。とりわけ、国内政治の文脈からいえば、日本共産党が中国共産党と決裂したために、国内の親中系団体も分裂や解散の憂き目にあいました。日本の革新勢力による反米統一戦線の形成は幻に終わったのです。

さらにインドネシアでも、1965年の9月30日事件によって、インドネシア共産党（PKI）が壊滅させられ、中国は東南アジアでの最大の支持基盤を失いました。結局、国際的な連帯に失敗した中国は、国内でのプロレタリア文化大革命に向かいます。文革期は中国の対日政策は事実上の停止状態になりました。LT貿易関係者も訪中するたびに厳しい政治条件を強要されて、事実上、友好貿易と変わらなくなった時期もありました。

こうしたなか、日本は着々と米国との協力を強化しながら、沖縄返還に向けて動いていました。1969年11

月の日米共同声明において、佐藤首相は「台湾地域における平和と安全の維持も日本の安全にとって極めて重要な要素」であるとする表現を盛り込み、徐々に台湾、韓国を含めたアジア地域に対する安全保障上の責任を明確にするようになります。これに対して中国側は、佐藤政権批判を強め、翌1970年には「日本軍国主義復活」キャンペーンを展開するなど対日批判が最高潮に達するわけです。

6　日中国交正常化への道

最後に第三期の日中国交正常化の過程をお話ししたいと思います。日中関係をみたときに、第二期は中国が失策を重ねた印象が強いわけです。とりわけ、1960年代後半は文革によって外交機関が完全な機能不全に陥りました。しかし、1969年以降、国際情勢が変化して、日中国交正常化に向かうプロセスでは、逆に中国側が日本をリードする形になったわけです。なぜ失敗続きの中国外交が最後に国交正常化で、うまく演出できたかというのは重要な問いだと思います。

この問いの答えの一つは、やはり外交の実態よりも周恩来を中心とする外交政策にかかわる人たちの「演出」が巧みであったということが挙げられます。というのも、日中国交正常化は、外交交渉としては中国側が日本に譲っている点が大変多いわけです。日米安保体制の現状維持、対日賠償の放棄など、中国が日本に求めてきたことはほとんど実現できなかった。唯一できたのは台湾との関係を切らせることだけでした。

実のところ、1972年前半の段階で、日本側はもう少し中国側に譲歩せねば国交正常化は実現できないのではないか、と考えていた節もあります。田中政権になってから、中国側が急に緩和した条件を示してきたので一挙に交渉を開始したわけです。その意味では、交渉の実態は中国側が大変、譲歩している。だから外交戦としては、日本のほうが利益を得ているといえなくもない。ただ中国は、そういうものを表に出しません。日中国交正常化は、両国人民が苦難の歴史を乗り越えて成立した日中友好の結実である、というかたちで総括されるわけです。

少し時計の針を戻しますが、中国が日米との関係改善に向かううえで決定的であったのは、1969年にダマンスキー島で起きた中ソ国境武力衝突です。中国はソ連との核戦争をも想定した臨戦態勢に突入したことで、安全保障上の最大の脅威がアメリカからソ連に遷移するわけです。こうしたなか、中国国内でも周恩来が影響力を取り戻し、西側外交を統括するようになります。文革はまだ続いており予断を許さない状況でしたが、1971年の米中接近から1972年の日中国交正常化は、周恩来自らが主導することで成し遂げたといっても過言ではありません。その後、1973年夏以降、国内では「批林批孔運動」が起こり再び周恩来の影響力が後退するわけです。

1971年7月にキッシンジャー米大統領補佐官の電撃訪中による米中接近が公表されると、日本では有名なニクソン・ショックに見舞われます。ニクソン・ショックという言葉は誤解されがちですが、当時の日本の政策決定者全員が茫然自失になったわけではありません。むしろ、これは自民党内の反佐藤勢力がニクソン・ショックを利用して佐藤政権の退陣運動につなげようとした。だからある種、国内政争に利用された側面もあるわけです。その意味では、ニクソン・ショックが日本外交にもたらした影響というのは慎重に検証する必要があると思います。

この時期、佐藤政権も水面下で中国側と接触を模索していましたが、結局は実現しませんでした。ただ、佐藤政権末期の中国政策は、かなり柔軟になっていました。依然として台湾問題は最大の争点でしたが、政権末期の佐藤は、北京との交渉を始めるために、台湾との政治関係を切ることは認める、さらに実兄の岸信介に台湾を「自治領」にでもすればいいと語っています。また国会答弁でも、佐藤は台湾の法的地位すら妥協してもよいととれる発言を行うわけです。この佐藤の発言は、台湾の法的地位未定論を主張する外務省がさすがに取り消しに動きましたが、このように政権末期の佐藤は、台湾問題について多少ぶれていた印象すら受けます。しかし、周恩来は、佐藤は「親台湾派」だから、絶対に台湾を切れないと考え、最後までの日中政府間交渉に応じませんでした。

後から振り返ると興味深いのは、これからお話しします田中政権のときの日中国交正常化の日本側の条件と、佐藤政権末期に佐藤首相が中国側にほのめかした条件はほとんど変わらないという点です。つまり問題は、北京側が日本との交渉に応じるか否かという問題だったように思えます。

日中国交正常化に関しては、田中角栄のリーダーシップが強調されがちですが、実のところは台湾問題をめぐっては、日本側も佐藤政権末期の段階でかなり現実的な立場まで降りていました。なぜ田中政権で一気に国交正常化にいたったかというと、これはやはり中国側が一気に交渉を妥結する腹を固めて、すべての交渉カードを切ってきたからです。田中政権が成立すると、周恩来は訪中した竹入義勝公明党委員長を通じて、日米安保の維持、賠償放棄、断交後の台湾との民間関係の維持といった中国側が譲歩できる点をすべて伝え、日本側に国交正常化の決意を促します。そして、1972年9月に田中が訪中して国交正常化が成立するわけです。

日中国交正常化における田中首相の役割をどうみるかは議論の余地があると思います。たしかに田中は北京で交渉が乗り上げたときに大平正芳外相や外務官僚を励ますのですね。一度決めたかぎりはぶれずに最終責任はすべて負う田中の姿勢は、優れた指導者の資質だと思います。だが、政権の発足時点で国交正常化をどこまで真剣にやる気だったかは疑問が残ります。田中の中国観については、側近の早坂茂三などが後に詳しく書いていますが、どこまで事実なのか、検証が難しいところもある。結局は中国側の対日政策の変化が決定的であったならば、仮に福田赳夫が総理大臣になっていても日中国交正常化が実現したのか、これは反実仮想としておもしろいのではないかと思います。

繰り返しですが、日中国交正常化交渉を主導したのは終始中国側でした。中国側は中ソ対立の進展で、ソ連の対日接近を警戒していた。その意味で、中国は対日交渉をかなり焦っていました。もう一つは癌を患っていることを知っていた周恩来が、自身が健在の間に国交正常化を実現して台湾問題に決着をつけておきたいという判断もあったと思います。このような背景のもとで日中国交正常化は実現したわけです。

戦後日中関係史に関して、今後の課題と考えているのは、日中民間貿易や友好運動をいかに評価するかという点です。日中貿易関係者は、たしかに両国が政府間関係をもたない時代において、日中をつなぐ役割を担い、一種の両国関係のスタビライザーの役割を果たしたことは事実です。しかし、彼らが国交正常化に決定的な役割を果たしたとまではいえないわけです。民間を味方につけることを重視した中国の「人民外交」を、国家の枠組を超えた新たな外交の形態と捉えるか、単なる対日浸透工作とみるかによって、彼らの評価もまったく異ってくるわけです。その意味で、彼らの役割について、もう少しバランス感覚をもちながら、歴史のなかに位置づける必要があると考えます。

もう一つは「日中友好」とは何であったか、を問い直す必要があると思っています。国交正常化以後の日中関係は「友好」の二文字を中心に据えたわけですが、実はその言葉の中にさまざまな対立を封じ込めてきたわけです。しかし、１９９０年代以降、日中関係にさまざまな争点が噴出し、もはや「友好」だけでは解決できない多くの問題に直面しました。国交正常化以前の日中関係における「友好」とは何であったのか、友好運動の残した功罪についても考えねばならないと思います。

■■ コメント ■■

柴山　それでは小池洋次先生、コメントをお願いします。

小池　どうもありがとうございました。非常にがっちり勉強させていただいたような感じです。私自身はもちろん専門家ではありませんし、ナショナルアーカイブスに調べに行ったことはあっても研究者としてその資料にあたったというわけでもありませんので、あくまでも私のコメントというよりはむしろ質問ですね。質問をいくつかさせていただいて、そのうえで、さらに井上先生の見識とご高説をうかがいたいという、イントロダクションのつもりで申し上げたいと思います。

第1点が、冒頭に研究史の流れのなかで、緒方貞子先生のところとか国際政治学研究のお話をされていましたよね。これを高く評価されていましたけれども、1990年代とあるのですけれども、これは現代においては、この国際政治学的なアプローチというのはまだ続けていらっしゃるわけですね。それで、最近の成果をもしご存じであれば教えていただきたい。それから、その関連で言いますと、先ほど中国外交部の史料とか、あるいは現存されている通訳で携わっていた方々のインタビューというお話をされたのですけれど、やや疑問なのは、中国の外交部の話、あるいは史料にせよ、それから通訳の方にせよ、若干バイアスがかかっている可能性がないのかどうか。つまり現代においても、中国関係、これは外交史だけではなくて、中国の発表資料も含めてやや眉唾の部分があって、一般的には歴史の文書というのは非常に要注意な部分がけっこうあると思うのですよね。その場合はどうやってバランスをとろうとされるのか。そのへんのご苦労をちょっとうかがってみたいと思います。

もう一つは前回、楠先生からアメリカとの関係をずいぶん話していただいて、大変勉強になったのですけれど、私がアメリカを主に勉強したのは行政関係なのですが、アメリカに4年間いて、アメリカのことはいつも気になるのです。日中関係でいうと、大枠は日米関係に規定された部分が大きかったと思います。必ずしもすべて日本の外交は、対米追随だとはいうつもりはないのですけれども、かなり大枠を規定されていて、それはおそらく日本の当時の官僚も含めて、ポリシー・メーカーの人たちのなかに非常に強く認識されていたのだと思います。さはさりながら、日本の独自性を出さなければいけないという、政策立案者の人たちというのは、けっこう板挟みになっているような状況にあったのではないかと思います。

さて、この20年間を振りかえってみて、日本がアメリカの規定性をもちながら、独自性を発揮できた場面というのはどういうところにあったのだろうか、ちょっとそのへんを教えていただきたいなと思いました。かつ、おそらくアメリカ側の史料でも、この時期の、戦後の日中関係史にふれた史料等々がおそらくあったと思うのですが、それはどの程度、賞をとられた著作以外も含めて、ご自身の著作のなかで活かされているか、もうちょっと聞いてみたい。

それから3番目なのですけど、私は二国間関係を考えるとき、いつも思い出すのが、ハーバードの入江昭先生の『米中関係』ですね、出されたのは1970年ぐらいですか。そのなかに、外交関係は政府と政府、軍と軍との関係だけではなくて、一般の人と人との関係なのだとの指摘がありました。彼は著作のなかで、一般の人びとのパーセプションがどう外交に影響を与えるか、という問題意識で書いたと記憶しています。さて、日中関係についていうと、日中の方のそんなレベルの人たちの認識なり意識が、先ほど贖罪意識という話も出されていましたけれども、どの程度、外交に影響を与えたのだろうか、そのへんをどう判断されていらっしゃるのかをちょっとうかがってみたいと思います。

最後に一つ、これは前回もどなたかにうかがった記憶があるのですけど、非常にガッチリした研究をされている方の、その研究成果の現代における教訓みたいなことをうかがってみたい。例えば、私は記者として長く活動していたのですけれど、そのなかで、日中関係とか国際関係について、多少は原稿書いたりしたこともありました。そのときに気になったのは、この時代を含めて、日本と中国の間にはそれぞれ、例えば、日本の側には知中派・親中派みたいな人たちがいて、中国側には知日派・親日派みたいな人がいた。ですけど、そういう人たちもどんどんリタイアして、現代の問題というのは、そういう人たちがいなくなってしまって、かつてのようにトラブルが起これば、トラブルシュートしてくれたような人たちがいなくなってきて、ちょっとやはり、ちょっと怖いなという感じもするのですね。一方で、米中関係というのも非常に緊密になりつつあって、おそらくこの緊密度というのはかなり増してくるのではないかなという印象があるのです。そのなかで、日中関係のそれぞれについて関心をもち、知識をもち、何かひと肌脱ごうという人たちがいなくなっている印象が私にはあるのですけれど、ちょっと私の認識が間違っているのかもわからないですね。そのへんも含めて、研究のご成果の現在における教訓というのか、どういう教訓をくみとれるかという点をうかがってみたい。すみません、あれこれと。恐縮ですが、よろしくお願いいたします。

井上（正） 多岐におよぶコメント、ありがとうございました。順番にお答えさせていただきたいと思います。

国際政治学の最近の成果がどうなのか、という一つ目のご質問ですけれども、例えば、当時の日中関係や米中関係に関して、国際政治学者が正面から取り扱うということがあまりないと思うのですね。というのも、どちらかといえば国際政治学者は現代のことを扱うわけですから、だいたい直近でも20年以内の歴史を扱っています。歴史学者というのはもう少し時間が経ち、史料が開いたところをやっていきます。90年代前後の国際政治学研究で、日中関係がたくさん出てきたというのはやはり、この時期は冷戦が終結して、秩序変動の時期でした。国際秩序が大きく変動するとき、日本外交はどういう方向性を見出すべきなのかを考えたときに、ちょうど20年ほど前のニクソン・ショックの時期、米中接近の時期をある種のアナロジーとみることで研究が進められたのだと思います。歴史家と国際政治学者はうまく年代で分けて、棲み分けしているわけです。

2番目は、中国側の史料や通訳の証言が信頼できるのかどうか。それはもちろん、やはりいろいろ問題はあるのだろうと思います。文書そのものも改ざんできるか否かもちょっとわかりません。ただ歴史学者であれば多くの史料を見ているので、それを見抜くことはできると思うので、そこはトレーニングしだいになるのかなと思います。

むしろ、やはり怖いのが、証言者の証言内容が正しいかどうかだと思うのですね。これはやはり原則としてクロスチェック、裏がとれるような話以外はなるべく論文で使わない、というのは重要だと思います。一般的に中国で出版された中国人の外交官が書いた交渉の記録とかは、ものすごく抑制がかかっていておもしろくない。だけれども、インタビューしだいによっては、大変話していただいたりして、だから、裏さえちゃんととれれば価値のある証言になるかなと思います。ただ結局、上層部の決定はわかりませんから、中堅の人たちの証言で重要なのは、人間関係であるとか、こういう時期にこういう組織ができたとか、そういったものがわかり、それらを追いかけていくことが中心かなという印象を受けました。インタビューの危うさは、実は日本側もそうでして、どうしても記憶違いとか出てきますので、そこは非常に慎重に扱わなければいけないというのは認識しております。

戦後日本が日米関係に規定されていたのは事実であり、対中関係、対ソ関係は、特にアメリカ要因が大変大きかったわけです。ただやはり、日本の独立性を出そうとした部分がなかったわけではない。例えば、民間貿易に対する日本政府の姿勢はまさにそうです。アメリカは対中貿易をいっさい認めない一方で、日本側のそれは黙認していて、それでとってきた情報をアメリカ側に流してあげることで、ある種、関係が成り立っていた。日本が中国大陸に食い込んでいることを示す役割がありえたのだと思います。

もう一つは、国際連合の中国代表権問題では、実は、最後の段階ではアメリカ以上に日本が主導して熱心にやっているのですね。台湾の国連議席を残すことについては、むしろアメリカ以上に日本のほうが懸命にとりまとめているところがあって、これは佐藤首相の意向もあったのだと思うのですけれども、その意味では、アメリカがやっているから、いつもイヤイヤではなくて、日本独自の論理や理念とかで動いている側面もあると思います。ほんとうは嫌だけど、アメリカが言うから仕方がないというのは、50年代はそういう不満が強いのですけど、60年代以降になるとむしろ、日米同盟の存在そのものを日本外交の与件として受け入れてやっていこうという発想が、外交官のなかでも根づいてきますので、捉え方が変わっているのかと思います。。

3番目のご質問、入江先生の『米中関係』ですね。パーセプションの問題は大変難しいです。世論であるとか、民間でやっている人というのは、けっこう自分の価値観を打ち出すのですね。しかしながら、政治家や外交官は、外交交渉でそれを持ち出すと相手に利用される恐れが出るので、そこはプロフェッショナルとして峻別しています。だから、どのレベルでみるか。私のようにミクロで交渉レベルを追っていくところではみえにくい。けれども、もう少しマクロなところで、例えば、知識人の影響や世論とかになるとやはり、入江先生のご指摘が大変大きいのだと思うのですね。

ただ、よく政府と民間という分け方をしているのですけれども、日本側はたしかに政府がいて民間がいるのです。だけれども、向こう側の窓口は全部政府なのですね。だから、日中民間貿易というけれど、実は、向こう側は政府機関が入ってダミー団体をつくってやっているだけですから、ほんとうの意味での民間ではなかったのです。なかなかそこのずれは難しい問題だと思います。。

最後に現代的な教訓であります。私自身が一つ、日中国交正常化交渉から現代的に引き出せる教訓として挙げられるのは、その後の日中関係の歴史において、日中国交正常化は、いろいろな日中の対立や問題点を解決して日中関係を未来に向かわせる役割を果たしたという評価が与えられているのですね。しかしながら、お話ししましたように、日中国交正常化交渉というのは、実は決まっていないことだらけです。ものすごく多くの部分を政治的に処理して、棚上げして曖昧にして済ませてきた実態がある。日中国交正常化交渉はほかの交渉と比べて異常なのですね。本来はものすごい長い期間をかけて条約を結んで、それが国会で批准されて成立するのですね。だからこそお互い、法的に拘束力をもつ。でも、この国交正常化は、国会の批准を必要としない共同声明だけで済ませています。

日中平和友好条約では戦争終了規定とか、そういうものは入っていませんから、日中戦争やそういった歴史の諸々の問題を共同声明だけでかたづけたのです。

なぜ、そのような合意がこのあと、うまくいったのかというのは、まさにおっしゃるように、親中派や知日派という人たちが友好ムードをつくって維持したのですね。日本であれば、それは自民党の田中派、竹下派、あるいは大平派といった自民党の有力派閥でした。彼らは何かトラブルが起きたときに、政治力で解決できたのですね。だけれども、彼らが引いたあとで、そういう勢力がなくなってくると、どうしてもトラブルが起きてくる。例えば、尖閣の問題だって、田中派全盛の時代であれば、政治的に処理することができたかもしれない。こうした人たちがリタイアしたあとで構造的な問題が出てきた。しかし、それも含めて、日中関係は人的な関係、非制度的な関係に頼りすぎてきたところがある。だから、それが受け継がれないと、たちまちに両国をつなぐものがなくなってしまうのですね。日米関係だと少し違うと思うのです。人の関係もあるけれども、もっと制度的かつ重層的にいろいろなものがつながっているので、人が替わってもやはり、一朝一夕に変わるものではない。でも、日中関係というのは人のウエイトがものすごく高かったのではないか。だから、問題がいろいろ噴出してきているのではないかと考えております。

柴山　ありがとうございました。

■■ フロアーコメント ■■

井上（一）　関西学院大学総合政策学部の教員の井上（一郎）です。一つ、日華平和条約ということで、井上正也先生の説明で、先行研究で、例えば、Aは、台湾の「地方政権」との「協定」かという見方と、それから、Bの「中国」との「講和条約」かという、この二つの見方に分かれるという指摘があって、私にとって、すごく新鮮で、私はBの「中国」との「講和条約」であると基本的に思い込んでいたのです。ただし、その中国は実効支配が、いわゆる台湾と周りの島しかできてない中国であったと思い込んでいたのですけれども、そのAのほうであるという、そういった見方もあると非常に新鮮だったのですね。

それで、それとの関連なのですけれども、そのあとに例えば、日中国交正常化というのをやる。で、さっきも井上先生がおっしゃったように、意外と中国側からすると、かなりベタ降りではないけども、相当降りた（譲歩した）交渉であったというお話だったのです。それで特に、対日賠償の放棄で、蒋介石は対日賠償の放棄をしたと。ただし、日中国交正常化をする時点において、中華人民共和国が、日本との関係で、対日賠償を放棄しないというオプションは、実際にありえたのだろうか。もちろん、それを決めたのは、ほんとうに毛沢東、周恩来ぐらいで決まっているのだと思うのです。ですから、仮に国民レベルの議論があるとすれば、そうでなかったのだと思うのですけれども、やはり蒋介石の対日賠償放棄に、やはり引きずられざるをえなかったのではないかという感じがするのですが、そのへんどういうふうにお考えかというのが一点。

それから、もう一点は、いつもこれが私もよくわからないところなのですけれども、米中関係の話になるのです。1972年の2月でしたっけ、ニクソンが北京に行きますね。その前にこれを公表したときは、ニクソン・ショックになって、みんな慌てた。実は、それ以前からキッシンジャーは、こっそりと交渉していました。一方で、1971年の、中国が国連代表権を獲得するのは、たしか秋ですよね、国連ですから。ということは、アメリカは中国との関係で、ニクソン訪中するぞと、関係正常化するぞという交渉は、すでに裏で動いてた。一方で、国連においてアメリカは、台湾は残して、少なくとも中国とスイッチするということに反対しているし、日本も含めて、反対するということで、周りに圧力をかけていた。ということはやっていることが若干、矛盾しているようにみえるのですけれども、そこの解釈として、アメリカの政権内でも分裂していて、つまり、キッシンジャーが秘密外交をやっていて、そのなかでおそらく国連を担当していたのは、後に大統領になるブッシュが当時、国連大使だったのですね。で、ブッシュとの関係では、ほとんど連携がとれていなくて、キッシンジャーは裏で、米中国交正常化をやるけれども、一方のアメリカ政府は、中国の国連復帰について反対してた。ということは内部の連携が悪かったということなのかという、そのへんについてのお考えを教えていただきたい。

井上(正) ありがとうございます。日華平和条約の議論は多岐にわたりますが、例えば、Aの側の主張は批判的なスタンスで日華条約を評価している研究が多いです。そういった意味で、学者の評価は、当事者の認識と違うのですね。しかし、その評価もまた、政治的な立場によって変わるので、きわめて複雑です。

賠償放棄の問題ですが、これはいろいろな議論が中国側でもありまして、結論から言うと、先生がおっしゃるように蒋介石が放棄したものを、毛沢東が取ることはできないというのが、中国側ではけっこう早い段階で固まっていたのだろうと思います。ただ、いつ頃、中国側が賠償を取らずにいくと腹を固めたのかというのは、諸説ありまして、今のところ、有力なのが、1964年頃。これは要するに、フランスが中国を承認して、引き続いて日本もいくのではないかといわれていた時期です。ただこれも決定的な史料が公開されているわけではないと思うのです。内部の証言が中心なので確度がわからないのです。また別の説があって、実は50年代頃に決まっていたという話もあります。しかし、表向きにはっきり公表したのは最後の最後です。72年になってからで、それまでは例えば、非公式で訪問する日本人に対して、賠償は取りませんよとか、ほのめかすことはあったのですね。ただ、中国側は、日本側の態度が悪ければ賠償を取るかもしれない、みたいなことを言って、交渉材料として使っているところがあったのです。おそらく中国側には賠償は取れないだろうという判断はあった。しかしながら、これを一つのカードとして、とっておくことで最後の最後で、これをパンと切ることによって、対日交渉の決め手にしようと思ってたのじゃないかと思います。
二つ目の米中接近についてですが、71年7月にキッシンジャーが訪中し、その年の10月に国連で台湾が負けます。たしかにキッシンジャーは米政府内でも完全に伏せているのですね。この年の前の春ぐらいから、日本外務省国連局とアメリカ国務省東アジア担当と国際組織担当の次官補クラスで、国連代表権についてかなり協議をしています。日本側とアメリカ側が最終的に案をかためて6月ぐらいになって、各国に対して働きかけを開始するのです。アメリカの国務省は、国務長官から大統領に承認をもらおうとするのですけれども、ここでニクソンは承認を出さないのですね。なぜかというと、キッシンジャーがアメリカに行く準備をしていたからです。だから、当時の国務省はハシゴを外されていたのですね。これは、米政府内部でもしこりを残すようなやり方だったのだと思います。

久保田　今の話で実は、わりとスラッと進められたのですけれども、中国と国交を結ぶかどうかということよりも、台湾を切るのかどうかというので、日本では非常に大きな国内的な論争があったわけですね。で、アメリカがああいうかたちになったのだし、日本もやらざるをえないというかたちでいったのだけど、実はあのとき、もう少しアメリカときちっと議論をしておれば、というか、もう少しインフォーマルに話のできる人がおって、つないでおれば、あそこまで台湾を切るかたちでなく、締結できたのだという話がいろいろあるのですね。で、アメリカもかたちのうえでは切っているようにみえながら、実はその、特別な法律をつくるかたちで、台湾との関係を切っていない。だから、あの当時の台湾を切ることに対する日本の判断は、それがどう議論になったのか、もう少し詳しく聞かせていただけたら、ありがたいです。

井上(正)　台湾との関係については、日本側はできるかぎり切りたくなかったわけです。50年代、60年代を通じて、切らないかたちで国交正常化が可能か模索してきた。ただ非常に難しいのは、実は北京と東京だけの意向だけで決まるのではなくて、台湾の蔣介石もものすごく強硬姿勢でした。要するに、日本が北京と結んだら、国民政府は、自分から日本との関係を切ると宣言していたわけです。最後はそういった形になりました。日中国交正常化は、日本側が日華平和条約の終了を宣言すると同時に、台湾側から対日断交を通告した形になっています。

北京側は台湾との断交を国交正常化の大前提としている。台湾側も北京と日本が結べば、絶対に関係を切ると宣言している。結局、日本側も決断せざるをえなかったと思います。もしこの話にイフがあるとすれば、例えば、1972年に台湾が中華民国の旗を降ろして、独立した台湾国として関係を続けたいと日本に提案してきていれば、日本政府はほんとうに困った事態になったと思います。そうなると、日本からは台湾との条約関係を切れないわけです。

1964年のフランスの中国承認の際は、フランスは台湾に「二つの中国」の提案を突きつけることで選択を迫りました。そのとき、内心では、「二つの中国」を認めない台湾から関係を切ってくるだろうと考えていたと言われます。おそらく日本もそれに近い意図でもっていたと思います。

ちなみに佐藤政権は暫定的に台湾との関係を維持しながら、北京と交渉を続ける考えであったようです。5年、6年ぐらい経てば、毛沢東と蔣介石は両方とも死ぬだろうと。そうなれば何らかの手打ちになるから、そこをうまくやるべきだと。佐藤政権の時間稼ぎには、そのような思惑があった。しかし、この思惑はニクソン・ショックで崩れてしまうわけです。世論も早く北京と手を結べという圧力が強くなり、うまくいかなかったわけです。

服部　大変きれいにまとまっていて、井上さんらしい報告だなと思ったのですけれども、今日、お話をうかがっていて日中関係の展開をズッとなさったわけですが、中国側が基本的に動いている動機というのは戦略的観点から対日関係を認識していて、一方、日本側は主に経済ですよね。ということで、立ち回っている土俵がややずれているのかな、という感じを受けたのですね。で、そこには、どこに原因があるのかというと、まず一つは、お互いの国の中身、質が違うのだろうと、つまり一つは共産党政権の独裁であり、もう一つは一応、民主政権の日本であると。それから、それぞれの置かれた国際的ポジションがまた違っていて、中国は軍事力を、強大な大国としてある程度、ほとんどフリーハンドが握れるけれども、日本の場合は安全保障政策がアメリカに握られている関係上、ある程度、アメリカに従属せざるをえない立場にあるわけです。ということで、国交回復まではそういうように立ち回ってきているわけですが、今後、日中関係は戦略でまわるのか、経済でまわるのか、あるいは中国の国内体制の変化とかもあるのでしょうけれども、そういう総合的な環境変化が今後、日中関係にどういうふうに影響をおよぼしていくかに、井上さんなりの考え方、見方をちょっと教えていただけたらありがたいと思います。

井上(正)　冷戦期の中国外交が戦略的であったという見方はできるかもしれませんが、根本的な要因を考えたときに、冷戦期の中国の対外政策の根幹には、インセキュリティというべき安全保障に対する脅威認識がありました。毛沢東は、常にベトナム、台湾海峡、朝鮮半島、北方から包囲されており、対外侵略の危機にさらされているという認識をもっていたわけです。そのことは対日政策にも反映されております。何とか日本を中立化させて、日米同盟を解体したい。日本中立化の目的は、日本の共産主義化ではなく、在日米軍の脅威を少しでも削ぎたいという狙いがあったわけです。

これに対して日本にはそうした感覚はありません。60年代になって、ようやく中国が核武装して、中距離弾道ミサイルを在日米軍基地に撃ちこめるようになった頃、中国に対する軍事的脅威が現れてきますが、それでもやはり、日米安保条約で守られているという意識が非常に大きい。そこは日本と中国で大きく違ったと思います。

ひるがえって、こんにち日本は中国の軍拡に対してインセキュリティを感じるようになり、昔と状況が変わってきている。認識が変わったからといって、日本がかつての中国のように振るまうかどうかというのは別問題ですが、やはり安全保障上の脅威を感じている時ほど、国家は戦略的に振るまうのではないかと考えております。

毛利　質問してもよろしいでしょうか。井上先生の研究に対し、中国側から、どのような反応がありますでしょうか。これが一点目です。もう一点は、日中友好の評価です。当時、日中国交正常化は、成功と演出されたわけですよね。ですけれども、その成功と演出されたものの中に決まっていないこと、課題も非常に多かった。ズバリ言えば、友好は、当時としての限界を示していると考えてよろしいでしょうか。その二点です。

井上(正)　これまでの戦後日中関係史の研究は、どうしても中国研究が中心で中国の見方が反映されています。日本政治外交史を専門とする立場からみると、日本の史料を使って、中国側の主張の正しさを論証しているように思えるわけです。私は、日本の主張の正しさを証明するのが目的ではなく、一次史料を見るかぎりでは、このようにしか読めないという解釈をきちんと固めたい思いがあったわけです。

それもあったので、私は自分の本のなかでは、特定の概念を用いて全体を説明しようとはしませんでした。むしろ、先行研究が用いた一次史料を見直して一つひとつ解釈を正していく。こうした方法は、中国側の研究者からの批判があるかもと考えていましたが、意外にあまり本格的な批判を受けることはありませんでした。

ここで二つ目の答に入ってしまいますが、「友好」という問題をいかに考えるべきかは、すごく難しい問題だと思います。日中国交正常化が成功だったのその通りであり、私も政治的な成果や評価に対して異論はありません。国交正常化が間違いであった。拙速外交であったという批判は、久保田先生のご質問にあったような台湾問題にからむ点が多いわけです。いわゆる親台湾派は、国交正常化で台湾を切ってしまったことへの批判が強いわけです。しかし、それでは他の選択肢があったのか。結局、国交正常化で台湾を切らずに、うやむやに済ませても、日中友好平和条約の締結の時に切らされたのではないかと思います。アメリカにせよ、台湾関係法は制定されましたが、79年の段階で公式な関係は切れたわけですから。

しかし、そうはいっても72年の国交正常化における「合意」を過大評価するのは危険だと思います。「72年体制」という言葉がありますが、中国側は、1972年の合意枠組から、日本は90年代に入ってきて逸脱しており、原点に戻るべきだと主張してきます。ところが、72年の合意は、そんなにカッチリしたものではない。日中国交正常化は多くの争点を棚上げしたり、不同意の同意でかたづけているのだから、そこで意見の違いが出てくるのは当然ではないかと考えます。ほんとうの問題は、そのような意見の違いがあったにもかかわらず、国交正常化以後、「友好」ムードでうやむやにしてきた点にあるのではないか。だから、国交正常化そのものを問題にするよりも、むしろ、その後の対応を検証すべきではないかと思うわけです。

1990年代くらいまでは日中のトラブルが起きたときに、「友好」にもとづく人間関係が、両国の問題を解決する装置として機能していました。だから、それが崩れたこんにち、改めてその意味を問い直し、戦後日中関係を貫いた「友好」という言説を再考してみたいと考えております。

註

＊1 緒方貞子（添谷芳秀訳）『戦後日中・米中関係』東京大学出版会 1992［英文初版 1988］、田中明彦『日中関係 1945～1990』東京大学出版会 1991、添谷芳秀『日本外交と中国 1945～1972』慶應義塾大学出版会 1995。

＊2 台北の中央研究院近代史研究所档案館に所蔵されている「外交部档案」。

＊3「古井喜實文書」を用いた研究として、鹿雪瑩『古井喜実と中国』思文閣出版 2011

＊4 淺田正彦「日華平和条約と国際法」（1）～（5）『法学論叢』147第4号、151巻5号、152巻2号、152巻4号、156巻2号 2000-2004。

参考文献

井上正也『日中国交正常化の政治史』名古屋大学出版会 2010
井上正也「国交正常化」高原明生・服部龍二編著『日中関係史 １９７２～２０１２ Ⅰ政治』東京大学出版会 2012
井上正也「日中関係の形成」波多野澄雄編著『岩波講座 日本の外交第2巻 外交史 戦後篇』岩波書店 2013
石井明、朱建栄、添谷芳秀・林暁光『記録と考証 日中国交正常化・日中平和友好条約締結交渉』岩波書店 2003
殷燕軍『中日戦争賠償問題 ― 中国国民政府の戦時・戦後対日政策を中心に』御茶の水書房 1996
袁克勤『アメリカと日華講和 ― 米・日・台関係の構図』柏書房 2001
王偉彬『中国と日本の外交政策 ― １９５０年代を中心にみた国交正常化へのプロセス』ミネルヴァ書房 2004
緒方貞子（添谷芳秀訳）『戦後日中・米中関係』東京大学出版会 1992
神田豊隆『冷戦構造の変容と日本の対中外交―二つの秩序観 １９６０～１９７２』岩波書店 2012
添谷芳秀『日本外交と中国 １９４５～１９７２』慶應義塾大学出版会 1995
陳肇斌『戦後日本の中国政策 ― 一九五〇年代東アジア国際政治の文脈』東京大学出版会、2000
田中明彦『日中関係 １９４５～１９９０』東京大学出版会 1991
中嶋嶺雄『「日中友好」という幻想』ＰＨＰ研究所（ＰＨＰ新書）2002
波多野勝・清水麗『友好の架け橋を夢見て ― 日中議連による国交正常化への軌跡』学陽書房 2004
服部龍二『日中国交正常化』中央公論新社（中公新書）2011
古川万太郎『改訂・増補新装版 日中戦後関係史』原書房、1988［初公刊：原書房 1981］
毛里和子『日中関係 ― 戦後から新時代へ』岩波書店（岩波新書）2006
鹿雪瑩『古井喜実と中国 ― 日中国交正常化への道』思文閣出版 2011

関西学院大学総合政策学部リサーチプロジェクト講座
「日米関係史研究の最前線」第8回

「伝統」と軍事現代化の狭間
――草創期の人民解放軍海軍1950～1960年

◆毛利 亜樹

柴山　次の発表は、このあいだ博士論文を終わられたばかりの毛利先生です。おめでとうございます。

それで、それにもとづいた発表で、はっきり言ってホットトピック、これからウン十年間おつきあいをせざるをえない海軍問題であります。その原点研究という今日のセミナーになると思いますが、非常に啓蒙的な内容でありますので、関西学院の井上先生にコメントをお願いしておりま す。というところで、毛利先生よろしくお願いいたします。

1　中国の海洋秩序観とアジア太平洋の安全保障

同志社大学の毛利（現在、筑波大学）です。世代的には井上先生と同じぐらいだと思いますが、私は6年、社会人をやってから修士課程に入り、中国の安全保障を勉強してきました。井上先生は史料の入手状況とパーソナルヒストリーをからめて、皆さんの関心を引き込んでいかれました。さすが歴史家は語り口が違いますね。私の研究動機には、井上先生のようなストラテジーはなく、日本にとって

■ 平時を中心とする海軍建設の関連年表

1949年	4月	中国共産党、南京占領。華東軍区に海軍部隊創設
	10月	中華人民共和国建国
	12月	国民政府、台北を臨時の首都に
1950年	4月	北京に海軍領導機構が成立。海軍は独立軍種化
	6月	朝鮮戦争勃発。「台湾解放」の延期とその間の海軍建設推進方針が決定
	8月	海軍建軍会議、「海軍建設三年計画」策定
1951年	10月	中国海軍幹部のソ連留学事業開始
1953年	6月	中ソ政府、中国海軍への技術援助協定（1953-1955年）を締結
	7月	朝鮮戦争停戦協定の締結
1956年	2月	フルシチョフのスターリン批判
	4月	中央軍事委員会拡大会議にて「祖国防衛の戦略方針」提示 核、ミサイル、原潜等の先端兵器開発の10年計画まとめられる 毛沢東、「十大関係論」にて経済建設優先の意向示す
	6月	海軍第一回党大会。蕭勁光、海軍力整備構想の見直し提起
	9月	中国共産党第八回党大会
1958年	8月	毛沢東・フルシチョフ会談　無線局、「合同潜水艦隊」問題で紛糾 解放軍、金門島砲撃
1959年	2月	中ソ両政府、海軍技術協定を締結
	9月	廬山会議にて彭徳懐元帥失脚
1960年	7月	ソ連人技術者一斉引き上げ。ソ連の対中技術支援停止

中国の安全保障政策はきわめて重要だ、という一般的感覚があっただけです。
今日は草創期の中国海軍を取り上げますが、まずそれを研究する現代的意義から説明したいと思います。現在、中国海軍の活動範囲が東シナ海や南シナ海だけではなく、インド洋にも広がっています。この中国海軍の活動の広がりを捉えると、太平洋の西側すなわち西太平洋という空間に注目が集まります。西太平洋での中国海軍の活動が活発化している。この現状がマスコミの注目を集めたのは、日本では２０１０年ぐらいからですが、専門家には２０００年代中盤には、そうなるだろうという見通しがあったと思います。
２００８年には、すでに海軍を含めた海における中国の活動が非常に活発になっていて、いったいこれは何かという話が米議会上院の公聴会で出ていました。当時のキーティング太平洋軍司令官は、非常に興味深い議会証言をしています。２００７年にキーティングが訪中した際に、中国海軍の高官と意見交換をして、その際に、ある提案をもちかけられたというのです。それによると、太平洋の東側をアメリカが効果的に管理する、西側は中国の責任海域とすると。こうすればアメリカがハワイを越えて海軍力を投射する労力を省けるではないか。そのような合意をしてはどうかという、中国側の提案があったことを、キーティングは議会で明らかにしました。いわゆる太平洋分割論ですね。キーティングいわく、中国は、アメリカとの対抗を意図していると解釈する必要はないと思うが、彼らが明らかに影響力の範囲を拡大しようとしているとはいえると。そうした中国の将来的な戦略的志向の一端をうかがうことができる、とキーティングは証言しました。[*1]
果たしてというべきか、２００９年3月にアメリカの海軍の調査船に対し、中国海軍を含む複数の中国船舶が進路を妨害する事件が起きました。これは南シナ海で、インペッカブル号というアメリカ海軍の調査船に対して起きた事件です。中国にとっては、中国の庭先である南シナ海でのアメリカ軍の活動は、中国の管理対象になるという話です。しかしアメリカからみれば、中国から太平洋分割論をもちかけられ、そのあと実際に、中国が南シナ海でのアメリカ軍の行動を制限しようとしたともみえます。そこで、中国の台頭が国際システムにどのような影響を与えるのか、という大論争[*2]の具体的イシューとして、海洋秩序の問題が注目されるようになったのだと思います。

ここで、米中関係だけでなく、アジア太平洋全体にとり重要なことは、米中で海の秩序観が異なっていることだと思います。アメリカと日本も含めた主要な海洋国は、国連海洋法条約上、航行の自由が認められている、と考えています。中国は、「航行の自由」の明確な否定こそ避けていますが、ある海域を「海洋国土」と呼ぶことがあります。[*3]海の秩序の大きな柱の1つである「航行の自由」は、海洋の自由な利用によりできるだけの利益を得るという考え方であるのに対し、中国は「国土」として海を囲い込み、排他的に管理するというマインドセットをもっています。[*4]中国が「海洋国土」という考え方を適用しているエリアは、排他的経済水域（ＥＥＺ）や大陸棚にも広がっている。これらはほかの国のＥＥＺや大陸棚、そしてシーレーンに重なっています。つまり、ほかの国の安全や経済的繁栄に関係がある海域を、中国は自国の領土や領空に相当する空間であるかのように捉えている。このため中国は、これらの海域とその上空における他国の行動を管理しなければならないと考えるのです。この中国の秩序観は「航行の自由」とは異なっています。

この中国の海洋国土論はアジア太平洋に深刻な意味があります。もし中国が、ＥＥＺについて海洋国土論を実現したらば、アメリカのアジア関与を否定し、現在のアジア太平洋の安全保障秩序を大いに揺さぶってしまいます。つまり、中国の目的は自分の「庭先」の防衛であったとしても、アメリカ軍の行動の自由を縛ることにより、結果的に中国は既存の秩序に挑戦してしまうのです。

では、この状況に各国はどう対応しているのでしょうか。アジア諸国は、２０１０年のＡＳＥＡＮ地域フォーラムや２０１１年の東アジアサミットなどの外交的機会を使い、「航行の自由」の重要性を強調することで中国を牽制したようにみえました。しかしアジア太平洋諸国は、海賊対処や海洋の汚染防止などの非伝統的な安全保障問題で、中国との実務協力も進めています。日本のメディアには刺激的に書く向きもありますが、現実的には各国は、中国に対する牽制と協力の両方を進めており、簡単に戦争にいたりにくい状況がつくられていると考えられます。[*5]

しかしやはり、アジア太平洋の現存する安全保障秩序を揺さぶりかねない、中国の海洋国土秩序観の性格をよく考えてみる必要があると思います。これは、各国との外交的接触により少しずつ調整されていくものなのか。それとも、中国の政治体制内で体系化されていて、変わりにくいのか。よく考えてみなければならない。けれどもこれは、現状分析だけではよくわかりません。

そこで中国の「海洋国土」論の歴史を振り返る必要が出てくる。ここには中国海軍の強化が密接にかかわっています。中国で「現代海軍の父」と呼ばれている劉華清《りゅうかせい》という軍人がいました。[*6]彼の回顧録に、1986年、「海洋国土」を防衛するために、いわゆる「海軍戦略」を策定する意義を説く場面があります。[*7]つまり、今日の中国の海洋国土論を考えるとき、一つの手がかりとして、その防衛を説いた海軍力構築の政治過程をよく検討する必要があると思います。

議論を先取りしますと、中国海軍首脳が「海洋国土論」を強調しながら「海軍戦略」の必要性を説いたのは、中国の軍事意思決定機構のなかで陸軍に対し長らく劣勢だった、という文脈が決定的に重要だとわたしは考えます。つまり建軍以来の「陸主海従」から脱却するために、劉華清らは、独自戦略たる「海軍戦略」を必要とした。独自の「海軍戦略」をわざわざ策定する合理性を説明するために、劉華清は、海洋国土防衛の論理を打ち出したと、わたしは理解しています。

以上のような現代的意義を整理したうえで、ようやく、今日の論点に入っていけます。1987年の「海軍戦略」策定の意義を評価するには、1950年代から60年代を整理する必要があります。この10年間は、中国の軍事意思決定をある程度、史料によって研究できる時代です。この頃に、基本的な軍事政策の意思決定手続きの原型ができ、これが修正されつつ、現在も続いていると考えられます。

草創期の中国海軍をめぐる研究は十分ではありません。中国海軍研究は１９８０年代以降に集中し、それ以降しかみていない研究がとても多いのです。草創期の中国海軍研究については、日本では平松茂雄先生の業績が知られています。[*8] ほとんど知られていなかった中国海軍の発展を論じた平松先生のご研究は、大きなインパクトがありました。しかし、当時の資料的限界が大きな理由だと思いますが、全体として中国側資料の紹介にとどまり、中国の軍事意思決定機構における権力関係の整理は十分ではありません。また、アメリカの代表的な中国海軍研究者のバーナード・コール（Bernard D. Cole）も、やはり草創期の中国海軍を概説的に扱っています。[*9] 中国人による研究では、ホアン（Paul An-hao Huang）が中国の大戦略は海軍戦略を規定していると論じています。[*10] ところがホアンは、１９８０年代、90年代の西側の研究を引用しており、新しく刊行された中国側史料をほとんど反映していません。全体的に、先行研究では草創期の中国海軍は概説的に扱われたのみで、史料状況の発展も反映されてこなかったのです。

先行研究に対し、私が疑問を感じるのは、清・中華民国の海軍と人民解放軍海軍とが連続する枠組みで説明されるときです。平松氏もコール氏も、清国・民国の海軍と中国共産党のもった海軍を連続的に描いています。たとえば平松氏の『甦る中国海軍』というタイトルには、中国共産党の領導のもとで、一度は崩壊した「中国海軍」が甦ったという含意があると思います。しかし、清国や民国海軍のノウハウを、そのまま中国共産党が継承したわけではありません。もし中国共産党の海軍を、清・民国の海軍と同列に捉えると、陸軍からつくられた海軍という、人民解放軍海軍の重要な歴史を捨象してしまいます。わたしは、陸軍からつくられた海軍という人民解放軍海軍の歴史には、海を囲い込むような中国の海洋進出の性格の根源があると考えています。

そこで今日は、以上のような問題意識と中国海軍の発展という現状をふまえ、１９５０～６０年にかけて、陸軍優位という人民解放軍の伝統のなかで、海軍がどのようにつくられたのかを平時を中心にみていこうと思います。[11]

2 「伝統」と葛藤する海軍建設

まず、人民解放軍の意思決定を行うアクターを簡単に整理しましょう。当時の最高指導者、毛沢東が重要です。次に、中央軍事委員会という毛沢東が主席を務め、それ以外に陸軍の将軍がほぼ多数を占める意思決定機構に注目します。そして海軍中枢をみます。海軍司令官の蕭勁光《しょうけいこう》は、実は1956年まで中央軍事委員会のメンバーですらありませんでした。このように、最高指導者、陸軍優位の中央軍事委員会、そしてその下位に置かれた海軍という解放軍中枢のなかで、どのように海軍建設をめぐる議論がなされたのかをみていきます。

「海軍建設をめぐる政治力学」をみるための概念整理をします。中国の軍事戦略は、戦争を戦うための枠組みだけを意味しているのではありません。一般に軍事戦略とは、どのような戦力で、どういう作戦をするか、という戦争を遂行する枠組みです。しかし中国の場合は、それもあるけれど、むしろ戦争を戦う組織づくりの側面が非常に大きいのです。[12] 人民解放軍は正規軍ではない武装集団の寄せ集めという性格が強い集団でした。これが国共内戦に勝利し、建国以降に正規軍になろうとした。このとき、戦争をシステマティックに遂行できる組織につくり替えるという課題がとても大きかったのです。これは中国で軍隊建設といわれています。今回扱うのは軍隊建設の海軍版です。海を見たことのない若者を集めて、海軍をつくるとき、そもそも海軍とは何か、その組織づくりが大きな問題になったのです。組織づくりという課題が重いという点で、「海軍建設」は軍隊建設を象徴しています。

今日のもう一つのキーワードは「軍事現代化」です。ゲリラ戦の時代には、軍事の技術革新とか、専門知識はあまり問われなかった。しかし中華人民共和国は、建国以来、国府、アメリカ、やがてソ連との対立という国際環境におかれます。つまりゲリラ戦を戦った集団が国防の役割を担うようになった。このとき軍事の技術革新、専門知識を取り入れた軍事現代化が課題になったのです。軍事現代化とは、軍事の技術革新や専門組織を取り入れた軍の強化そのもの、あるいはそれを望ましいという考え方、とここでは定義します。

基本的概念を整理したうえで、国際環境に目配りしながら人民解放軍海軍の誕生をみてみましょう。この時期の国府軍。日本が降伏したのち国共内戦となり、１９４９年12月に国府は台湾で政府機能を再開しました。この時期の国府軍は、中国大陸の東南沿岸部を海上封鎖する力をまだ保っていました。そこで、国府軍の襲来を防ぐには海軍が必要である、そもそも国府軍を台湾に逃したのは共産党に海軍力がなかったからだと考えられて、華東軍区に海軍部隊が設けられました。[*13] つまり、共産党初めての海軍は、国府軍と戦うために陸軍の組織内につくられたのです。

毛沢東は蕭勁光を初代海軍司令員に指名しました。これは陸軍の軍区から海軍を独立させることを意味していました。海軍を陸と同じような軍種にするという、人民解放軍の編成を大きく変える決定でしたので、毛沢東の意向だけで即実行されたわけではありませんでした。この当時、人民革命委員会という組織が中国の最高軍事意思決定機関とされていました。この組織には、共産党以外の勢力も入っていた。ただそれは、統一戦線としてつくられたものであって、ほんとうに重要な意思決定機構は、革命戦争時代から続いていた中央軍事委員会だったと指摘されています。[*14] 海軍の独立軍種化の問題にもどりますが、人民革命委員会では、海軍を独立軍種化するという毛沢東の意向にもかかわらず、反対意見も強かったのです。[*15] 陸軍部隊に海軍を設けており、海軍の人員は陸軍からの転換要員がほとんどであったので、海軍を陸軍の補助戦力とみるのが当時の普通の考え方だった。毛沢東の命令といえども、陸軍の将官たちは納得したわけではなかったのです。ここに人民解放軍海軍の宿命がよく現れていると思います。つまり、陸軍を基礎に創られた海軍なので、草創期では、陸上での経験や伝統に従属させられる傾向が特に強いのです。

中国の軍事に関する最高意思決定機関では、毛沢東を頂点にして、ほとんどの構成員を陸軍の元帥・大将が占めていました。1956年に機構改正が行われ、中央軍事委員会の構成員が増えましたが、このときに海軍指揮官が一人、空軍指揮官が一人、初めて入りました。しかし、あとは全員陸軍の指揮官。圧倒的な陸軍のプレゼンスがある状況でした。この権力関係のなかで、海軍指揮官は、弱小勢力である海軍の利益を守っていかなければならなかったのです。

さらに、海軍を規定していたのは、革命・解放戦争期につくられた軍隊の統制制度です。[*16] これは陸での戦いを前提にしていましたが、同様の組織が海軍にも設けられました。人民解放軍では、軍事指揮官と政治委員が並立するのが大きな特徴の一つといわれており、つまり軍事的な意思決定だけを優先することはできない制度になっています。政治委員が命令書に副署しなければ命令が出せないという制度です。もう一つ、軍中党委員会制度というものがあります。これは軍の中に党委員会というのを設けて、ここで懲罰や作戦といったあらゆる重要事項を討議することになっています。海軍にも海軍党委員会が設けられており、海軍建設に関する議論も、ここで議論されていきます。海軍建設構想をめぐる意思決定についていうと、毛沢東が全部決めていたとは、なかなか言いにくいのです。毛沢東が示したのは、沿岸防御と帝国主義の侵略に対処しなさいという大枠だけです。これを受け、具体的にどういう装備が必要で、どういう作戦をとるのかという政策構想は、海軍指導者によって起草されます。海軍がまとめた構想を、中央軍事委員会すなわち陸軍の軍人が枢要を占める組織で検討し、修正するという意思決定メカニズムになっていました。

特に強調しておきたいのが、毛沢東の軍事戦略・人民戦争論は革命の成功体験として位置づけられたということです。人民戦争論は敵を国土の奥深くに誘い入れて、人民の大海で敵を包囲し、分断して持久戦に持ち込み相手を殲滅するという戦い方です。まさに陸上での戦いを前提にした戦略です。この毛沢東の軍事戦略を、海軍も踏襲しなければならないと考えられていました。[*17] しかし、これでは陸での成功体験を海上での戦いに機械的に適用するきらいがあり、海戦や海軍の独自性はほとんど無視されることになります。

革命軍としての「伝統」と海軍の理念の衝突がもっとも顕著に現れたのが、「人と技術」といわれる論争です。蕭勁光は回想録で、この論争は海軍建軍から30年も続き、その発展を大いに制約したと振り返っています。[*18] 海軍の専門技術を理解する人材は当然、建軍当初はいなかったわけですね。海軍の人員では陸軍出身者が6割を超え、あとは新しく集めた人たちがほとんどを占めていた。そのなかで一部、国府海軍から寝返った人たちが入っていました。草創期の人民解放軍海軍は、いわば「雑居部隊」だったといわれています。[*19] しかし1950年代には、国府海軍と米海軍に向かい合っていたのですから、急速に海軍の運用に必要な技術を身につけた人材を育成しなければならなかった。ここに「人と技術」といわれる問題が出てきます。

人民解放軍海軍が、人材育成のために最初にしたのは、海軍学校の創設です。蕭勁光はソ連で陸戦を学んだ人間で、ソ連から軍事の専門知識や技術を導入する重要性を痛感していて、海軍は特にそうであると考えていたようです。つまり、陸軍から新しく海軍をつくるにあたり、過去の経験に頼っていてはうまくやれないので、ソ連からの協力は非常に重要だ。このように蕭勁光は考えたようです。[*20] こうして、ソ連人顧問を招いて人民解放軍海軍の教育体系がつくられました。また中国共産党は、元国府海軍軍人も教官に採用しました。急速に海軍をつくるために、ソ連や元国府海軍軍人に学ぶという措置を執ったのです。しかし、ゲリラ戦を人民解放軍の正統とみなす陸軍出身の海軍軍人は、海軍の専門技術を学ぶことに強く反発しました。

他方、人民解放軍海軍の指導者たちは、ソ連海軍のものなら何でもいいという考え方に傾いたこともあったようです。それもまた人民解放軍の性格と衝突しました。とりわけ、政治委員制度をソ連海軍に倣って廃止せよ、との議論がもっともセンシティブでした。これでは、政治委員を通じて軍をコントロールしている中国共産党の統制制度そのものを否定することになります。いくらソ連軍が立派だとしても、政治委員制度をやめてしまっては、革命軍のアイデンティティそのものにもかかわると。大問題です。こうしたセンシティブな状況もありましたので、人民解放軍海軍首脳は「解放軍（陸軍）を基礎とする」という組織の方針を決めます。そこで、海軍も建国以前の制度や戦略をすべて継承し、これに倣うと決めました。[*21] しかし、自らそう決めますと、海軍としての特殊性を自分たちで無視することになります。つまりここで人民解放軍海軍の幹部は、先行規範の提供者たる陸軍と自分たちの独自性との間で葛藤することになったと考えられます。

革命軍の伝統とズッと葛藤していても強い海軍はつくれないということで、海軍の中核エリートをソ連に留学させる事業が始まります。4年間という長い留学期間が設けられました。1951～53年の実績しかわかりませんが、それが166名です。[*22] 1960年まで続いたとすると、ある程度まとまった数の幹部がソ連留学をしたと思います。初期のソ連留学をした人間のなかに、後年「現代海軍の父」と中国で呼ばれるようになった劉華清という人物がいました。この人は1954～58年にかけ、38歳から41歳のころに留学しています。なぜこの人が「現代海軍の父」と呼ばれているかというと、空母と原子力潜水艦という装備計画を構想した功労者として知られているからです。しかも、この人はあとで非常に偉くなります。1982～87年にかけて海軍司令員を務め、そこで海軍戦略をつくったのち、最高意思決定機関の中央軍事委員会に入りました。1989年の天安門事件をへて中央軍事委員会副主席に昇格し、さらに中央政治局の常務委員となります。中国政治の中核たる中央政治局の常務委員を務めた軍人は、実は劉華清が最後で、そのあとはいなくなります。このようにきわめて重要な役割を果たす軍人が、この1954～58年のソ連留学のプログラムに入っていたのです。ただ、38歳での留学は、軍事組織で考えると現場指揮官をやるには遅い。劉華清の場合は、海軍の政策エリートとしてのソ連留学であっただろうと考えられます。

ここで少しまとめますと、海軍における「人と技術」の問題は、陸軍を正統とみなす陸軍出身者たちの反発が非常に強く、大きな課題となりました。そこで、海軍首脳は対策を二つとった。第一に、海軍首脳は陸軍の規範を海軍でも守ることを明確にした。第二に、中核幹部のソ連留学プログラムを実施した。ここで、陸軍の規範を適用するという海軍首脳の決定がある一方で、海軍の将来を担う幹部たちはソ連海軍に範をとった近代化を目指すというズレが生じたのです。このズレが、蕭勁光のいう30年間続いた海軍建設の大問題、つまり「人と技術」の問題だったのです。

3　中ソ海軍協力の模索と挫折

海軍建設のメタ・レベルの概念である軍事現代化をめぐる政治環境をみていきましょう。朝鮮戦争の停戦後には、解放軍は全軍として、軍事現代化を促進する方針をとりました。この軍事現代化路線のもとでまとめられたのが、1956年の「祖国防衛の戦略方針」です。ここでイニシアティブをとっていたのが彭徳懐です。この人は中央軍事委員会の副主席つまり制服組のトップであり、1955年に元帥に任命されました。さらに国防部長として軍の対外関係も掌握していた、軍事のなかで非常に大きな権限をもっていた軍人です。この彭徳懐を中心とする中央軍事委員会が「祖国防衛の戦略方針」を決議したのち、そのことが毛沢東に報告されました。[*23]

興味深いことは、まず、毛沢東が中央軍事委員会の決議を追認する形式になっていたことです。つまり、このとき毛沢東は、国防政策の方向性に初めから強く介入しなかった。この時点では実務家たる軍人の役割が大きかったのです。もう一つ興味深いのは、朝鮮戦争のなかで毛沢東の軍事戦略、つまり「積極防御」が通用しなかったという強い教訓が軍人たちにあり、「祖国防衛の戦略方針」では毛沢東の軍事戦略の引き写しをやらなかったことです。毛沢東の積極防御とは、敵を深く誘い入れて持久戦を戦う戦略であったのに対し、非常に慎重な表現ながらも、彭徳懐は長期の膨大な消耗を意味する持久戦を否定していました。[*24] また彭徳懐は、今は財政的余裕がないので、解放軍は「劣った装備で優勢な敵に打ち勝つ」という経験に即して現行の装備技術を主とするが、将来可能な発展を考慮すべきだと語りました。[*25] この時点で毛沢東は、このような「祖国防衛の戦略方針」に異論は唱えていませんでした。

「祖国防衛の戦略方針」にあるように、軍人たちが強い危機感をもっていた国際的な背景に、世界では核兵器が登場し、その運搬手段が多様化していた状況があります。また朝鮮戦争や台湾海峡において、中国はアメリカの核の脅威にさらされていると信じられる状況がありました。そこで中国も核をもち、それを運ぶ手段をもたなければならないと考え始めました。1955年に毛沢東が核開発を決意し、1956年にはミサイルとロケット、原子力の軍事利用、潜水艦の航行速度向上などの軍事技術開発を含む、10年計画の草案がまとめられました。ここで、中国も核ミサイルを積んだ原子力潜水艦を運用するという構想が提起されました。[*26] ただこの構想は、願望の域にとどまっていました。1956年4月、毛沢東は経済建設を優先するために国防費を圧縮する方針を示し、しばらく装備品の大量生産や核の保有はできないとの見通しを語ったのです。[*27]

財政的制約という条件下で、核兵器の出現に対応するには、現有装備でいかに核戦争に対応していくかが政策課題となります。ここで「現代戦争」という表現が登場し、「伝統」的な戦い方を乗り越えようとする動きがみられました。敵を国土の奥深く誘い込むのではなく、国境付近に設けた防衛エリアで敵を撃退するのが「祖国防衛の戦略方針」の防衛構想です。このとき解放軍は、敵が核兵器を使用した後、上陸してくるとの想定で演習を重ねていたようです。[*28] 国境付近で敵の撃退を試みるのですから、敵を奥深く誘い込むという戦略に比べ、沿岸防衛という海軍の軍事的役割が明確になります。

解放軍全体が核兵器への対応を模索するなかで、海軍にはどのような装備構想があったのでしょうか。海軍首脳は、核の運搬手段の多様化という状況に応じ、装備の更新を希望します。しかし、それは認められなかったようです。毛沢東は、重工業を優先する、そうしたら海軍の建設が進むという言い方で、海軍建設を実際に先送りにしたのです。[*29]そうなるとやはり、今持っている小さなフネで核戦争をどう戦うかを考えざるをえません。海軍指揮官の蕭勁光は、装備の急速な更新が望めない以上、練度の向上以外には選択肢はなかったと振り返っています。[*30]

ただ、練度向上が海軍の目下の対策であったとしても、将来的な装備構想も考えなければならない。このとき、ちょうどソ連からの装備調達協定が期限切れを迎えようとしており、中国海軍首脳はソ連海軍からの新技術導入に期待していました。しかし1957年頃、毛沢東とフルシチョフの関係はしだいに悪化していました。蕭勁光は「ソ連海軍から新しい技術を導入したい。しかし、中国共産党とソ連共産党の関係はどうも雲行きが怪しい。そんななかでソ連海軍がいったい何をどこまで支援してくれるのかわからなかった」と後年、回想しています。[*31]

中ソ指導者間の関係が微妙なものになりつつあるなか、中国海軍はソ連海軍に、原子力潜水艦さらにミサイル搭載技術の移転を要望しました。しかし当時、ソ連海軍のトップのセルゲイ・G・ゴルシコフ提督（Sergei G. Gorshkov）は中国への技術移転に消極的でした。[*32]というのは、ソ連側は中国海軍を強くするのではなく、ソ連海軍艦艇を中国に配備するというかたちの軍事協力を構想していたのです。つまり、軍事協力の具体構想が中国側とソ連側とで全然違ったのですね。

フルシチョフの回想によりますと、ソ連海軍はもうインド洋で活動を始めておりました。当時は衛星がなく、ソ連本国と艦隊との連絡は無線を利用していたそうです。この技術水準のもとで、インド洋で行動するソ連海軍の潜水艦隊と通信するには、中国の領土にソ連海軍用の無線局を建てる必要がありました。このソ連海軍の要求をフルシチョフは受け入れ、中国に正式に無線局の建設の提案をしました。[*33]最初、ソ連海軍から中国海軍に無線局建設について探りが入ります。ソ連海軍の打診を、自らに有利かもしれないとみた中国海軍は、これを歓迎しました。そこで交渉のレベルを一つ上げ、国防省レベルで調整することになりました。中ソ両国の国防省間の調整で、無線局の建設費用の分担、完成後の共同利用について検討されたようです。[34]

しかし、毛沢東を頂点とする中央軍事委員会に話が上がりますと、問題の性格が変わってしまいます。毛沢東が、無線局は中国の主権下にある所有物だということをはっきりさせろと主張したのです。[35] つまり無線局建設は、艦隊行動の必要性に鑑みた実務的な軍事協力の問題から、主権をめぐる政治問題に変質し、交渉が停滞してしまいました。

無線局建設に平行して、別の構想がソ連側から提案されていたようです。それは、ソ連と中国とで合同の潜水艦隊をつくろうというものです。1958年6月末、周恩来総理からソ連政府に海軍の新技術供与の要請が行われた後に、この「中ソ合同潜水艦隊」構想がソ連側から提案されています。つまり、新技術の供与という中国側のソ連への要請に対し、ソ連は合同艦隊の創設という回答をしたようにみえます。しかし、この構想にも、毛沢東は非常に激怒し、実現しませんでした。毛沢東が非常に強く反応しましたので、フルシチョフは非常に驚いて取りなし、最終的にはこの話はなかったことにするという合意にいたったそうです。[36]

このように無線局建設、合同艦隊創設というソ連の構想した中ソ軍事協力は実現しませんでした。この微妙さに追い打ちをかけたのが、1958年の台湾海峡危機です。毛沢東は訪中していたフルシチョフに、金門島砲撃について、何も言わなかった。毛沢東は、台湾問題についてソ連と相談せざるをえない状況を避けることで、ソ連優位の中ソ関係に挑戦したといわれています。[37]

しかし毛沢東は、冷戦における中ソ同盟の意義を忘れたのではありません。[38] 事実、中国海軍はソ連海軍との新協定を結ぶために調整を続けており、1959年2月、ソ連側が譲歩したかたちで海軍協定が結ばれました。ここでソ連は、技術移転に合意しますが、原子力潜水艦の技術協力は拒否しました。毛沢東はそれを非常に悔しがって、「1万年かかっても原子力潜水艦をつくる！」と言ったと伝えられています。[*39]これは、毛沢東が海軍建設を重視しているゆえの発言というより、ソ連優位の中ソ関係に対する不満の感情が、原潜技術の援助を断られたことで爆発したと理解すべきだと思います。

中国の国内政治と中ソ関係の悪化が連動し、1959年2月に結ばれた新しい中ソ海軍協定は短命に終わりました。中国側では、軍事現代化を追求する雰囲気そのものが揺らいでいたからです。1957年末ごろから毛沢東が「反右派闘争」を突然始め、ソ連は教条主義だと批判し始めていました。このなかで、ソ連から導入した軍事技術を用いた軍事力の強化という路線そのものが批判されるようになりました。1959年には軍事現代化路線の中心人物であった彭徳懐の失脚という事態にまで発展しました。このとき彭徳懐一人が切られたのではなく、彭徳懐に同情を示した人間もパージされました。そこまでやると、彭徳懐が中心となって進めていた軍事現代化路線への支持が不安定になります。海軍においても、ソ連海軍に範をとったやり方を否定する動きが強まり、そのためにかえって規律が乱れ、事故が多発したようです。そんななか、1960年7月、フルシチョフは中国からのソ連人専門家の一斉引き上げを断行し、1959年に結ばれた中ソ海軍協定は空中分解してしまいました。ここに、ソ連との協力、とりわけソ連からの技術移転を前提とした海軍の新装備計画は挫折したのです。

4　消極的服従からの脱却：海軍首脳の悲願

中国海軍首脳は、幾重にも拘束されながら海軍建設を進めざるをえなかったといえると思います。第一に、革命軍としての伝統、つまり建国以前につくられた、陸軍を前提にした制度と軍事戦略という規範が、建国後に始まった海軍建設を規律づけました。中国海軍首脳は、ゲリラ戦の経験に誇りをもつ集団に対し、ソ連海軍の知識・技術による再教育を試みました。しかし中国海軍首脳は、毛沢東の軍事戦略の枠組み、陸軍が枢要を占める解放軍中枢の権力関係、陸軍出身の海軍軍人の反発という環境のなかで、海軍建設を進めざるをえませんでした。さらに状況を複雑にしたのは、第二に、軍事現代化が、毛沢東の軍事戦略を、毛の存命中に読み替えるというかなり微妙なものだったことです。彭徳懐の主導した「祖国防衛の戦略方針」は、沿岸防衛という海軍の役割を明確化するものでしたが、毛沢東の怒りを買った彭徳懐が失脚し、軍事現代化の路線に冷や水が浴びせられました。第三に、毛沢東はソ連から軍事技術導入を試みながら、ソ連優位の中ソ関係に不満を抱いていました。ソ連との協力による海軍強化は、このような毛沢東の選好から自由になれませんでした。

中国の最高指導者そして解放軍中枢にとって、海軍建設の優先順位は低く、これを適切に指導したとはいえない。しかし、その不適切な指導に消極的に従うしかなかったのが、草創期の海軍指導者たちでした。このような政治過程をへたからこそ、消極的服従の状況を何とか打破し、海軍の独自性のもとに海軍力を強化することが海軍幹部の悲願となった。これが１９８０年代の海軍強化の先行条件であると考えられます。以上です。

■■ コメント ■■

柴山　はい、どうもありがとうございました。非常に精密な分析でおもしろかったです。それでは、井上先生、コメントのほう、よろしくお願いします。

井上（一）　毛利先生ありがとうございました。お疲れ様でした。私自身も軍事の専門家ではないのです。実務者としてだいたい20年以上、中国関係をやっていまして、最初に外務省に入ってやった仕事というのは文化交流、それからその次は対中ODAと、日中関係はだいたい良い時代だったのですね。だんだん私のやっている時代というのは、日中関係が転がり落ちるように厳しくなっていって、一番最後にやった仕事が軍事アナリストの仕事だったのです。このミサイルはどれだけ飛ぶか、つまり、やはり軍事のことをやると、最後は兵器がどの程度の性能かがわかっていないと、実は議論できない。

そういうことで、私は素人なのですけれども、毛利先生の分野は今まで誰も手をつけてこなかった分野だと思います。先ほどの発表のなかであったように解放軍とは英語でPLAといいますね、「People's Liberation Army」。Armyというのは日本語だと「軍」と訳しますけど、陸軍のことですよね。つまり、中国の軍というのはもともとは陸軍であったというところから、われわれは考える必要がある。今でもその体質を、これは毛利先生がおっしゃっているように、色濃くもっている。ですから、軍のトップの人たち（2012年時）は、中央軍事委員会の一番上の主席は胡錦濤《こきんとう》で、一応シビリアンコントロールということになっていますけれども、副主席、もう一人、次の習《しゅう》近平《きんぺい》も文民として入っていますけれども、その他の副主席の人たちというのは、今でも陸軍出身です。ですから、軍のヒエラルキーで、トップの人たちというのは、やはり今でも陸軍出身で、そういう人たちというのは地方の軍区というのですけどね、南京軍区だとか、いくつかの軍区があって、そこでたたき上げてきた人です。今では、海軍や空軍の出身者が中央軍事委員会のその下のランクに入ってきていますけど、一番トップは陸軍出身の中央軍事委員会メンバー、すなわち、メインストリームとなる。ということは、どういうことかというと、やはり発想が超ドメスティック。そもそも中国はドメスティックなのですけども、そのなかでも軍は超ドメスティック。それを今も引きずっているということですね。

中国を分析するうえでの問題は、透明度が低い。透明度が低いなかでも、比較的まだマシといわれているのは政府、政府はまだ情報を出す。さらに透明度が低くなってくるのは共産党です。一番透明度が低いのは軍だといわれています。ですから、そもそも中国の軍を研究するというのは非常な制約があるということです。特に若い皆さんは中国の軍というと、今の海洋進出、海軍というイメージがポーンとくると思うのですけれども、こういった現象はほんとうについ最近になったことで、もともとは中国は陸軍で、蒋介石と毛沢東が中国大陸の中で追いかけ合いをしていた。そして、蒋介石を追い出したわけですね。追い出して、当然、朝鮮戦争があって、アメリカは台湾海峡を第七艦隊を派遣して封鎖したわけですけれども、封鎖してなかったとしても、毛利先生がおっしゃったように、そんなに簡単に台湾は獲れてなかっただろうと。それは、中国はそんな当時、海軍なんて立派なものはなかったわけです。ですから、中国が今こうやって海軍を強くしてきている過程というのは、長い歴史のなかで、つい最近始まったことだということを、出発点で一度理解しておいてもらったほうがいいかと思います。

そのなかで、常に中国にとって、チャレンジであったのがアメリカの存在だと思います。つまり、朝鮮戦争で戦った、それから50年代には2回、数え方で3回ですかね、台湾海峡危機というのがあって、これでまたアメリカとも一触即発までいって、かつここでも、朝鮮戦争でもそうだったですけど、台湾海峡危機のときも、アメリカに核を使うぞといって威嚇されているわけです。それがズッと中国のトラウマに。ですから、中国の戦略、彼らの頭の中を考えるときにやはり、アメリカにいかにやられないようにするのかというのが、発想として根底のところにあります。

それがそのあとに、時代が変わっていって60年代になってくると、米中よりも中ソのほうがもっと緊急の対立になってくるわけですね。先ほどの話にもあったように、68年、69年、中ソ国境紛争がある頃になってくると、ソ連は当然、モンゴルまで衛星国ですから、モンゴルまでソ連の軍が入っていますから、モンゴル国境に貼りついているソ連陸軍がそのままバーンとその勢いで、モンゴルの国境から北京までほんとうに近いですから、その勢いで北京まで降りてくると。陸軍ですよね。中国にとっては、最大の安全保障上の脅威となる。そういう意味で、また目が陸に、中国はいくわけですね、ズッと陸に。

72年にはやっとニクソン訪中みたいなものがあって、また、その前年には、国連に復帰する。そういったなかで、やっと少しずつ、中国からみた場合に、自分たちの安全というのは少しずつ確保されてきたのかな。ですから、せいぜい70年代のはじめぐらいまで中国というのは、中華人民共和国ができて以来、自国の安全をどう確保するかということが、最大のプライオリティーでズーッとやってきたというところだと思います。

そのなかで、ご承知のように80年代に入って、改革開放政策というのが少しずつ伸びていって、経済も発展しだす。そういうなかで、やっと海軍にも目を向けられるようになってきた。で、先ほど毛利先生のお話があった、劉華清という人ですね、この人が中国の海軍をつくっていく。海軍に振り向けるお金も出てきたということですね。当然、潜水艦が先か、空母が先か、という議論がそのなかで出てくるわけですけれども、90年代、そして、今にいたるということだと思います。それで、あの悪かったソ連との関係も、結局は89年にゴルバチョフが北京を訪問して、中ソ関係もノーマライズしていく。結果として中国にとっての当面の脅威というのがなくなるなかで、ものすごい勢いで経済成長が、あれだけの勢いでやっているので、軍事的にも、財政的にも軍事に投入できるようになってきたということだと思います。その結果、90年代になったら、冷戦が終わって世界の中での一強のアメリカというものができたので、そもそも仲の悪いはずの中・ロが協力するという構図が出てきて、お金のないロシア、でも武器はある、一方で、お金はあるけれども、武器のテクノロジーのない中国というのは、需要と供給の関係がばっちり合うということで協力を始めたけれども、最近は中国が強くなりすぎてソ連がちょっと引きだしているという状況だと思います。

質問としてですね、二つ、三つあるのですけれども、一番最初に毛利先生がおっしゃったなかでおもしろいなと思ったのは、中国の海洋国土の秩序観。私もあまり実はよくわからなかったのですけれども、そもそも中国というのは近代国際法を、そういったものをどの程度、受容しようとしているのかというところについておうかがいしたい。普通は領海というのは12海里で、その外というのは別に外国の船が来てもいいのですが、200海里まではいわゆるEEZ、排他的経済水域がある。そこの上を外国の船、軍艦が通ろうがどうしようがかまわないけれども、中国はそこはいかんと。少なくとも沿岸国の許可が必要だとか、その上を飛行機を飛ばすのもいかんということを言っていて、そこは、毛利先生がおっしゃったように、海洋国土という概念あたりとつながってきている。つまりこんにちの、今のメインストリームの国際法の解釈と違うことを言っている。その一方で、おうかがいしたかったのは、私がいつも腑に落ちないのは、そういうことを言いながら、中国の海洋調査船とかは、一応、係争地ではない日本の沿海を、でもやはり200海里を越えて入ってきているのではないか。ということは、中国は海洋国土とかそういうことを言いながら、近代国際法と使い分けをしているのではないかという気がするのですけれども、このへんは毛利先生はどのようにお考えかということですね。

それからもう一つは、これはかなりテクニカルなというか、一番新しいところの感じなのですけれども、先ほど言ったように、ソ連は相当、中国に海軍戦力も含めて売ってきた。ソブレメンヌイみたいな駆逐艦で、空母をバーンと撃てるような高速の巡航ミサイルを載せているやつだとか、キロ級という静かな見つけにくい潜水艦、そういったものを売ってきた。一方で、先ほどお話したように、最近やはり中国が相当強くなってきたので、ソ連としても少し出し惜しみし始めているということがいわれている。今（2012年）、中国がウクライナから買った空母が大連にあって、ときどき出たりとかしてますけれども、一番、中国のたぶん海軍というか空軍に含まれているのですかね、ポイントはそこの上に載せる艦載機ですね。これをどうするのかというのがあって、空母があっても艦載機がなければ、それはワークしないわけですね。ズッと前から中国はロシアから、スホーイ35でしたか、艦載機を買いたいという交渉をやっていて、ズッとそれが進んでいないのですけれども、このへんはやはりソ連が売りたくないという方向で、つまり中国が自主開発のほうに向かって舵を切ってしまっているのか、そのへん、もし何か情報あればということですね。

最後に、これはむしろ私のコメントというか、つぶやきみたいのものですけれども。2、3年前、アメリカに留学していたときに、「中国と海」というすごくフォーカスされた授業があったのです。それが非常におもしろかったのは、中国人が海をどのように捉えているかみたいな話だったのです。ご承知のように中国の歴史というのは黄河の文明から始まって、つまりズッと内陸ですよね。中国のメインストリームは内陸です。昔から中国人がどういうふうに海を認識していたかというと、やはり非常に遠いところにあると。海は北の海ではなくて、どちらかというと南ですよね。中国の海の窓口は南にあって、福建省とか広東省あたりが、南のほうと交易していると。ですから、首都から遠いところにある。しかも一般の中国人からすると存在が遠くて怖いと、海というのは怖いものであると。実際に私が、それこそ80年代に最初に中国に留学したときというのは、ほとんどの中国人が泳げないのです。そして海の魚を食べないですよ。今でこそ少しは変わりましたが、やはり海というのは非常に遠いのだというのは、たぶん中国の文明のコアなところ、メインストリームにあって、それをこのたかだか2、30年の発展のなかで、それを克服しようとしている過程なのでしょう。けれども、いまだにやはり、つまり海洋国家ではないのではないか、という感じがするのです。ですから、中国の海洋進出とかいって、今、大騒ぎしているが、これは日本にとって深刻な問題ですけれども、一方で、彼らにとって今の時点では、一番重要なのはエネルギーの確保というところが、海軍力の充実しているところとリンクしているのではないか。今の時点ではですよ。もう少しきっちりとみていく必要がありますが、そういう気がするのですけれども、そのへんも毛利先生の見方とかをおうかがいできればと思います。以上です。ありがとうございます。

毛利　ありがとうございます。別の発表を聞いたような気持ちになりました。私が省いた大きな流れを補足していただき、ありがとうございます。

まず中国は、そもそも国際法をどの程度、尊重しているのかというお話です。中国のロジックとして、西側が決めたルールは、中国にとっての正当性はあまりないとの発想が根底にあろうかと思います。中国は南シナ海問題に関連して、海洋法についてこう言います。国連海洋法条約上、何と決めていようと、中国は国連海洋法条約が成立するズッと以前から、南シナ海に特殊な利益をもっていたので、海洋法条約で縛られるものではないと。ですので、そもそも中国は国際法の枠組みを価値の側面では受け入れていないと思います。しかし、海洋法の成立の外交交渉を勉強してみますと、中国は国連代表権を回復してちゃんと交渉に参加しているので、西側で勝手に決めたルールだとはいえません。

しかし、海洋法の交渉過程において、他国の排他的経済水域でどのような軍事活動が認められるのかは、空白の領域として残されています。中国の立場は、沿岸国の安全を脅かすような他国の軍事活動を、沿岸国が制約できるという立場です。その立場が何にもとづいていたかというと、1958年の台湾海峡危機だと思います。[*40] 米海軍がいつも台湾海峡に近づいてくる。これを中国は実力で跳ね返すことができないので、外交あるいは国際ルールでもって何とか制約しようというのが、まず出発点なのですね。実はそういう意味では、価値では受け入れていなくても、手段のレベルにおいて、中国は海洋法条約の枠内で立ち回ってきたといえると思います。

おもしろいことに、中国の南シナ海に関する国連海洋法条約以前からの特殊な歴史的権利という主張が、最近ちょっと変わりつつあるようです。国連海洋法条約の中に歴史的権利の条項を盛り込まねばならない、との主張が出てきているそうです。つまり、国連海洋法条約前の歴史を強調しても、ほかの国からまったく認められないということを、ある程度、中国は見越したうえで、ルールそのものを変えていこうという動きがみられるようになっていきます。やはり中国も国連海洋法条約の締結国ですし、その枠組みの中で、中国の利益や価値をルールにビルドインしようとの動きになってきているのです。

ですので、たしかに中国は海洋法を都合よく使い分けているといえるかと思いますが、より最近では、国際法の枠内で、どのように中国の利益・立場を強化するのかを追求する側面が強まっているようにみえます。そうすると、外交交渉を通じてお互いに懸念を伝えあい、少しずつ立場を近づけていくという方向にも、少しは希望があるのかもしれないと思います。ただ、井上先生が言われたように軍は超ドメスティックで、非常に刺激的なことを言って、国民の支持を得ている面がありますから、外交的な妥協は敗北とみなされる状況を自らつくっているようにみえます。こういう危険な側面もやはり中国の国内政治に見受けられます。中国は海洋法を完全に無視しているわけではない。しかしその認識と運用には、不安もかなりあるという状況ではないかと思います。

ソ連・ロシアの対応の変化に関しては私も勉強中なので、その前提で申します。ロシアは１９９０年代に装備の供与に応じてきました。おもしろいことに、この中ロ交渉の中心にいたのが劉華清です。１９８９年の天安門事件を経て、アメリカはじめ西側諸国は対中武器禁輸を発動し、中国からみれば西側諸国から武器を調達する見込みが断たれました。そこで劉華清は再びソ連に近づいて、井上先生が言われたように、中ロの利害が一致して装備の供与が行われていったわけです。ただ最近、ロシアが出し惜しみをしているというよりも、ロシアの軍事産業は中国に売りたいのだが、中国国内でかなり造れるようになってきて、ソ連から導入する必然性が下がってきているという話を聞いたことがあります。とはいえ、中国のいう「国産」の定義がわれわれのいう「国産」と違うので……。

ロシアが技術を出し惜しみしているというのは本音としてあるかもしれませんが、軍の産業と国家の政策は、ちょっと別の動きをしているようです。以前より取引は減っているけれども、中国にとりロシアは重要な装備調達先であることは変わっていないと思います。アメリカはいくら軍事交流をしても、絶対に武器を売ってくれませんから。

そして最後に、中国のメインストリームからすれば、海は非常に遠い暗い存在、恐ろしい存在であったが、最近になり、海洋国家になろうとしているけれども、それはなかなか難しいというお話がありました。私は、１９８０年代の海軍力強化の文脈として、陸中心の思考に抑えられてきたというコンテクストを重視していますが、そこで触媒となったのが、南シナ海で資源が発見されたことなんです。これを守るために、本来、あそこは中国の庭先であり、そこから出てきた資源は中国のものであると強調し始めた。しかし海軍力がなければ、それを効果的に守ることはできない。海洋国土論は、軍事力で資源を囲い込むという含意から生み出されてきたと思います。ですから、自分のものを囲い込むという発想で、中国は海軍力を強化しています。やはり中国は、航行の自由、自由に海を利用することにより利益を実現していくという海洋国家の思考とは、ベクトルの違う発展を遂げてきたと思います。

しかし、中国海軍の活動範囲は今やインド洋にも広がり、実は日本の商船も護衛してくれているのですね。アデン湾で各国海軍とかなり交流もしていまして、海はシステムであり、グローバリゼーションの中で各国の繁栄を維持するには海洋の安全が不可欠であるとの考え方が、中国にも入ってきています。ですので、海軍の態度は、一般的な海軍、西側の海軍に近づきつつある面もあります。しかしそのとき、一気に西側諸国の海軍のようになれないのは、中央の意思決定のなかで陸軍が大きなプレゼンスを保ち、「海軍は変質するな」という縛りをもう一度かけられるからなのだと思います。中国海軍としても変わりつつあり、変わりたいけれども変わりきることができないのだと思います。

もう一つ、中国海軍を支えているのは国民の支持だと思います。国民の支持を獲得しようとすると、どうしても成果を見せなければならないので、自らの強さをアピールしなければなりません。南シナ海で強く出るということです。中国は自縄自縛の状況だと思います。中国は、初めて海に出て、そのルールに接してみて、自分との違いに気がついた。中国は学習の初期段階にあろうかと思います。かなり長い時間をかけてでないと、海のルールは陸のルールと異なっていることは、中国の意思決定機関の中で理解されないだろうと思います。先に海軍は変わっていくと思いますが、中国政治のなかで地位が低いために、海軍が変わっても中国の変化には、なかなかいたりにくいと考えております。

柴山　ありがとうございました。

■■フロアーコメント■■

久保田　毛利先生にこういう話を聞くときに、やはり具体的なデータがないとわからないので、要するに、海軍がどの程度の規模であったのか。例えば、魚雷艇が5隻ぐらいしかなかった時代もあるのかと思うのですけれども、それと対応させてやっていただけたら、わかりやすかったかな。毛沢東は、はっきり言うと、技術のわからん人やと。で、技術のわからん人を変えるのは無理やというふうに思うのです。だから、この時期、海軍があるといっても、今とはぜんぜん違うのではないか。どの程度だったのかというのが質問です。

毛利　ありがとうございます。やはりそれは地道に拾わないといけません。60年代ぐらいの中国のデータはまだ集め切れていません。中国側の史料も、規模をもちろん明かしていません。水準がどれぐらいであったのかというのは、自分で書いているのですね。自己評価で、１９４０年代から30年代の戦力の水準だったと。信頼できるデータの入手にトライしたいと思います。それがないと、どれだけ大きくなったのかという話が、やはりはっきりわからないですよね。

柴山　参考までに、ちょっと言ってみますけど、一つは朝鮮戦争が始まって、中国の介入したときに、たしか毛沢東からスターリンへの海軍艦艇支援要請がありますよね。あとおもしろい論文があります。特に台湾と中国の軍拡競争についての論文が一本あるのです。それで台湾側が、向こう側の飛行機の数、うちはなんぼ買わなくてはいけないとか、台湾は当時、必死になって中国との海と空の競走のためにバイヤーを世界中に、余った兵器を買うために出していた時代があるのですね。

高田　毛利先生に二つ質問があるのですけれども、中国陸軍の場合、軍区によっていろいろと出世に差があったりとか、エリートコースだったり、そうでなかったりというのがあるらしいのですけれども、例えば、海軍も艦隊が三つに分かれているではないですか。その三つに分かれている艦隊というは、どういう力関係にあるのかというのを教えてもらえないでしょうか。

二つ目が、先ほど毛利先生が話してくださったこととまったく関係なくなってしまうのですけれども、その毛沢東のイデオロギーと技術力とのギャップという矛盾というのは、空軍にも同じことが言えたのではないかと思うのですけれども、そちらのほうはどうだったのか。あとソ連に留学というのも、おそらく空軍も同じことをやっていると思うのですけれども、そこらへんの協力とかがあったのかというのは、どうなのかということをわかる範囲で教えていただけたらと思います。

毛利　ありがとうございます。艦隊の力関係はちょっとわかりません。海軍の出世キャリアパスは難しいですね。まず海軍司令官になるためのキャリアパスは、蕭勁光初代と現在では、かなり変わってきているようです。蕭勁光自身は陸軍出身です。船乗りが海軍の指揮官になり始めたのが、劉華清のあとの時代なのですね。劉華清自体も少将時代にソ連に留学しているので、その実務の経験はソ連留学後の数年しかありません。その後すぐに、艦艇開発という政策のほうにいきますので、現場を知る船乗りが指揮官になり始めたのは、実は、90年代からです。それまでは、フネのことがわからない、あまり海に出たことのない人間が、戦略をつくって指揮官をやっていたわけですね。

中央軍事委員会で海軍がどれぐらい偉いかというと、それも微妙です。井上先生が補足してくださいましたが、中央軍事委員会では二人の副主席が、文民の主席を補佐するというかたちになっています。補佐する二人が非常に重要なのですが、両方とも陸軍の軍人で、いわゆる作戦とか用兵という軍令の出身者と政治工作の軍政の出身者の一人ずつです。制服の副主席以外にも、中央軍事委員の構成員も陸軍がもっとも多く、海と空は一人ずつという状況です。

劉華清が非常に偉くなったという話をしましたが、私、史料を見ていて非常におもしろいことに気がつきました。劉華清は海軍司令員を経験してから中央軍事委員に昇格するのですが、実はそのときに陸軍上将になっています。回顧録を見るとこう書いています。「私は海軍の仕事を非常に愛していたけれども、ここで緑の制服を着た」と。つまり、海軍は解放軍のなかでそんなに偉くありません。

毛沢東のイデオロギーと技術の関係は、非常に良いポイントだと思います。毛沢東は朝鮮戦争に際して、空軍を重視しまして、海軍の予算を7分の1までけずって空軍にまわすというエピソードがありました。今日は省きましたが、空軍の発展は海軍より早かったのですね。しかし空軍の発展はその後、頭打ちになったといわれておりまして、それは一つに、空軍は劉華清のようなリーダーシップに恵まれなかったからだと思います。

毛沢東のイデオロギーと技術という面に話にもどしますと、毛沢東は一般に言われるような復古主義者といいますか、「革命戦争の時代がもっとも偉大である」というイデオロギーでもって語られることが多いのですが、そんな単純な指導者ではありません。自分の権力基盤である革命戦争時代の成功体験、軍事戦略を大事にしているけれども、先端兵器に非常に強い関心を示した人で、ある面では軍事現代化の推進者の一人だったわけです。毛沢東が決定したので核開発が進んだのです。毛沢東の支持をともかく獲得したならば、その軍種の発展は約束された面があっただろうと思います。

今日はお話しなかったのですが、劉華清が非常にうまくやったのは、海軍の予算が増えないなかで、国務院の予算を使って、核兵器を運搬する手段として、艦艇開発の重要性を説いたことです。それにより毛沢東の支持を獲得し、文化大革命中にもかかわらず艦艇開発が進みました。艦艇開発事業を劉華清が守ったのです。毛沢東はたしかに革命時代の軍事戦略を大事にしており、それを自分以外の人が読み換えることを嫌ったのですけれども、軍事の技術をすべて否定したわけではなくて、取り入れられる部分は自分でチョイスして取り入れた人です。だからこそソ連に対する中国の軍事戦略は、核兵器プラス人民戦争になったということです。

柴山　ありがとうございました。それでは、ほかの方。どうぞ。

井上(正)　どうも、香川大学の井上です。一点、おうかがいしたいのですけれども、中国海軍の兵員のリクルートシステムはどうなっているのですか。陸軍だと徴兵制がしかれてやっているとか。例えば、海軍兵学校にあたるようなものがあったのか、そのような教育システムも同時につくっていったのでしょうか。

毛利　今日、ぼやっとしかお話しなかったところです。まず大軍区に海軍部隊をつくるときに、陸軍の軍人を海軍に転換させるかたちで始めました。そうなると、陸の戦い方を船に乗ってやるしかないので、それでは海軍にならない。だから蕭勁光の最初の仕事は、実は海軍大学をつくることだったのです。それが大連の海軍大学校です。そのときソ連人顧問を常駐させて、そこで幹部を育て、自衛隊でいえば術課学校に相当するコースも設けて、いくつもの海軍の教育機関をこの初代の時期につくったのですね。そこで陸軍出身者に海軍の技術をたたきこんで再教育をしたのです。

ただし、文化大革命期に専門知識に対する大衆運動からの突き上げがありまして、あらゆる種類の教育機関が破壊された時期があります。海軍は１９６０年代に、最終的に15校の教育機関をもっていましたが、そのうち９つは完全に破壊され、残りは機能を停止していたそうです。劉華清が海軍司令員になったときに、まず手をつけたのが、その教育機関の再興だったわけですね。海軍戦略ができたことが非常に注目されますが、このとき、人材面では何もない状態から始まったのです。このような１９８０年代以降の海軍近代化の出発点を確認してから、中国の海軍力増強を、もう一度、冷静に評価したほうが良いのではと思います。現在はどういうリクルートシステムをとっているのか、ちょっと不勉強でよくわかりません。

井上(正)　ありがとうございます。

服部　海軍の話は非常におもしろくて、実は一時期、海軍史というのをちょっと、かじったことがあるのですが、ここで例として、持ち出したいのがドイツ、日本、ソビエトなのです。ドイツ、日本は、そうなのですが、陸軍の付属物として海軍が創設されて指揮権も握られていたわけなのです。そうしたなかで、海軍の組織利益として、陸軍と対等の立場をつくりたいということで、海軍強化を図るのですが、共通しているのが二つあるのですね。まず、海軍が外交政策上、利用できるものなんだと強烈にアピールすることです。で、ドイツの場合は、露仏同盟にイギリスが接近していくのを阻止するためには、ある程度の海軍力をもつことでイギリスを牽制するべきなのだ。というので、対英3分の2海軍力というのを目指すわけですね。ところが、これが逆効果になってしまって、イギリスを刺激する結果になって、むしろ露仏同盟に近づけてしまって三国協商をつくってしまう。この立役者になったのが、アルフレート・フォン・ティルピッツ（Alfred von Tirpitz）という、あくの強い人物なわけですが、日本の場合は山本権兵衛ですね。やはり、日清、日露戦争で、制海権がないと日本はやっていけないのだということで、海軍強化しろという話になって、海軍を強化していくわけですが、いずれの場合も破滅的な結果を招いてゆきました。日本の場合はアメリカとの衝突であり、ドイツの場合は、イギリスとの衝突で、いずれも敗戦で終わるわけです。

ソビエトの場合も同じでやはり、ソビエト軍の五軍の最下位に位置するのが海軍でした。そのなかで、海軍の立場強化というので出てくるのが、今日も出てきましたゴルシコフなわけですね。これもまた、唱えたことが、外交政策にとって海軍力は役に立つのだということで、70年代以降、ガンガン、海軍強化するわけですが、これがアメリカと西側諸国を刺激してしまって、軍拡競争に巻き込まれて、国家財政を破綻させていく原因をつくったわけですね。

中国はどうなのか。やはり陸軍の付属物であり、支配下に置かれているような状態であったわけですね。そこから、組織利益として海軍強化だということで、また組織強化を図られていくわけですが、そのなかで、最初、目指しているのは国防との延長なのですけれども、リージョナルな覇権で、最近はインド洋にも顔を出すようになって、世界戦略の一貫になり始めてきました。

このことが周辺諸国に与える影響、それから、あるいは中国の国家財政に与えている影響、それで軍備政策というのは体系的な戦略のなかで考えていかなくてはいけないわけですが、日本海軍、ドイツ海軍、ソビエト海軍では、組織利益が先走ってしまったわけですね。その結果、外交戦略全体の整合性が壊されてしまったわけです。その点、中国海軍はどういう論理でまわっているのかうかがいたいです。やはり中国海軍でもどんどん組織利益の論理が先走ってしまって、中国外交を引きずってしまっているのか、あるいは中国指導層の中に世界戦略の確固としたものがあって、その一翼を担えというので動いているのか、ご存じの範囲で教えていただいたら、ありがたいと思います。お願いします。

毛利　中国海軍の原動力をなす論理は、組織利益の追求なのか、それとも国家戦略なのか、という質問だと思います。これは大きな問題で、自分の立ち位置をどこに置くかで、見え方が変わってしまうのですね。統一的な国家戦略をもたなければならないという意識はたしかに中国政府や軍にあり、そういった方向性がないと言い切ることはできません。ただしかし、今日も何度か話に出ていますが、意思決定機構の枢要を占めているのは陸軍の軍人。ドメスティックなので、彼らは、海の問題の深刻さを、かなり深刻になってからでないと理解しにくいのではないかと心配しています。

最近、進展があって良かったと思っていますが、日中の海上連絡メカニズムの交渉が長らくまったく進まなかったのは、中枢にいる陸軍軍人が、なんでそれが大事なのかわからなかった面があると思うのですね。その間に２００９年、１０年と、これだけ問題が起きて、周辺国の警戒心も買い、アメリカの疑念も招いたので、ようやく共産党の中枢が、この問題対処に動き始めたようにみえるのです。ここに意思決定の効率の悪さがうかがえるわけです。ですから、戦略的にすべてをコントロールしているようにはみえない。

空母の建造は、国家戦略といいますか、軍事戦略における位置づけについて、中国の中でも長い議論を経たようです。最初に構想が打ち上げられたのは、わたしの知る限り１９７５年です。[*41] 劉華清が偉くなるにつれて、ズッと言い続けてきたのですけれども、賛同がなかなか得られなかったようです。非常にお金を使うと。限られた予算をどこに振り向けるのかというなかで、シビアな話し合いがあっただろうと思います。ただ結果的には、最初はレジャー用と称して、別のところから空母を買って、研究してという動きが続いてきたのは何なのか。結局、空母を持つということが、国家戦略だったのか、それとも、海軍といいますか、一部の人間が自由にできる範囲内で研究が続けられてきたのか、判別が難しいのです。後年の胡錦濤の時代になって、その解放軍の役割の一つとして、党の一党支配に対する力の保障ということが掲げられます。ここで海軍が強調するのは、国際安全保障に貢献するということで、世界において中国のプレゼンスを海軍力でもって示すと。それは中国共産党の正統性を補強します、ということを言うわけですね。ですので、海軍の目線は、海を向いているというより中国共産党を向いています。

そういう意味で、かつてのソ連で起きた状況に、結果的に似ているようなところ……。

服部　似ているようなパターンをたどっていて、日本も同じですね。結局、対米の流れだとか言って。

毛利　あります。しかし私が期待をかけたいのは、中国は非常に学習能力が高く、状況をみて、少しずつ自分の対処を変えてくるような国であることです。今般の海の摩擦に関して、ものすごい批判を受けていますから、さすがにちょっとは反省するのじゃないかと期待したい。ただ、「超ドメスティック」な意見が一定程度、支持されている点に不確実性は残りますね。私も、中国の人たちに、どちらに行きたいのと聞きたいのですが、政権の安定が一つの鍵を握ると思います。国内政治が安定すれば、外交的勝利を、そこまで追求しなくてもよくなるのではないかと。

そこで、中国の国内政治の安定と連動している、日中関係は重要だと思います。対日関係は、いろいろな問題を中国の政権に突きつけています。日中関係を支えるための日中の知恵が、地域にとって、重要になると思います。

柴山　はい、時間となりました。

──註──

＊1 "Hearing to receive testimony on United States Pacific Command and U.S. Northern Forces Korea in review of the Defense Authorization Request for Fiscal Year 2009 and the Future Years Defense Program," March 11, 2008, U.S. Senate, Committee on Armed Services, pp.14-15.

＊2 近年の代表的な研究として、例えば、Aaron L. Friedberg, A Contest for Supremacy: China, America, and the Struggle for Mastery in Asia, Paris, W.W.Norton&Company, 2011. Henry Kissinger, On China, New York, The Penguin Press, 2011.

＊3 例えば、『解放軍報』２０１０年10月５日。

＊4 典型的には、１９７３年に海底委員会に中国代表が提出した２つのポジション・ペーパーに表れている。北京大学法律系

国際法教研室編『海洋法資料匯』北京　人民出版社　1974：pp.73-76,80-82

＊5 アジア太平洋において、経済協力関係の維持・発展は相互利益になるとの前提のもと、他国の利益に反する行動を牽制し、それに備える行動をとるというヘッジングは広くみられる。Kai He, Kai He, Institutional Balancing in the Asia Paific, Routledge.2009. 山本吉宣「アジア太平洋の安全保障アーキテクチャー」『アジア太平洋地域における各種統合の長期的な展望と日本の外交』平成22年度外務省国際問題調査研究・提言事業報告書　2011

＊6 ２０１１年1月14日に死去。

＊7 劉華清『劉華清回憶録』北京　解放軍出版社　pp.436-437

＊8 建軍から１９８０年代にかけての中国海軍を扱った著作として、平松茂雄『甦る中国海軍』勁草書房　1991

＊9 Cole, Bernard D, The Great Wall at Sea, Annapolis, Naval Institute Press, 2001, reprinted in 2010.

＊10 Paul, An-hao Huang, The Maritime Strategy of China in the Asia Pacific Region: Origins, Development, and Impact, The Edwin Mellen Press, 2010.

＊11 記述の骨格として、主に参考文献に掲げた資料を用いた。

＊12 中国の軍隊建設については、次の研究から多くを学んだ。朱建栄『毛沢東のベトナム戦争中国外交の大転換と文化大革命の起源』東京大学出版会　2001。浅野亮「軍事ドクトリンの変容と展開」『中国をめぐる安全保障』村井友秀、阿部純一、浅野亮、安田淳編　ミネルヴァ書房　2007：pp.243-281

＊13 華東海軍について、東方鶴『上将張愛萍』（上）人民出版社　2007

＊14 川島弘三『中国党軍関係の研究』（上）慶応通信社　1988：p.198。Nan Li, "The Central Military Commission and Military Policy in China," James C. Mulvenon, Andrew N.D. Yang eds, The People's Liberaton Army as Organization, RAND, 2002, p.61.

＊15 蕭『蕭勁光回憶録』pp.11-13

＊16 解放軍の党委員会制度については以下を参照のこと。川島『中国党軍関係の研究』（上・中・下）

＊17 蕭『蕭勁光回憶録』pp.32-34

＊18 前掲書　p.77

＊19 平松『甦る中国海軍』p.18

＊20 蕭『蕭勁光回憶録』p.43

＊21 前掲書　p.37
＊22 楊『当代中国海軍』p.49
＊23『建国以来毛沢東軍事文稿』（中）pp.303-304
＊24 浅野「軍事ドクトリンの変容と展開」pp.245-246
＊25 王『彭徳懐年譜』p.642
＊26 聶『聶栄臻回憶録』（下）pp.773-774
＊27 中共中央文献研究室編『毛沢東文集（第七巻）』北京　人民出版社　1999：pp.27-28
＊28 葉『葉剣英軍事文選』pp.244-246
＊29 楊『当代中国海軍』pp.72-73
＊30 蕭『蕭勁光回億録』pp.143-146,150
＊31 Ibid, p.173.
＊32 Ibid, p.180.
＊33 ストローブ・タルボット　タイム・ライフ・ブックス編集部訳『フルシチョフ回想録』タイム・ライフ・インターナショナル　1972：pp.478-479
＊34 王『彭徳懐年譜』pp.681
＊35『建国以来毛沢東軍事文稿』（中）pp.380-381
＊36 Vladislav M. Zubok, "The Khrushchev-Mao Conversations, 31 July-3 August 1958 and 2 October 1959," Cold War International History Project Bulletin, Issue 12/13, Woodrow Wilson International Center for Scholars, Washington, D.C. 2001,pp.244-272.
＊37 沈志華「１９５８年砲撃金門前中国是否告知蘇聯？：兼談冷戦史研究中史料的解読与利用」『中共党史研究』第３期　2004：pp.35-40
＊38 I bid.
＊39 例えば、良駒「毛沢東与蘇振華上将」『党史天地』第６期　2007：pp.9-15
＊40「中華人民共和国政府関于領海的声明」『人民日報』１９５８年９月５日
＊41 劉華清軍事文選編輯組編『劉華清軍事文選』（下）pp.20-21

参考文献

叢進『1949—1976年的中国曲折発展的歳月』北京　人民出版社　2009
平松茂雄『甦る中国海軍』勁草書房　1991
聶栄臻『聶栄臻回憶録』（下）北京　解放軍出版社　1984
沈志華「赫魯暁夫　毛沢東与中蘇未実現的軍事合作」『中共党史研究』第5期　2002：pp.32-43
——「1958年砲撃金門前中国是否告知蘇聯?：兼談冷戦史研究中史料的解読与利用」『中共党史研究』第3期　2004：pp.35-40
ストローブ・タルボット　佐藤亮一訳『フルシチョフ最後の遺言』（上）（原著は1974年発行）河出書房新社　1975
ストローブ・タルボット　タイム・ライフ・ブックス編集部訳『フルシチョフ回想録』（原著は1970年発行）タイム・ライフ・インターナショナル　1972
王焰編『彭徳懐年譜』北京　人民出版社　1998
謝鋼編『海軍史』北京、解放軍出版社　1989
蕭勁光『蕭勁光回億録』北京　解放軍出版社、1989
中共中央文献研究室　中国人民解放軍軍事科学院編『建国以来毛沢東軍事文稿』（上）（中）北京　軍事科学出版社　中央文献出版社　2010
楊国宇編『当代中国海軍』北京　中国社会科学出版社　1987
葉剣英『葉剣英軍事文選』北京　解放軍出版社　1997

関西学院大学総合政策学部リサーチプロジェクト講座
「日米関係史研究の最前線」第9回

公共政策とメディア
――日米比較の視点から

◆小池 洋次

1　はじめに

柴山　小池洋次先生（関学総合政策学部教授）、本日は、ほんとうにありがとうございます。先生が長く務められた新聞記者はどういうふうな活動をされて、どういうことを考えているか、新聞の記事をどういうふうに読めば良いか――などについてお話しいただければ幸いです。

小池　お招きいただきありがとうございました。

今日のお話は、現場報告というのか、活動報告みたいなものです。ただ、前もってお断りしておきたいのは、私のこれから申し上げる話というのは、私の経験にもとづいていますけれども、その経験はやや古いかもしれないということです。例えば、後ほど、ホワイトハウスのブリーフィングルームというのがどのようになっているのか、ご紹介しますけれども、この前たまたまテレビを見ましたら少し構造が変わっているようで、そのへんは注意してください。何か引用されたり、今後の研究に使われるような場合は、一度チェックしていただけると助かります。

今日の話の結論はこういうようなことです。私は今、強い危機感をもっています。報道機関のあり方が今、大変チャレンジングな時期にきていると思うのです。これは、アメリカもそうですし日本もそうである、主に先進国的な現象なのですけれども、いわゆるネットの時代、経営状況が厳しくなりつつあるのですね。各国の新聞社なり、あるいはテレビ局が十分な役割を果たしているのかはちょっと置いておきますけれども、仮に果たしているとすれば、報道機関としての重要な役割は、権力をチェックするというところにあると思います。権力とは公的な権力、政府権力だけではなくて、大企業とかお金の権力、経済の権力もそうですね、そういうものをチェックしていく。これがいわばメディアのレゾン・デトル（存在理由）であると、私は強く思っています。報道機関のレゾン・デトルですね。それが今、経営の悪化にともなって報道機関としての本来の役割を、日本もアメリカも果たせなくなりつつある。これは後ほど詳しく説明しますけれど、私が非常に強い危機感をもつゆえんです。報道機関は、権力をチェックするという意味において、民主主義を支える非常に重要な柱だと、私は思うのですね。したがって今、大変な時代にきているのではないかという気がしています。

もう一つの危機感というのは、これは日本のメディアについてです。これも後ほど説明しますけれど、今、商業ジャーナリズム、つまりお金を稼ぎながら、さっき申し上げたように権力のチェックをしているというのは、ちょっと考えると矛盾している場合もありうるのです。お金を出してくれる人を、では、批判できるのですか、という問題がありますね。現在はネットの時代になり、既存の商業ジャーナリズムが経営基盤を揺さぶられている状況です。この状況が逆転するとはちょっと思えないですね。と考えると、商業ジャーナリズムはおそらく今、限界にきていて、場合によっては、時代の終わりなのかもしれない。

そうすると、新しいモデルは何なのかというと、今、アメリカを中心に市民ジャーナリズムというような、市民を巻き込んだようなジャーナリズム、それによって、権力を監視していこうではないかという動きが出ています。それで、問題は日本です。日本の場合は、お上の伝統が長いこと、歴史的な問題もあるのですけれども、やはり市民社会が成熟していませんね。そうすると、商業ジャーナリズムが限界を迎えて、そうした状況で新しいモデルを提示する、その一つが市民ジャーナリズムだと私は思いますけれども、それが日本には成立しにくいのではないか。そういう試みはたくさんあるのですけれども、アメリカのような太い流れになってこないのではないか、それが私の第二の危機感です。日本人ですから、やはり日本のメディアのことは非常に気になります。

これが私の結論で、この問題を実は、私は報道機関にかつていたから言うという側面も、もちろんあるのですけれども、実はこれはわれわれの社会とか、この国のあり方までも左右するような、やはり大問題ではないのかと私

ホワイトハウスのブリーフィングルーム

は思います。ですから、報道機関の人だけではなくて、多くの人たちが権力をどうやってチェックしていくかという問題を考えていただきたい。形態は別に報道機関でなく、NPOでいいのです。権力に従って、もう〝長いものには巻かれろ〟でやっていきましょうという考え方もあるかもしれません。でも、そうでない、やはりチェックすべきだ、という立場に立つのであれば、やはりそのあり方を真剣に考えるべき時期にきている。これが結論です。

2　首脳インタビューの扱い方

まず、私がどんなことをやってきたのかですが、まずは、スライド（写真）を見ていただきたいと思います。これはホワイトハウスですね。これはホワイトハウスのブリーフィングルーム。演台からみた室内の様子です。次はブッシュ大統領がこの部屋で説明している姿（写真）、こんな感じなのです。これ、意外と狭いのです。今は椅子の配置などが変わっているのですけど、この椅子の数が当時は1列6個、縦に8列ですから48しかない。最初に行って、48しかなくて非常に驚いたのです。全部、椅子の後ろにネームタグみたいなものがあって、つまり指定席になっている。ロイターはイギリスの通信社ですから、それは例外的なのですが、このロイターを除くとほとんどがアメリカのメディアの指定席です。われわれはどうしているかというと、この後ろの方に立って取材をしている。したがってテレビにはもちろん映らないわけです。

次の写真は大統領インタビューの様子（**写真**）です。右側が私ですが、あまり似てないかもしれませんけれども……。当時42歳ですからもう20年ぐらい前ですね。左はビル・クリントン、当時の大統領です。これはエアフォース・ワンという大統領専用機の中での一コマ。なんで大統領専用機を「エアフォース・ワン」というかというと、エアフォースとは空軍という意味ですね。空軍の1番機というのがエアフォース・ワンなのです。

ブッシュ大統領

エアフォース・ワンにて、ビル・クリントンにインタビュー

1993年の7月4日、独立記念日のことで、ちょうど日曜日でした。私は主のいないエアフォース・ワンに乗って、ワシントン郊外アンドリ

ユース空軍基地から飛び立ちました。ビル・クリントン大統領は少し前にマリーン・ワンというヘリコプターでフィラデルフィアに行って、独立記念演説をやっていたのですね。それを追っかけるように、われわれはエアフォース・ワンで飛んでいったわけです。フィラデルフィアでビル・クリントンが乗ってきた。次の目的地はイリノイ州のモリーンです。大洪水に見舞われた直後で、彼は農家の人たちを見舞う予定だったのです。インタビューが行われたのはそのモリーンとフィラデルフィアの間で、時間にして20分ぐらいでした。この写真一つからもいろいろなことに気がつくのですけれども、まず、机の上に何もない。これ非常に驚きなのです。ビル・クリントンが就任したのは1993年の1月の20日ですから、それからわずか6カ月、半年しかたってないのです。

彼はアーカンソー州という小さな州の知事を長くやっていました。ですけれども、中央政治の経験はゼロ、それから軍の経験もゼロです。むしろ彼は若い頃、反戦活動をしていたぐらいです。机の上には資料がなくて、メモもない。大統領執務室には、こちら側にカメラマンが一人いて、あと報道担当者が一人いるだけです。

質問は、経済から政治から日米関係まで計10問ほどでしたが、大統領は立て板に水のごとしで、すべてに答え切りました。しかも数字を引用して……。例えば、財政赤字についての答えがそうでした。当時アメリカの財政赤字、それから経常収支の赤字は〝Twin deficit（双子の赤字）〟といって、世界経済に災いをもたらす元凶のようにいわれていました。それについて質問をしてみたら、彼はこう言ったのです。「私は財政赤字の削減を進めてみせますよ」と。具体的な数字を挙げてこういうふうにすると言ったのです。私は懐疑的でした。歴代大統領はみんなそういうふうに言ってきたけれども、何も変わらなかった。だいたい民主主義社会において財政赤字は膨らんでゆくものです。ところが、なんと翌年から財政赤字が減り始めて、最終的には財政黒字になったので、非常に驚きました。もちろん彼だけの力ではありません。客観情勢とか冷戦の終結とか、いろいろな要因があったのですけれども、クリントン政権の経済政策が功を奏したのも確かです。

ここからはメディアの話なのですが、私がワシントン支局長として赴任する時、先輩からこうよく言われました。「ワシントン支局長の最大の仕事は、アメリカの大統領のインタビューを取ることだ。もし取れれば、あと4年間は遊んで暮らしてもいい」。もちろん、実際には遊べず、こき使われましたが……。でも、その言葉の中に日本のメディアの特性が含まれていると思います。インタビューを取るのはもちろん大事ですけれども、問題はそこから先ですね。インタビューを材料にして、アメリカをどう分析するのか――。こっちのほうがはるかに重要だと私はいま思っています。もちろんインタビューを取れるかどうかで、その記者の力量とか、メディアの力量を判定されますから、それはそれで重要だと思うのです。ただ、それは、記者なりメディアの力量を判定する材料にすぎないのであって、実際にメディアが評価されるのは、そこから先の分析とか、あるいはそれをもとにした提言とか、そういうことだと私は思います。

日本の新聞では、アメリカの大統領クラスのインタビューを取ると、必ずといっていいほど、記事は一面のトップに掲載される。一面トップというのは、その紙面において一番の押し、売りのニュースです。インタビューが決まると、その前から一面のトップ記事だと扱いが事実上決まっている。つまり、大統領のインタビューを取るということはすごいことだから一面のトップだという発想です。むしろインタビューの中身が問題で、それによってこそ記事の重要性を判定すべきではないでしょうか。

私の知るかぎりにおいて、アメリカの新聞が日本の首相のインタビューをやって、一面のトップ・ニュース扱いした例は皆無です。彼我の違いはもちろんあるのですが、彼らの判断基準は、あくまでインタビュー内容にニュース価値があるかどうかです。そこが、第一に申し上げたい点です。別にアメリカのメディアがすべていいとは思いませんが、やはり違いは大きい。

3　アメリカ・メディアの批判的精神

このブリーフィングルームに戻っていただきたいのですが、ここでのブリーフィングを聞くというのが、ホワイトハウス担当記者の第一の仕事です。

このホワイトハウスに入るための記者章を取るのはそう簡単ではありません。実際に自分の身分とか、それから犯罪歴とか、全部チェックされますので。だいたい3カ月から半年ぐらいかかるのですね。記者章を取って、いよいよ活動開始となりますが、ここで、先ほど申し上げたように、椅子が少ないことに驚くわけです。アメリカは非常に開放的で平等な国であるはずが、外国人記者を差別しているではないか、と思うわけです。そうかもしれないのですが、あらゆる要素を考えると、アメリカはやはり非常にオープンだといわざるをえない。ホワイトハウス・コレスポンデントの記者章さえ持っていれば、どんなブリーフィングにも記者会見にも参加できる。日本の場合、だいぶ開かれてきましたけれども、そうはいってもやはり日本の場合は閉鎖的なところがある。

ホワイトハウスのブリーフィングに参加して、われわれがさらに驚くこと、特に日本人記者が驚くことは、ワシントンに駐在しブリーフィングルームに詰めかける記者たち、アメリカ人が中心ですけれども、非常にアグレッシブなことです。非常に積極的で、意欲的で、攻撃的ですね。すぐ手を挙げる。アメリカの人たちは体が大きくて、一斉に手を高く挙げるものですから、後ろの方にいる人なんか絶対に当ててもらえないわけです。当ててくれても、私の英語を聞き取ってくれる報道官がいるかどうかという問題もありますが……。メディアに関する日米の比較の第2点はここですね、つまり、アグレッシブさの違いです。

どうしてかと考えると、一つの答えはこうです。やはり結論からいうと、寄って立つ社会が違うのですね。アメリカの場合は地方紙から入って、いろいろなところを経て最終的にこういうところに来るわけです。彼らは大変、優秀で、意欲的であり、そして出世欲があって、上昇志向が強い人たちです。彼らは権力に対する厳しい質問をすれば評価されますから、どんどんやりますね。そうすると、一般の国民からも評価される。そういう人は会社の側も評価しますから、高い給料をもらえる。彼らはジョブ・ホッピングをやると日本と違って給料が上がります。そういう構造にあって、その背景にあるのはやはり権力に対する構え方の違いですね。ワシントンにはシンクタンクが１００ぐらいあるといわれますけれども、シンクタンクの人たちの権力を監視するという意識も、ジャーナリストに共通している部分があって、やはりアメリカ人の人たちは、権力に対するチェックが重要であるという認識を日本以上にもっていますね。

日本の場合はどうでしょうか。例えば、そうですね、新聞社は野党的な立場でいろいろ追及しているようにもみえるのですけれども、必ずしも厳しい批判を加えるわけでもない。

日本のメディアの立場は、野党的に政府を攻撃しているようにみえて、実は海外からは、政府と一体となって動いていると映る。いろいろ申し上げたけれども、日米の違い、特に権力に対する構え方の違いというのは、こういうメディアの世界にも反映しているということをお伝えしたいと思います。

私は１９７４年から日本経済新聞の記者を35年間やりました。最初の10年ぐらいが中央省庁担当でした。当時は大蔵省、今は財務省といいますけれども、その記者クラブに詰めていました。どういうわけか財務省の記者クラブは「財政研究会」という名がついている。今でも覚えていますけれども、その財政研究会なる記者室は、大臣室に非常に近いところです。廊下には赤絨毯が敷いてあるような、一等地ですね。役所の中のそんなところに、記者クラブがあるというのは、たぶん皆さん不思議な感じがすると思いますけれども、私もいまだに不思議です。権力を批判的にチェックすべき人たちが、どうして権力の中枢のビルの中に記者クラブを構えているのか……。

官庁との距離の近さは、取材上、非常に便利だという話はあります。だけれども、ちょっと気をつけなくちゃいけないのは、新聞社の側が、例えば役所を批判するときに、その筆が鈍ってしまうのではないかということです。そうであってほしくはないと思いますけれども、そうなる危険性があるということですね。私は中央省庁を取材してから、残りは国際報道に携わってました。そこで先ほどご紹介したようなワシントン支局長を1993年から4年間やったり、その後はロンドンで、これは現地法人の社長をやっていましたけれども、その前はシンガポールで東南アジアの取材をしました。

特にアメリカのワシントンD.C.における取材は、ほんとうに驚きの連続でした。先ほどのインタビューもそうなのですけれども、ブリーフィングルームもそうですね。

4　政策形成システムの違い

彼我の違いがこんなに大きいのかと一番強く思ったのは、政策形成のあり方です。今日のテーマからは少しそれるかもしれません。基本的に日本では官僚が力をもっていて、その官僚は優秀であるという伝説みたいなものがありましたので、官僚が政策の重要な部分を担っているということに、それほど大きな疑問を抱きませんでした。ところが、ワシントンに行くと、いわゆる官僚の構成は日本とぜんぜん違う。いわゆるポリティカル・アポイントメント、大統領任命（任用）あるいは政治任用で選ばれた人たちが多いのです。日本でいえば、局長や事務次官、あるいは参事官や課長の人たちが、民間、あるいは学界からやってくるわけです。これは日本との決定的な違いです。

大統領が替われば、3000人から4000人ぐらい政府高官が入れ替わるといわれています。その人たちの任期はだいたい2年ぐらいです。ですから短期間で成果を上げようとする。日本の官僚はやはり継続性を重視しますから、変化を嫌う傾向がある。アメリカの場合は、むしろ変化を起こして成果を上げようとするのですね。それが彼らの評価につながるからです。やがて彼らは民間に転出するときに、その成果でもって自分を評価される。そうすると、この元高官の人はこんな成果を上げた、大変、優秀な人だから、もっと給料を上げようということになるわけですね。そういうダイナミックな動きがある。したがって、変化の時代はおそらく、政治任用制度を活用しているようなアメリカの政策形成過程のほうが、おそらく対応しやすくて、そのときは、強いであろうと思いました。

では、日本はどうか。官主導ではありますけれども、アメリカ型のポリティカル・アポイントメント・システムを導入しても悪いことはない。1999年に中公新書で『政策形成の日米比較』を出版し、やはり日本にも政治任用制度を導入すべきであるという議論を展開しました。最初に言い始めた頃は新聞の記事でしたが、一部で反発を受けました。アメリカと日本というのは歴史も違えば社会の構造も違うのだから、いきなり違う社会の制度を日本に導入するといっても無理だろう、木に竹を接ぐようなことはできない、といわれたのですけれども、でもよくよく考えると、明治維新の頃はまさに木に竹を接いだわけです。成り立ちの違う国々から日本はいろいろな制度を輸入しました。ドイツから、イギリスから、そして戦後、アメリカから導入したわけです。同じことを現代の日本人ができないはずがない。もし、政治任用制度、ポリティカル・アポイントメント・システムがほんとうに日本にとって重要なのだったら、日本にふさわしいように修正して、そして日本に根づかせるべきではないかと議論をしたのです。驚いたことに、1999年に本を出したときには、かなり賛同する人が経済界を中心に増えました。ずいぶん講演の依頼も受けたものです。経済同友会の政治委員会に招かれ、今申し上げているような話をしたら、全員が賛成すると言ってくれました。時代は変わったと思ったものです。自民党の小泉政権のおかげで竹中平蔵氏のように、学界から閣僚になる人も出てきました。

アメリカだから良いというのでなくて、アメリカ型の良い部分、つまり適材適所を達成しようというシステムは導入すべきです。つまり、政府のポストには、いろいろなところからリサーチして最適な人間をつけるべきなのです。もちろん、そうはいってもアメリカでも情実人事があったり、その結果としていろいろな問題が起こったりしているので、政治任用制度が100%すばらしいというつもりはまったくありません。ただ、日本の何かブレーク・スルーをやるうえで、非常に重要な要素におそらくなるであろうと私は思いますし、経済界の方々もそう考えているということです。

5　転換点にあるメディア

冒頭に申し上げたように、今、メディアというのは非常に重要な転換点にさしかかっている。これを危機だという人もいます。ネットが登場する時代、ネットは基本的にはタダですね。大量の情報を早くタダで見せてくれる。メディアの、大方のメディアの人びとに言わせると、今、大変な変化が起きていて、かつてのテレビだとか、それからラジオができたときより、もっと大きな変化が起きているということなのですね。今、日本の新聞社やテレビの人たちは「ネットの時代だ、さあ、大変だ、それに対抗しなくてはならない」という発想が多いのですが、私は違うだろうと思うのです。報道機関の役目というのは、正確な情報をより多くより早く提供することがまず基本です。そう考えると、ネットの時代というのは非常にすばらしいツールが登場したとみるべきですね。つまり報道機関にとってはすばらしい時代になってきた。危機かもしれませんが、好機に転ずるかもしれないのです。ただ、好機に転ずるには、後ほど申し上げるようにやるべきことは実にたくさんあるでしょう。私は正直に言って、日本のメディアについては楽観的にはなれないのです。

最近、アメリカで議論になっているのは「取材空白域」の問題です。アメリカの地方の新聞が経営悪化でバタバタとつぶれていきました。皆さんご承知のように、新聞というのは購読収入と広告収入が二本柱です。この広告収入のうち、求人広告がかなり多かったのですが、それがネットに流れています。つぶれてそのままでいいのかというと、けっしてそうでない。ある地域によっては報道機関がカバーできないということも起こりうる。これが「取材空白域」です。こうした地域で、この10年、15年のうちに何が起こったか。ある役所の事務のトップの給与が、異常に高くなったという話もある。取材する人がいたとしてもそうなったかもしれないのですが、いま言われているのは、取材者の目が光っていないと、こういうことが起きるということです。

マスメディアの機能というといろいろありますが、ざっと、5つぐらいに整理できると思います。

まずは「報道・分析・解説」です。公共政策についていうと、その形成・決定過程を正確に把握したうえで解説していく。口で簡単に言いますけど意外と難しい。実際、政策ポリシー・メーカー（Policy maker）たちがどういう思惑でどう意思決定をしているのか。本人たちもわからない場合があるくらいですから、いわんや外側から全体像を知るのは非常に難しいですね。しかし、それはジャーナリズムにとっては最低限、必要なことです。それを確認したうえで、分析・解説する、場合によっては、それをベースに提言をしていくということになるのですけれど、この報道・分析・解説というのが一つの柱です。

それから、よくマニフェスト、政権公約について、メディアが最近評価するようになりましたが、「政策の評価」というのも重要な要素になってきました。さらにいえば、先ほど申し上げたような「監視・チェック」というのがあります。あとは、特に読売新聞が最初に手がけたのですけれども、「提言報道」で、いろいろ政策提言していく。渡辺恒雄・会長兼主筆が主導したといわれていますけれども、やはり提言報道、例えば「憲法改正については、われわれの新聞社はこう考える」というようなことですね。それも大きな柱になってきているわけです。

あとは「フォーラムの形成」です。いろいろな議論の場を提供していく。これはテレビもそうですよね。新聞社でもシンポジウムを開いたり、場合によっては、テレビでインタラクティブに議論をしたりして、世論を形成していくようなところがあります。申し上げたいのは、このなかで一番期待され、重要だと思われるのは、やはり、権力の監視・チェックであるということです。この機能が損なわれるのは社会にとっても大問題であると常々思っています。

6 日本のマスメディアの問題と課題

日本のマスメディアの問題と課題について、もう少し触れておきたいと思います。まず、政治ジャーナリズムのあり方です。皆さん、ご承知かもしれませんけれども、「夜討ち」とか「朝駆け」という言葉がありますね。「夜討ち」というのは夜、討つわけですから、昔の武士の用語かもしれませんけれど、夜、取材先のところに行って、そして話を聞いて、場合によっては、記事にする。総理大臣のところは暗黙の了解があって、記者はそういう夜討ちをかけないのですが……。

先ほど申し上げた渡辺恒雄氏自身が語っています。有力政治家の仲介をとったことなどについてです。ここで申し上げたいのはやはり、日本の政治、特に政治ジャーナリズムの政治家との距離の近さなのです。距離が近いことは一概に悪いとはいえません。つまり、相手の懐に飛び込まなければ情報は取れませんから。よく「相手に食い込んでいる」という言い方をしますけれども、それにもいろいろな段階がある。例えば、政治家の私邸に行く、大きな邸宅に行きますね。そうすると、玄関で話をしてもらえる記者、それから応接間まで入れてくれる記者、それから台所に入れてくれる記者などなどに分かれるのだそうです。台所に入れるようになると、その政治家の家族同様の扱いを受ける。そこまで行かないとほんとうの話を取れない、というある種の思い込みが新聞記者にはありました。半分はそうかもしれませんね。しかし、そこに落とし穴がある。

この話を書かないでくれと言われたときに、どうしてもなびいてしまうという問題です。それは非常に危険なことですね。政治家に近くなければネタを取れないか、ニュースを取れないかというと、そうではないのです。むしろ、政治家の招きに応じてほいほいとついて行くような記者の方が、相手から軽くみられることがあるのですね。むしろ、「こんな情報をもっている」という記者の方が政治家は怖いですね。また尊重しようという力も働きます。政治家とべったりとつきあうことが必ずしも優秀な記者の証明ではないと、私は今でも思っています。

それから、政治ジャーナリズムの問題点、今、申し上げたことと関連するのですけれども、夜討ち朝駆けというのは、私はいやでした。経済記者をやっていましたけど、やはり行きますね。若いうちでしたから、朝はそこそこ早い。それで夜も遅いとなると、もう寝る時間がありません。さすがに体がもたない。ですから早く帰りたい、しかし帰れないのです。大蔵省、今の財務省担当の時分は役所の中にランプがあって、大臣、事務次官、主計局長、主税局長ら幹部の所在を示すランプがあって、そのランプが点いてるかぎり、われわれは帰れない。だいたい10時、11時まで、日本の役人はまじめなのか、あるいは要領が悪いのかわかりませんけれども、夜遅くまで働いているわけです。そうするとわれわれもつきあわなければならない。大臣邸に行ったりすると会社に報告して帰宅するのはもう午前1時、2時の世界です。大臣邸での取材はけっこう緊張を強いられます。朝刊の締め切りは通常だいたい1時、東京版とか大阪版は1時20分頃です。それまでに起こったことは、朝刊に載せることができる。何社かがいっしょに取材した内容を自分のところだけ書かないということは絶対に避けなければならない。だから必死ですね。当時は携帯電話がありませんから、公衆電話の奪い合いになるわけです。10円玉をたくさん用意しておかなければなりません。

こういう夜討ち朝駆けが大事な場合も、もちろんあるでしょう。しかし、惰性のように毎日毎日行くようなことになれば、来られる相手だって困ってしまいます。アメリカだったら絶対ありませんね。仮に大臣邸に行ってピンポンとならそうとしても、その前に警察官か警備員に拘束されるでしょう。

必要な場合はいいのですけれども、他社もやるからわれわれも、という横並びの発想でやっているとすれば、やはり問題ではないでしょうか。

ただ、たった数分の挨拶を交わすくらいのために、2時間も3時間も自宅前で待っている、あるいは応接室に通されて、そこで酒飲んで待っている、こんなことでいいのだろうか。そんな疑問をもっていました。その間、勉強した方がいいではないかと思ったものです。

日本のメディアの問題の一つは、記者が本来やるべきところに時間やエネルギーを十分に費やせていないということです。本来やるべきこととは、例えば調査報道です。

私が尊敬するジャーナリストは何人かいますが、そのうちの一人がアメリカのボブ・ウッドワード（Bob Woodward）氏です。ワシントン・ポスト紙の編集幹部（アソシエート・エディター）で、ニクソン大統領を辞任に追い込んだ二人の若き記者のうちの一人です。いわゆるウォーターゲート事件ですね。当時のウォーターゲート・ホテルにあった民主党の全国委員会に、共和党の息のかかった人が潜り込んで盗聴器を仕掛けたということで、その後いろいろな展開があって結局、ニクソンが辞任する。まだ20代のボブ・ウッドワード氏らは調査報道で、非常に高い評価を受けるわけです。

彼の手法のすごいところは、ほんとうに映画のごとく、実際の会話などを再現してみせていることです。例えば、オバマ大統領が側近に、こういう指示を出した、側近はこう答えた、こういう表情をした等々、二人だけしかいないところのシーンを再現しているわけです。どちらの側にも取材して確認を取っているからこそできることです。そこまでできるためには、取材先から信頼をえなければいけません。政府高官にも電話1本でも話が聞けるとか、そういうふうになるには、信頼を築くための時間が必要です。そこにいたるまでは、場合によっては時間の浪費と思われるような取材活動も必要なのかもしれませんね。そういうところにウッドワード氏はものすごい時間とエネルギーを費やしているのだと思います。

夜討ち朝駆けで満足感を得ているレベルとは違いますね。日本でもようやくウッドワード流の取材活動をできる人が出てきました。例えば、最近まで朝日新聞の主筆を務めた船橋洋一氏です。彼は民間の福島第一原発事故調査委員会を立ち上げた人ですね。非常に高く評価すべきことだと思います。彼もやはり『ザ・ペニンシュラ・クエスチョン』などの著作で、いろいろな取材をしたうえで、当時の状況を再現する手法を駆使しています。

重要なのは事実関係を押さえることですよね。それは新聞社というより報道機関に絶対に必要な条件ですね。この部分がやはり、ボブ・ウッドワード氏のような記者をみるかぎりにおいて、アメリカは優れているといわざるをえないですね。同氏の場合は、本を書くためのサバティカル（sabbatical）が取れるのですね。通常の業務から離れられるわけです。日本の場合は、特に最近は経営が悪化してきてますから、人材を多重活用したいわけです。1年間休ませて、いくら世の中、人のためといっても、1年間も遊ばせるわけにいかない、とこういう発想をするのですね。ほんとうは新聞社の評価を高め、社会にもっと貢献できるようなことなのかもしれません。そこにこそ日本のメディアは力を投入するべきである、というのが私の持論です。

7　調査報道の重要性

ですから日米比較の第3点は、この調査報道の違いですね。あるいは、調査報道に費やせるような新聞社の、あるいは経営者の姿勢があるかないかという問題ですね。

ワシントン・ポストの社長や会長を務めた故キャサリン・グラハム（Katharine Meyer Graham）氏がメモワールの中ですばらしい言葉を紹介しています。彼女の父親が、新聞社のあり方について講演したときの一節で「真実の追求に際して、それが大衆の利益にかなうなら、新聞は物質的財産を犠牲にすることを覚悟すべきである」というのです。国民の利益になることであれば、仮に新聞社が損害を被るとしても、やるべきだということです。ウォーターゲート事件はまさにそうでした。さて、日本の新聞経営者の人たちは、同様の事件が起きたとき、どう対応するのだろうか。グラハム女史のように毅然とした態度をとれるのだろうか、と考えてしまいます。

もう一つ、ジャーナリズムの問題点として申し上げたかったのは、こういうことです。「世界経済フォーラム」の年次総会、通称「ダボス会議」でのことでした。CNNのエグゼクティブ・ディレクターが、イラクの状況を取材した後、ダボスに来て、いろいろな話をしたことがあります。メディアの代表が集まる会議の前後で、彼はこんな話をしたのです。「日本のテレビの人たちは、どうして現場を取材しないのか。いつも私に話をせよと言ってきて、お金はくれるけれども、自分たちは行かないじゃないか」と。もちろんNHKなど何社か、記者を現場に送っていましたが、日本の多くの新聞やテレビ局は、記者の安全を第一に考えて、出していなかった。欧米の大手メディアの記者たちは危険を冒してでも現場に立ちます。そこが決定的に違う。ただイラク戦争の場合は、これはアメリカが主導していますので、アメリカのジャーナリストと日本のジャーナリストとに温度差があって、やむをえない部分もあると思うのですけれども、それにしても、日本の大手メディアは戦地や紛争地に記者を出すことに非常に慎重ですね。危険を避けるのはもちろん大事ですが、これはジャーナリストとして良いのかどうかと思うことがあります。例えば、私は国際部長というポストにいたときのことです。いろいろな紛争がありましたが、そこに記者を出そうとすると、編集局長から待ったがかかることがしばしばありました。つまり真実にどこまで肉薄するのかという点において、少なくとも紛争地域における取材においては、やはり欧米のメディアと日本のメディアはかなり違うし、欧米メディアの方がよりアグレッシブであるということはいえると思います。

8　インターネット時代のマスメディア

ここで、インターネットの時代におけるマスメディアについてお話したいと思います。この時代はある意味で、非常に恐ろしいですね。タダで大量の情報が流れるわけですから。皆さんもおそらくインターネットを相当使われていることでしょう。

そのネットの時代というのは、記者、あるいは報道機関にどういう影響を与えるのか。一つの重要な影響はこういうことです。新聞社は広告収入と販売収入から成り立っていると申し上げました。最近では、読者が離れていく、そして広告収入もクライアントがネットに広告を流すようになってくる、そうすると両方の収入が減ってきます。だけれども、比較的高い給料の人たちが多い新聞社は、それでも従業員を養わなくてはいけない。経営が悪化してくると、多くの企業は新規採用を抑えようとするのですが、一方で、報道の質や量は何とか維持したい。そこで一定の報道サービスを維持しながら、人を減らしていくという作業にかかるわけです。そうしないと経営体としてももちませんから。そうすると何が起こるかというと、一人の記者がやる仕事が増えてしまうわけです。つまり、労働強化ですね。

昔は新聞だけ相手にしていればよかった。日本の新聞は、世界でも珍しいのですけれども、朝刊と夕刊を同じ新聞社が出しているわけで、その意味ではグローバル・スタンダードと比べると2倍仕事をしているといえなくもない。さらに加えてオンライン・サービスもやるようになりましたから、それ用の記事を書きなさい、場合によってはブログも書きなさい、写真も投稿しなさいということになる。一人で何役もこなすわけです。これを「ハムスター記者」というのだそうです。ハムスターが籠の中の車輪の中で走り続けるように、記者はもう、朝から晩までクルクル、クルクルと働らかされるわけです。本人は疲弊するのだけれども、本来、人びとが期待するような報道機関としての役割は果たしているかというと、忙しいだけで果たせていない可能性がありますね。権力をチェックできているかというと、そんな時間もない。記者は一生懸命、仕事をする、朝から晩まで対応していく。だけれども、本来の報道機関としての機能がどんどん低下していく。これをどう考えるかという問題は非常に大きいと思います。

9 日本のメディアの国際化

あとはもう一つ、日本のメディアが対応しなくてはいけない問題は国際化です。どこの新聞も必ず「国際化」といいます。では「国際化」とは何でしょうか。「グローバル化に対応しなければならない」と言いますね。経営者の人たちは口で言うのですけれども、ではいったい何をやるのか。海外特派員を増やすのが「国際化」ですか、それは違いますね。日本人の特派員を外に出して、日本語でニュースを書かせるのでは「日本化」というべきです。「国際化」ではないでしょう。「国際化」というのは、グローバルなスタンダードで記事を発信するということです。残念ながらグローバル言語は英語なので、英語で発信しなければいけない。

日本がまだ勢いがある1980年代のことです。私はアメリカの新聞を買収するべきだと言ったことがあります。特に地方紙を買収せよと。でなければ、日本の国際化など絶対できないという話をしたのですね。そのときは、日本の新聞はけっこう勢いがあって、日経新聞は日刊の英字紙を出す一歩手前までいきました。結局、最後の最後でやはり英語でやっていくというのはコストもかかるし、できないという結論に落ち着いて、そのときにチャンスを逸してしまいました。今の状況では、日本のメディアがグローバル言語で情報を発信し、それがビジネスとして成立するというのは、おそらくまず無理だと思います。日本のマーケットはそれなりに大きいですから、ほかの多くの産業と同様に、そのマーケットでシェア争いをし続けることになるのでしょう。やがてどこかの新聞がバタッと倒れる、そのシェアをいただきましょう、ということで食いつないでいくわけですね。

本来、インターネットの時代や国際化の時代に対応するのであれば、もっと若い人たちがやらなければいけないといつも思います。インターネットの本質は、おそらく年配の人間にはわからないですね。20代の人たちとか、若い世代に任せなければならない。場合によっては、資金だけ与えて20代の人が、例えばネット系の何か新しい事業をやってみるとか、そういう時代なのかなと思います。

10　報道機関の新しいビジネス・モデル

結論なのですけれども、私は、報道機関は必要だと思います。健全な批判的な精神をもった、そして権力をチェックできるような報道機関は絶対必要でしょう。取材空白域みたいなものはなくすべきです。しかし、商業ジャーナリズムという形態においては、いま申し上げたような権力批判というのはもう、できにくい時代になってきている。なぜならば、商業ジャーナリズムとしての経営の根幹が今、揺るぎ始めているからですね。ですから、新しいビジネス・モデルが絶対必要で、そのモデルの一つの方向は市民ジャーナリズムというか、あるいは市民を巻き込んだようなジャーナリズムなのです。

例えば、新聞社の記者が一人いて、その記者がやる気があって、識見をもった外部の人たちと連携して取材をやっていく。何か問題があった場合は、その記者が責任を負うというような形態ですね。場合によっては、ＮＰＯジャーナリズムというのもありうるかもしれません。現にそういう模索があるのです。ＮＰＯとして新聞社を立ち上げていく。その方向かもしれません。これはあのアメリカのようなシンクタンクがなぜ日本にできないか、とかいう議論に似ているのですけれども、問題は、自分の目的を達成するために寄付をしようという文化がアメリカのようにあるかどうかです。例えばアメリカにヘリテージ財団というシンクタンクがありますが、小口の個人の献金が予想以上に多いですね。日本のＮＰＯシンクタンクは財政的に厳しい状況におかれているところが多く、個人からの寄付も集まりにくいのが現実です。だからアメリカ型シンクタンクは育たないのだといわれています。同じようなことがたぶん、ＮＰＯジャーナリズムにもいえるのではないかと思います。

おそらくこれからの時代、報道機関の重要性を認識すると同時に、やはりＮＰＯとか、それから市民社会、市民が権力をチェックするというような姿勢をどうやって持続し、そして高めていくか、がポイントになると思います。その意味で、大学とか、教育機関の役割は非常に大きいのではないでしょうか。要は、そういう社会のあり方に合わせて市民意識を育てていくことが大事なのです。もう大学生では遅いかもしれませんね、高校生とか中学生、そのあたりから育てていかなくてはいけないという気がしています。ご質問があれば頂戴したいと思います。どうも、ありがとうございました。

■■ コメント ■■

柴山　それでは、今日のコメンテーターの服部先生にお願いいたします。

服部（服部聡）　まず、今日のお話で、メディアの担うべき政治的機能、メディアは民主主義政体であろうと独裁政体であろうと、人びとと政治中枢をつなぐ機能としてなくてはならないと思います。とりわけそういうなかにあって、民主主義社会におけるメディアの機能というのは、やはり今日もお話をいただきましたけれども、まず一つは事実を国民に伝えること、それから、事実について分析評価を行うこと、これはやはりもう政治制度的な機能になってきますが、権力チェックがある。大きく分けると、この三つになっていくのだろうというお話ですね。

その際に、報道機関の人たちも人間ですから、必ず人間としての作為が入ってくるわけですね。報道における分析や評価を誰が行うのかというのが、一つうかがいたい点です。といいますのも、記者は一つのメディアに所属しているでしょうから、いろいろな情報がおそらく新聞社あるいはテレビ局に集まってくると思うのですが、そのなかでどれを報道して、どれを報道しない、という取捨選択が必ず行われていると思うのですね。その取捨選択を誰が行っているのか、おそらく編集局長とかそういう人になると思うのですが、その際におそらく二つの力が作用することになるのではないかというふうに、勝手に想像しています。

まず一つは、いかにして、これ商業メディアですから避けられないのですが、いかにして新聞の購読者、あるいはテレビの視聴者をおもしろがらせるかというセンセーショナリズムの要素ですね。結局、見てもらい、読んでもらわないと、この商業メディアは成り立たないわけですから、結局そこがどうしても優先してしまうのではないか。ということで、やや煽動的、情緒的なものになってしまって、中身がどうも軽くなっているのではないかと最近、感じます。

もう一つが、記者クラブの存在です。これは小池先生のお話がありましたけれども、あまりにも日本のメディアは権力者と近すぎるという問題です。人間である以上、避けられませんが、近いものを批判するというにはけっこう難しいのですね。ということで、その情実はどれだけ働いてしまうのか。権力者に企業が入るというのも、僕は斬新な視点だなと思ったのですけれども、その企業も広告というかたちでメディアを支配するわけですよね。日本のメディアはだいたい購読料が半分程度、広告費が半分程度だったというのを覚えているのですが、この広告費というかたちで企業が首根っこを押さえているかたちになります。実は、これは新聞社で働いている人間からも聞いたのですが、企業の社会不正を暴きにくいのだ、というお話がありました。

もう一つ、先ほどの記者クラブとの関係ですが、昨今問題になっている政府の機密費ですね。この機密費がメディアに流れていて、政府にとって都合の悪いことをあまり言ってくれるなというような、口止め料が支払われているのではないか、と勘ぐったりするわけです。この点についてどうなのでしょうか。

それから、3番目ですけれども、今度はその情報を集める人間としての記者の質というのはどうなのか。といいますのも、最近よく官房長官の記者会見等がテレビでいろいろ生中継されるようになってきているわけですが、最近、目にあまるのが、記者の質の低さです。さまざまな質問が飛ぶのですが、明らかに不勉強で、素人のような質問があったり、あるいは意図的に、これはけっこう悪意をこめて質問しているなというのがあったりで、取材する側の質の低さが最近、目立ってきているのではないかなという気がします。それは、先ほどありました「ハムスター記者」のように、記者が勉強する時間がないという、おそらく構造的な問題が一つあるかと思うのですが、もう一つは、まだまだ経験も勉強も足りないような人間を大臣に貼りつけるとか、はたしてこれは適材適所の人材運用といえるのかどうなのかという問題があると思うのですね。記者の養成に関する問題点についてお考えをうかがいたいと思います。もう一つは、テレビ局がとりわけ、そうらしいのですけれども、広告主である企業の幹部の子弟が入ってきているとのことですが、この人たちが必ずしも記者としての適性がなかったりする場合がある。そういうお話と先ほどの勉強する機会がないということを考えると、メディアの構造的な問題があるのではないか、という気がするのですね。

で、最近、新聞が読まれないという話があるのですけれども、一つはやはり、一般の人びとが求めている情報が提供されていない、あるいは公平な批判がされていないというところに、どうも問題がある気がします。というのも最近、新聞やテレビの強力なライバルとして、インターネットが登場しているわけですが、ブログであるとか、ツイッターであるとか、フェイスブックであるとか、あるいは2ちゃんねるのような掲示板があって、そこでは、ほんとうのことが言える。ところが、新聞を見ていると、建前的なことばかり言っていて物事の本質的な批判ができていない。これがまた視聴者、購読者を離れさせている原因であるような気がするのですね。この点についてメディア内での葛藤があるのか、あるいはないのか、ということをうかがえればと思っています。

4番目になってきますが、記者は、あるいはメディアにかかわる人びとは一般大衆、市民をどう捉えているのでしょうか。いわゆる団塊の世代の人たちを中心に、学生運動、左翼運動をやっていた人たちが、かなり新聞社、メディアに流れて、それがかなり反政府的なメディアのスタンスをつくった、というのをどこかで読んだような記憶があるのですね。言ってみると「反政府的なものを吹き込むことが教育である」という、どこか曲がった社会認識、大衆認識があるんじゃないかと、ちょっと勘ぐったりしているのですね。で、この不必要に、大衆を誘導してやろうというメディアの姿勢が、今度は、視聴者、購読者からすると鼻につく。これはメディアの傲慢ですね。これがまたメディア離れを招いているのではないかという気がするのです。

5点目ですが、昨今、テレビのほうが新聞よりおそらく影響力が大であると思います。つまり、新聞は活字を読んで考えなくてはいけないですから、読む方も労力がいるわけですね。ところがテレビは映像と音が一方的に垂れ流されているということで、おそらく世間的な影響力が大きくなっているのでしょう。そういうなかで、テレビ記者と新聞記者の気質的、あるいは追求しようとする方向的な違いがあったりするのかどうなのか、というのをうかがえればと思います。とりわけ、これはテレビ記者の葛藤であり悩みらしいのですけれども、とにかくおもしろい映像を撮ってこないとテレビで報道できないということで、そうなるとセンセーショナリズムになってしまうという問題があるらしいです。そのあたりはどうなのでしょうか。

それから、記者内でも、例えば、政治部、経済部、社会部で記者文化、あるいは記者気質の違いがあったりするのか、ということもわかればと思います。

最後に、政治任用の効用についてです。たしかに、政治の風通しを良くするという点では政治任用は非常に良い仕組みなのだろうと思うのですが、反面、最近、そのアメリカで弊害みたいなのがあって、例えば、アメリカ政府とゴールドマンサックスで行き来があって、ゴールドマンサックスに都合の良いような金融システム、あるいは経済システムがつくられたりする。そのお先棒をアメリカ政府が担ぐようなことになったりするのではないか。政治任用は政治の風通しを良くはするのだけれども、使い方を間違えると企業のツールとして政府が使われてしまうなんてことにもなりかねない。しかも、政策というのはある程度、やはり長期的なビジョンをもってやるのが大事だと思うのですが、とても今の政治家をみるかぎり、それが担えそうにはない。やはりある程度、官僚が長期的なビジョンをもって政策を展開していくということも、また必要なのではないでしょうか。官僚主導を続けることによる弊害と、それから政治任用をとることによって生ずる弊害、この両方を比較考量したうえで、選択していくというのが大事で、何がなんでも政治任用のほうが良いというのは、これはこれで危険だなという気がするのですね。この点について小池先生のご意見をうかがえればと思います。

小池　ありがとうございました。最後の政治任用の問題からお答えしたいと思います。私もまったく同じ意見なのですが、要するに政治任用を全面的に受け入れるというのでなくて、政治任用の良いところを、そして日本に合うように修正して使うべきだということですね。政治任用の問題点として、例えばこういうのがありましたね。ハリケーン・カトリーナが２００５年、ニューオリンズを襲いました。ハリケーンの進路がわかっていながら大きな被害が出てしまったのです。いくつもの要素があるのでしょうけれども、一つは災害対応するＦＥＭＡ（米連邦緊急事態管理局）という組織の長がブッシュ大統領の知人で、災害とか防災の専門家ではなかったどころか、ほとんど縁がなかったというのです。そういう人を、選挙に貢献したということで重要なポストに就けるというのはどうでしょうか。これは民間の企業もそうなのですけれども、功績をあげた人を褒める、報償しますよね。それをポストで報償しては絶対にいけない。報償はお金ですべきであって、ポストというのは多くの従業員とか、ほかの人に影響を与えますから、ポストで報いるというのは絶対おかしいと思うのです。これはマイナスのケースです。

これはどうでしょうか、皆さんにぜひ、うかがってみたいのですけれども、例えば外務省を代表する外交官ですけど、アメリカの駐日大使は、官僚出身の人も、もちろんいないではないですけれども、多くは政治家あるいは学者の人ですよね。昔の有名なライシャワー氏はハーバード大学の先生でした。それから、マンスフィールド氏は上院議員、院内総務でしたね。今の大使のルース氏は、シリコンバレーで弁護士をやった人です。日本の大使はどうでしょうか。ざっと世界中を見渡すとほとんどが、外務省出身の人ですよね。2年か3年で替わるわけですけれど。最近、大物大使で唯一の例外は、伊藤忠出身の中国大使ぐらいのもので、ほとんどが外務省の官僚です。

でも、例えば、アフリカのケニアとか、どこの国でもいいですが、その国において日本を代表する人として、いつも外務省から派遣された人がベストである、という確率はどのくらいあるのでしょうか。私はゼロに近いと思いますね。彼らは外務省の人事ローテーションの一環として動くわけですね。

緒方貞子・国際協力機構（ＪＩＣＡ）理事長（当時）が日本記者クラブで講演をやりまして、私は聞きに行ったのですね。彼女はこういう話を紹介したのです。「最近、非常に驚きかつうれしいことがありました。どういうことかというと、あるアフリカの国の大統領に会ったら、あなたのところ、JICAの何とかさんという研究員を国のアドバイザーにもらいたい、という話をしたのです。ああ、それだけ高く評価されている人がJICAにいるのだな、と非常にうれしく思いました」と。そういう人が民間にたくさんいるのです。だったらその人が大使であってもおかしくはないでしょう。現に昔、日本ではそういう人事があったのですから。ところが、最近はことごとく外務省に占領されているというか、占有されているというか、非常におかしいですね。

私が申し上げたいのは、ポリティカル・アポインティーを使うかどうかの前に、適材適所を実現するということですね。もし外務省の官僚の人たちがもうとびきり優秀で、どんな国に派遣されたって、その国に一番ふさわしい大使である、ということが証明できればもちろんいいのです。だけれども、それは絶対ありえない。民間にもっと優秀で、ふさわしい人が多数いるのなら、その人たちを活用すべきです。ほかの役所もそうですね。私、大蔵省などを担当しましたからわかります。大蔵省、今、財務省の官僚の人事をみていると、エリート官僚の人たちはだいたい2年ぐらいで替わっていくわけですね。彼らが必要とされているのはマネージメント能力であって、専門性ではない。マネージメント能力だったら民間の人のほうがはるかに優れている人が多いでしょう。官僚の人たちが天下りで、経験のない民間企業にいって社長になったり、会長になったりしているわけですね。だったら民間人が官僚や事務次官になれないはずがないというのが私の持論です。要は適材適所ということだと思います。

それから、メディアの話に移りますけれども、まず、何を報道して、何を報道しないかという、その取捨選択をどうするのだという問題ですね。これは実はほんとうに悩むところなのです。よく言われるのは、あるいはわれわれの中でよく言うのは、報道すべき事柄と読者が欲している事柄は少し違う、ずれがあるのですね。読者が欲しているのは、まず事実や真相だけではありません。同時にエンターテインメント的な部分、おもしろおかしい部分を求めている場合があります。それに合わせようと、ややセンセーショナルな報道が行われるというのは事実です。テレビでも民放は特にそうですし、それから週刊誌もそうですね。われわれが伝えるべきニュース、伝えなければいけないニュースが必ずしも読者には歓迎されないかもしれない。おもしろおかしくも何ともない、そんな話はけっこうですと言われるかもしれないですね。ここが悩むところです。新聞にせよテレビにせよ、スペースや時間は限られていますから。

例えば、ビンラディン殺害ニュースはどう考えてもいろいろな判断基準からいってもトップ・ニュースです。将来のテロの可能性とかにも影響しかねない話ですから、全世界的なトップ・ニュースになる。案の定、ほとんどの新聞が一面トップ扱いでした。これは文句ないですね。これを報道するのを止めろという議論には絶対ならない。ただ問題はそこから先です。どういう紙面展開をするかという問題ですね。オサマ・ビンラディンが複数の妻と一緒にいたということも、必要な情報かもしれない。だけれども、読者の読みたいことの一つ、あるいは知らしめたいことの一つは、このニュースの実際、意味はどういうところにあるのか、ということです。そこに力点を置くような新聞も出てきます。新聞によって、あるいはテレビによって取捨選択の仕方が違うのだと思いますね。正直に申し上げて、各新聞は、昔は金太郎飴といわれましたけれども、最近は主張に違いが出始めている。特に読売新聞はかなり鮮明にしていますね。例えば、消費税増税やTPP（環太平洋経済連携協定）には賛成です。

新聞社の有力な幹部がいったん決めた方針に逆らうというのは非常に難しいというのは事実です。それに反するような論説とか記事を書くと、ちょっと待てよという話になりますね、そこは自己規制が働きます。そういう部分がありますので、取捨選択において有力な幹部の政治力が影響する可能性は十分にあります。

それから、広告主の影響力の問題、これほんとうにあると思います。例えば原発の話です。東京電力など電力各社は経済団体のトップを占めるような非常に有力な企業で、しかも巨大企業です。そこからの広告費も巨額で、普通の企業の広告費よりもはるかに多い。ですから、東電を批判しようとする社説には「ちょっと待て」という力が働くといわれています。商業ジャーナリズムとしての限界というのはそこにあるのかなという気がします。ですから、ご質問にお答えするとすれば、広告主の影響力というのはやはり厳然と存在している、ということです。

ただ一方で、原発で事故を起こしたにもかかわらず、東電寄りの記事を書いたりすると、今度は読者から反発されるでしょう。読者を失うというマイナスを考えると、そう極端なことはたぶんできないだろう、というふうにも思います。

あと機密費については、官房の機密費については、私、正直申し上げてよくはわからないのですが、私が知るかぎりにおいては官房機密費という格好でお金をもらったことがあるという記者はいません。もっと違った使われ方をして、何らかの便宜供与に使われている可能性はまったく否定はできませんが……。

それから、記者の質の低さ、不勉強、これはまさにそのとおりですね。構造問題というのもおっしゃるとおりです。今は、そのだいぶその反省があって、若い記者も半年か1年ぐらい、トレーニングを受けたり研修を受けたりする期間があります。私のときは、オン・ザ・ジョブ・トレーニングでした。よく言われたのは「日経さん、あんたのところは頻繁に記者が替わるので、その度にまた同じ話をしなければならない」とよく言われました。日経は今はもうだいぶ大企業的になってきましたけれども、当時は中堅中小企業に近くて、したがって若い記者がどんどん、第一線で働いたのですよね。例えば私は、大学を出てすぐに大蔵省詰めの記者になりました。一般紙やNHKの場合、だいたい地方をまわって、10年、15年たってようやく大蔵省担当になるわけですね。だから年齢の差がかなりあるわけです。当時、われわれは他社の記者から「日経少年探偵団」といわれていました。われわれは無手勝流でなんでもやるわけです。そのほうが強いこともあるのですけれど……。そのとき以来の私の反省からすると、記者というのはやはりトレーニングする期間が絶対に必要だと思います。

あとは、「番記者」の問題、これもほんとうに言われたとおりで、私もほんとうに批判的です。番記者はだいたい1年生、2年生の記者ですね。それからあと「ぶら下がり」というのですけれども、よく小泉政権で行われました。朝、夕の2回、記者が小泉首相を囲んで話を聞くわけです。逃げる要人を追いかける光景もよく目にしますね。追いかけてもしゃべらないものは絶対しゃべらない。にもかかわらず追いかけるという、こんな無駄な話はないと思います。追いかける時間とエネルギーがあるならその分、勉強に回したほうがはるかに良いと思います。

それから、広告主の子弟がいるかどうかというのは、これはわからないのですけれども、どうでしょうか。新聞社では、私が知るかぎりにおいてはコネがほとんど通用しない。学歴、学閥もないですね。何よりも、記者は書けなければならない。下手な採用の仕方をすると、新聞の根幹が揺らいでしまいます。ですから、日経の場合、かつては早大卒が多かったのですが、最近は出身大学が多様化しています。ただ、Aという学生、Bという学生が横一線で並んでいて、すべての条件が等しい、という場合には、広告主の子弟のほうを採用することはたぶんあると思います。その程度のことです。

あと、メディアの人たちは一般人をどうみているかという問題です。例えば、私はずいぶん自分なりに気をつけていたつもりなのですけれども、家内に言わせると、非常に態度が大きいというのですね。彼女はほんとうに自分が見たとおりに話してくれます。やはり新聞社にいる間にそのカルチャーに染まってきているといわれますね。私も目撃しましたけれども、国会においても、議員バッジをつけている代議士を怒鳴りつけるような記者がいるのです。代議士も陣笠というのか、まだ当選の間もない人たちというのは、そういう記者がひょっとしたら派閥の長につながっているかもしれないと思ったら、やはりうかつにケンカできません。そうすると新聞記者のほうは自分が偉くなったような気になってくる。偉い人を取材していると自分が偉くなったような気になってくるというのは、よくないですね。記者は常に自戒をしなければいけないと思います。

学生運動をやっている人は多かったでしょうね。ただ、団塊の世代が定年を迎えてリタイアしつつあるので、現時点ではあまりいないのではないかと思います。ただ、昔はけっこういました。

それから、テレビの影響力ですね。映像はインパクトが強く、テレビには非常に大きな影響力があると思います。ただ、どうでしょうか、取材力においては、NHKを除くと、新聞とテレビの間には、正直申し上げて力量にかなり差があると思いますね。というのは、記者の数に大きな差があるのです。例えば私がいたとき、大蔵省の記者クラブに、例えば、民放の記者は一人いるだけで、われわれは7人ぐらいいました。しかも民放の記者は大蔵省と他の役所を掛け持ちしているのですね。何が起こるかというと、まず新聞記者の情報に頼るわけです。今はどうかわかりませんけれど、当時はこういう関係にありました。したがって、どうしてもその深い分析というのがやりにくい構造というのは、そこにもあるのではないかと思います。

記者文化についてですが、政治部の記者はやはり政治家に近いメンタリティをもっていて、そういう文化があると思います。不思議なことで、日本経済新聞だから記者の人たちがみんな経済に詳しいかというと、必ずしもそうではなくて、経済などわからないと公然と言い放つ政治部記者もおりました。最近、若い人の中には日経の文化部にいきたいという人がけっこういます。別に政治と経済には関心ないから文化関係の仕事をしたい、あるいは、自分はスポーツが好きだから、スポーツ記者としてやりたいという人もいるのですね。それはそれなりのカルチャーがあると思います。

私は最初のころ、経済部に所属していました。日経の場合の経済関係の組織が一般紙に比べ細分化されていて、経済部というのは主に官庁と日本銀行を担当していました。歴代の社長というのはだいたい経済部長経験者がなっていたので、経済部の人たちは非常にエリート意識が強かったですね。鼻持ちならないと、同僚の私でも感じるような部分がありました。私もたぶん、ほかの人からそういうふうに思われていたのかもしれません。そういうカルチャーの違いのようなものは、程度の差はあれ、どこの新聞社でもありますね。

あと最後に一つだけ、メディアについてつけくわえると、新聞とかテレビが報道している内容というのは、インターネットで取れる時代です。では、なぜ新聞を読むのか、なぜテレビを見るのか。私は、やはり考える素材としてだと思うのです。今日の新聞を読まれた方、いるかどうかわかりませんけれども、よく読むと新しい情報はあまりないのですね。すでに起きたニュースの分析や解説、関連のストーリーが多いのです。それを眺めながら、このニュースとこのニュースはどう関連しているのだろうか、この記者の分析は正しいのだろうか、その記者の分析の背景には何があるのだろうか、この記者はどういう取材をしたのだろうか、そういうことをいろいろ考える。それと同時に、新聞は一般の人びとの関心やニーズに合わせて編集するでしょうから、新聞を見ながら実は、社会の人たちが何を知りたがっているかというのがわかってくる。いわば社会の空気や流れを知れるという利点もありますね。ですから、考える素材として、やはり新聞は貴重であろうと思います。

冒頭、申し上げたように報道機関のあり方はけっして報道機関に勤めている人だけの問題じゃないと思いますので、ぜひやる気のある人は新しいビジネスモデルを考え出していただきたい。ＮＰＯでもいいですし、ソーシャル・イノベーションでもよいと思います。

簑原（簑原俊洋）　今、思い出したのは、前から親しくさせていただいている新聞記者が、入社したときから「八百屋さんが読んでも理解できる記事を書け」と言われてきたという話です。アメリカでは、新聞はあるレベル以上の人しか読まない。日米ではそのような違いがありますね。日本の新聞の記事は短く、アメリカの場合は、一本が長く、各面にわたることも多いというのも、関係があるかもしれません。

日本において強い違和感を覚えるのは皇室報道です。天皇がタブーで、批判できない。このほかで、メディアが踏み込んでいけないタブーというのはあるのでしょうか。アメリカは基本的にタブーが少ないと思うのです。そこのところの違いはどうなのか、うかがいたいと思います。

もう一つ、大手一般紙が持つ球団の代表が、球団会長である新聞の実力者を告発した件をめぐる報道についてです。本来なら両論併記があたりまえなのに、後者の主張を大々的に報道する。新聞報道としてどうなのか、さらに日本社会の成熟度とはこんなものか、と思いました。

小池　なんか、きわめて本質を突くご質問だと思います。後者のほうからお答えすると、私もまったく同感ですね。非常におかしいと思いました。やはり公平性を欠いている。やはり実力者には逆らえないということでしょうか。人事で意地悪されるという構造もあるのでしょう。

それと、タブーの問題ですけれども、これはやはり、あるのです。アメリカの新聞がまったくないかというと、どうでしょうか。私はあると思います。

天皇あるいは天皇家については、もちろん女系天皇どうだとか、いろいろな議論については報道しています。ただ、天皇制の是非は議論しにくいでしょうね。天皇報道は、非常にセンシティブです。例えば、敬語の使い方一つにも神経を使いますね。ただ皇室については、20年、30年前はもっとタブーが多かったように思います。報道の仕方もだんだんと変わってきました。特に週刊誌が先導する格好で、けっこう厳しいことも書いたりしています。ですからやはり、世の中の長いスパンで考えると、日本の変化は、けっして起きてないのではなくて、やはり起こっているという感じはします。

津村　津村崇宏（関学総合政策学部3年）です。最近、新聞やテレビが毎週のように世論調査の結果として内閣支持率を報じているのですが、こうした頻繁な世論調査をどうお考えですか。

小池　おそらく、やや批判的にご覧になっているのではないという気がしますけれども、世界的にみて、日本ほど頻繁にメディアが世論調査をやる国というのは少ないでしょうね。先ほど申し上げたシンガポールのリー・クワンユーという大変、強力な指導者は「世論に惑わされて一喜一憂してはいけない。政治家として、やるべきことをやるべきだ」ということをどこかで話していました。アメリカの場合も政権の支持率は大きな影響をもちますね。そのへんは日米共通なのかもしれませんけれども、ちょっと日本の場合は、特に世論調査が多すぎて、それによって政局が動いてしまうところがありますね。支持率を振りかざして人の足を引っ張ったりするような動きが多過ぎると思います。

ですから、私の意見は、新聞社の世論調査はもう少し期間をおいてやったほうがいいのではないかと思います。世論調査は重要ですが、すべてではないと思います。ですから、頻度を減らして、あくまでも判断材料の一つにすぎないという認識を皆が持つべきなのでしょう。

柴山　ありがとうございました。

――参考文献――

青木日照・湯川鶴章『ネットは新聞を殺すのか』ＮＴＴ出版　2003
河内孝『次に来るメディアは何か』ちくま新書　2010
木村伊量「公共益の担い手としてのメディア」小池洋次編『政策形成』ミネルヴァ書房　2010
キャサリン・グラハム『わが人生』ティービーエスブリタニカ　1997
佐々木俊尚『２０１１年　新聞・テレビ消滅』文春新書　2009
中馬清福『新聞は生き残れるか』岩波新書　2003
坪田知己監修『マスメディアはどこに行くのか―デジタルへの挑戦』日本経済新聞社　日経メディアラボ　2007
坪田知己「メディア転生」『現代ビジネス』（オンライン版）2009.9.30
春原昭彦『日本新聞通史』新泉社　2003

ファクラー、マーティン『「本当のこと」を伝えない日本の新聞』双葉新書 2012
牧野洋『官報複合体』講談社　2012
読売新聞社調査本部編『提言報道』中央公論新社　2002
渡辺恒雄『君命も受けざる所あり』日本経済新聞出版社 2006
"Special Report: The News Industry" July 9th 2011.
Woodward, Bob (2010), *Obama's Wars*, New York: Simon & Schuster, 2010.

あとがき

この本は、関西学院大学大学院総合政策研究科の授業、内部ではリサーチ・プロジェクト（通称ＲＰ）と呼ばれる授業での講演と質疑応答がそのベースである（２０１２年度春学期）。第１級研究者を講演者として迎えるとともに、開かれた大学をめざす「関学スピリット」を発揮して、関心がある学部生や他大学の大学院生・大学生にも参加してもらった。その結果、自由で闊達な、すばらしい授業となった。講演者、コメンテーター、そして参加者皆様に、心からの感謝を表したい。また学部生が彼らなりに講演者に質問する姿に、あるべき市民の歴史認識追求の姿を見るのは、あまりにも手前味噌であろうか。ただしスペースの関係上、多くの発言を削除させてもらった。不適切な表現や内容があれば、それはすべて編者である柴山の責任である。

本書を編集するにあたり、関西学院大学出版会の田中直哉、編集担当の川口正貴両氏には大変お世話になった。彼らの尽力がなければ、もともと編集力のない編集者は路頭に迷うばかりであった。また川口氏には、学生運動のことなど丁寧に教えていただいた。幾重にも感謝申し上げる。

この授業進行に直接関わって下さった、五百頭旗真先生、フレッド・ディキンソン先生、本学の久保田哲夫先生、小池洋次先生、井上一郎先生、楠綾子先生には大変お世話になった。謹んで感謝申し上げたい。神戸大学の簑原俊洋先生と大阪大学の服部聡先生は、当初から多大の協力をいただき、いろいろ相談に乗ってもらった。大変有難かった。またこの本の出版に関しては、関西学院大学総合政策学部・関西学院大学大学院総合政策研究科からの援助をうけた。とくに学部長高畑由起夫氏、前学部長久野武氏、事務課長石原誠氏、大森則良氏には多大の支援を受けました。感謝に絶えません。最後に、この本の編集に関わってくれた柴山ゼミ全員に感謝したい。

編者・**柴山 太**（関西学院大学教授）

Imperialism on Trial（共著）, Lexington Books　2007。*World War Zero*（共著）, Brill, 2005。*History of the Anglo-Japanese Relations　1600－2000*, vol.3（共著）, Palgrave-Macmillan, 2003
〈受賞〉佐藤栄作賞（2000）、阿南高橋賞（2002）、大平正芳賞（共同、2011）

簑原 俊洋（みのはら としひろ）
1971年生。カリフォルニア大学デイヴィス校卒業（国際関係論専攻）、神戸大学大学院法学研究終了。博士（政治学）。日本学術振興会特別研究員、神戸大学法学部助教授を経て、2007年から神戸大学大学院法学研究科教授。その間､ハーバード大学､カリフォルニア大学、オックスフォード大学、ライデン大学、ソウル大学、ワシントン大学などで客員教授を務める。専門：日米関係・政治外交史・インテリジェンス
〈主著〉『排日移民法と日米関係―「埴原書簡」の真相とその「重大なる結果」』岩波書店　2002。『カリフォルニア州の排日運動と日米関係―移民問題をめぐる日米摩擦　1906～1921年』有斐閣　2006。『ゼロ年代・日本の重大論点―外交・安全保障で読み解く』編著　柏書房　2011。『もう一つの日米交流史―日米協会資料で読む20世紀』監修・編著　中央公論新社　2012。『「戦争」で読む日米関係100年―日露戦争から対テロ戦争まで』編著　朝日新聞出版　2012。*Tumultuous Decade, Empire, Society, and Diplomacy in 1930s Japan* (co-editor), University of Toronto Press, 2013。など多数
〈受賞〉アメリカ学会清水博賞受賞（2002年）

パ社長、論説副委員長などを経て、2009 年から関西学院大学総合政策学部教授。2012 年から関学グローバル・ポリシー研究センター研究センター長を兼務
〈著書・訳書〉『未来への提言』リークアンユー　監訳　日本経済新聞出版社　2014。『グローバル　知の仕掛け人』関西学院大学出版会　2012。『政策形成』BASIC 公共政策学第 10 巻　編著　ミネルヴァ書房　2010。『政策形成の日米比較』中央公論新社　1999。『アジア太平洋新論』　日本経済新聞社　1993
〈活動〉総合研究開発機構（NIRA）理事（2000 ～ 06)、世界経済フォーラム・メディアリーダー（1998 ～ 2009)、日本公共政策学会理事（2004 ～ 10）ケンブリッジ大クレアホール・アソシエート（2007 ～ 08)。日 EU 関係有識者委員会座長（2009 ～ 10)

◉ **コメンテーター・参加者**（アイウエオ順）

井上 一郎（いのうえ　いちろう）
1960 年生。関西学院大学法学部卒業、米国タフツ大学フレッチャー法律外交大学院修了（MA ／ MALD：国際関係論)。外務省入省、在中国日本大使館一等書記官、在広州日本総領事館領事、外務省アジア大洋州局中国課課長補佐、国際情報統括官組織第二国際情報官室課長補佐、慶應義塾大学 SFC 研究所上席訪問研究員。2011 年から関西学院大学総合政策学部准教授。専門：中国政治・外交、東アジアの国際関係
〈著書・論文等〉「中国の対外政策決定過程に内在する構造的問題」『問題と研究』第 42 巻、2013 年 3 月。「EP-3 事件と中国の危機管理―2001 年米中軍用機接触事故の今日的教訓」『総合政策研究』第 43 号、2013 年 3 月。「2005 年反日デモにおける中国外交の政策決定と分析のレベル」『総合政策研究』第 41 号、2012 年 7 月。「尖閣衝突事件と中国の政策決定―中国側のとったエスカレーションと対日戦略」『戦略研究』第 11 号、2012 年 4 月。他

久保田 哲夫（くぼた てつお）
1948 年生。関西学院大学経済学部卒業。同大学院経済学研究科博士課程修了（国際金融論専攻)。1975 年から同経済学部助手。現在、同総合政策学部教授。専門：国際金融論
〈著書・論文等〉『為替レートと金融政策』日本評論社　1988。『国際金融論入門』第 3 版　昭和堂　2008

小林 道彦（こばやし みちひこ）
1956 年生。中央大学大学院文学研究科博士課程後期単位取得退学、北九州市立大学法学部教授。京都大学博士（法学)。2007 年北九州市立大学基盤教育センター教授。専門：日本政治外交史
〈著書〉『日本の大陸政策 1895-1914』南窓社　1996。『桂太郎』ミネルヴァ書房　2006。『政党内閣の崩壊と満州事変』ミネルヴァ書房　2010。『歴史の桎梏を越えて』共編著　千倉書房　2010。『児玉源太郎』ミネルヴァ書房　2012。『日本政治史のなかの陸海軍』共編著　ミネルヴァ書房　2013。『内田康哉関係資料集成』全 3 巻　共編著　柏書房　2012 年
〈受賞〉2009 年度吉田茂賞（『政党内閣の崩壊と満州事変』)

等松 春夫（とうまつ はるお）
1962 年生。筑波大学人文学類史学コース卒業、早稲田大学大学院政治学研究科修士課程修了、オックスフォード大学大学院社会科学専攻修了。D.Phil（国際関係論)。玉川大学文学部講師、同経営学部助教授・准教授・教授、2009 年から防衛大学校国際関係学科・総合安全保障研究科教授。専門：国際関係史、国際関係論
〈著書・論文等〉『日本帝国と委任統治』名古屋大学出版会　2011。『グローバル・ガヴァナンスの歴史的変容』共著　ミネルヴァ書房 2007。『日中戦争の軍事的展開』共著　慶應義塾大学出版会　2007。*A Gathering Darkness*（共著), Rowman and Littlefield, 2004。

吉田茂賞，佐伯喜一賞受賞）。*Japanese Diplomacy in the 1950s : From Isolation to Integration*（M. Iokibe, J. Tomaru, J. Weste and C. Rose eds., 共著）London, Routledge　2007。『日米関係史』五百旗頭真編　共著　有斐閣　2008
「NSC-68 の軍事的起源 ―ソ連軍から近代西洋文明をライン川防衛線で守る軍事戦略を求めて（1）（2）」『愛知学院大学情報社会政策研究』第 2 巻第 2 号　2000 年 3 月：pp.13-46、第 3 巻第 1 号　2000 年 12 月：pp.1-33。「日米防衛協力と同盟ミサイル防衛（AMD）への道」『国際安全保障』第 29 巻第 4 号　2002 年 3 月：pp.59-79。「トリエステ危機と「アンシンカブル」作戦」『同志社法学』第 58 巻第 4 号（316 号）　2006 年 9 月：pp.101-150

楠 綾子（くすのき あやこ）……（RP 講座 第 6 回）
1973 年生。神戸大学法学部卒、同大学院法学研究科博士後期課程修了。博士（政治学）。（財）ひょうご震災記念 21 世紀研究機構研究員などを経て、2010 年から関西学院大学国際学部准教授
〈著書・論文等〉『現代日本政治史①　占領から独立へ　1945 ～ 1952』吉川弘文館　2013。『吉田茂と安全保障政策の形成―日米の構想とその相互作用　1943 ～ 1952 年』ミネルヴァ書房　2009。『中曽根康弘が語る戦後日本外交』中曽根康弘著（聞き手：中島琢磨・服部龍二・昇亜美子・若月秀和・道下徳成・楠 綾子・瀬川高央）新潮社　2012
「戦後日米関係の再生―1948 ～ 1960 年」『もう一つの日米交流史』五百旗頭真ほか監修　中央公論新社　2012：pp.127-187。「占領期の日米関係」「日米同盟の成立から沖縄返還まで」『日米同盟論 ― 歴史・機能・周辺諸国の視点』竹内俊隆編著　ミネルヴァ書房　2011：pp.44-99。“The Sato Cabinet and the Making of Japan's Non-Nuclear Policy,” *the Journal of American-East Asian Relations* 15, 2008：pp.25-50

井上 正也（いのうえ まさや）……（RP 講座 第 7 回）
1979 年生。神戸大学法学部卒業、神戸大学大学院博士後期課程修了。博士（政治学）。神戸大学大学院法学研究科専任講師を経て、現在、香川大学法学部准教授
〈著書〉『日中国交正常化の政治史』名古屋大学出版会　2010。『岩波講座　日本の外交』第 2 巻　波多野澄雄編　共著　岩波書店　2013 年など
〈受賞〉日本国際政治学会奨励賞、吉田茂賞、サントリー学芸賞（政治・経済部門）

毛利 亜樹（もうり あき）……（RP 講座 第 8 回）
1976 年生。早稲田大学第一文学部卒業、同志社大学大学院法学研究科博士前期課程修了、中国人民大学国際関係学院高級進修生。同志社大学大学院より博士学位（政治学）取得。同志社大学法学部政治学科助教を経て、2013 年春から筑波大学人文社会系助教
〈著書・論文等〉「海洋へ向かう中国 ― 多元化のなかの統制」『東亜』2013 年 6 月号：pp.30-38。「中国共産党の武装力 ― 法制度かする党軍関係」『党国体制の現在 ― 変容する社会と中国共産党の適応』加茂具樹・星野昌弘・武内宏樹・小嶋華津子編　慶応義塾大学出版会　2012：pp.45-73。「法による権力政治 ―現代海洋法秩序の展開と中国―」『中国外交の問題領域別分析研究会報告書』日本国際問題研究所　2011：pp.63-77。「「韜光養晦」の終わり ― 東アジア海洋における中国の対外行動をめぐって」『東亜』2010 年 11 月号：pp.92-102。「中国のエネルギー安全保障 ― 軍事安全保障から総合安全保障へ」『中国をめぐる安全保障』村井友秀・阿部純一・浅野亮・安田淳編　ミネルヴァ書房　2007：pp.376-396。“Rich Country, Strong Armed Forces? The Sources of China's Comprehensive National Power,” *Asia-Pacific Forum*（亜太論壇）, No.38, December 2007：pp.19-48

小池 洋次（こいけ ひろつぐ）……（RP 講座 第 9 回）
1950 年、新宮市生まれ。 横浜国立大学経済学部卒業。日本経済新聞社に入り、中央省庁と日本銀行等を担当後、シンガポール支局長、ワシントン支局長、国際部長、日経ヨーロッ

著者等略歴

◉ 講座報告者

フレドリック・R・ディキンソン（Frederick R Dickinson）……（RP 講座 第 1 回）
1961 年生。京都大学大学院法学研究科修士課程修了、エール大学大学院歴史学研究科博士課程修了。博士（歴史学）。ペンシルヴァニア大学大学院歴史学研究科、歴史学部教授。専門：近代日本政治外交史
〈著書・論文等〉*War and National Reinvention: Japan in the Great War, 1914-1919*, Harvard University Asia Center, 1999。『大正天皇』ミネルヴァ書房　2009。*World War I and the Triumph of a New Japan, 1919-1930*, Cambridge University Press, 2013

クリストファー・W・A・スピルマン（Christopher W A Szpilman）……（RP 講座 第 2 回）
1951 年生。ロンドン大学アジア・アフリカ研究学院（SOAS）日本語学科卒、エール大学大学院歴史研究科博士課程修了。歴史学博士（PhD）日本近現代政治思想史専攻。拓殖大学日本文化研究所客員教授、ハーバード大学 E・O・ライシャワー日本研究所客員研究員などを経て、現在九州産産業大学国際文化学部教授
〈著書・論文等〉*Pan-Asianism in Modern Japanese History*（S. Saaler・J.V. Koschmann 編）（共著), Routledge, 2007。『北一輝自筆修正版・国体論及び純正社会主義』共編著　ミネルヴァ書房　2007。『満川亀太郎日記—大正八年～昭和十一年』共編著　論創社　2011。*Pan-Asianism: A Documentary History*, 上下 2 巻　共編著　Rowman & Littlefield　2011。『満川亀太郎書簡集—北一輝、大川周明、西田税らの書簡』共編著　論創社　2012
“Kanokogi Kazunobu : Pioneer of Platonic Fascism and Imperial Pan-Asianism,” *Monumenta Nipponica*, 68 巻 2 号, November 2013 : pp.189-236

森 靖夫（もり やすお）……（RP 講座 第 3 回）
1978 年生。京都大学大学院法学研究科修士課程修了（政治学専攻）、同大学院博士後期課程修了。京都大学博士（法学）。同大学院助教、日本学術振興会特別研究員（PD）、京都大学白眉プロジェクト助教。同志社大学法学部助教
〈著書・論文等〉「国家総力戦への道程」『日本政治史のなかの陸海軍』小林道彦・黒沢文貴編　ミネルヴァ書房　2013。『永田鉄山』ミネルヴァ書房　2011。『日本陸軍と日中戦争への道　軍事統制システムをめぐる攻防』ミネルヴァ書房　2010
〈番組・マルチメディア等〉NHK スペシャル「日本人はなぜ戦争へと向かったのか」2011 年 1 月 16 日放送、同左 DVD

服部 聡（はっとり さとし）……（RP 講座 第 4 回）
1968 年生。新潟大学法学部卒業、新潟大学大学院法学研究科修士課程修了、神戸大学大学院法学研究科博士後期課程単位取得退学。神戸大学より博士（政治学）取得。神戸大学法学部留学生担当講師を経て、大阪大学外国語学部非常勤講師等。専門：日本政治外交史・軍事史
〈著書・論文等〉『松岡外交—対米開戦にいたる国内要因と国際関係』千倉書房　2012。*Tumultuous Decade*（編著）University of Toronto Press　2013。『戦争で読む日米関係』（編著）朝日新聞社　2012。*The Battle for China*（編著）Stanford University Press　2010。『解明・昭和史』（編著）朝日新聞社　2010。等多数

柴山 太（しばやま ふとし）……（RP 講座 第 5 回）
1955 年生。同志社大学大学院法学研究科（政治学専攻）博士課程前期課程終了。エール大学（Yale University）大学院博士課程修了、Ph.D. (History)。コネチカット大学（Connecticut College）専任講師、ドルー大学（Drew University）専任講師・助教授、愛知学院大学情報社会政策学部助教授、愛知学院総合政策学部教授。2008 年関西学院大学総合政策学部教授。専門：日米関係史・国際関係史・安全保障論・軍事史
〈著書・論文・受賞等〉『日本再軍備への道 1945～1954 年』ミネルヴァ書房 2010（2010 年度

関西学院大学総合政策学部リサーチプロジェクト講座
日米関係史研究の最前線

2014年3月31日　初版第一刷発行

編　者　柴山 太
発　行　関西学院大学総合政策学部
発　売　関西学院大学出版会
〒662-0891
兵庫県西宮市上ケ原一番町1-155
電　話　0798-53-7002
印　刷　協和印刷株式会社

©2014 Futoshi Shibayama, Kwansei Gakuin University School of Policy Studies
Printed in Japan by Kwansei Gakuin University Press
ISBN 978-4-86283-157-6
落丁・乱丁本はお取り替えいたします。
http://www.kgup.jp